Niklas Maak

Wohnkomplex

Warum wir andere
Häuser brauchen

Carl Hanser Verlag

3 4 5   18 17 16 15

ISBN 978-3-446-24352-1
Alle Rechte vorbehalten
© Carl Hanser Verlag München 2014
Satz im Verlag
Lithos: Fotosatz Amann, Memmingen
Druck und Bindung: CPI – Ebner & Spiegel, Ulm
Printed in Germany

MIX
Papier aus verantwortungs-
vollen Quellen
FSC® C006701
FSC
www.fsc.org

Inhalt

Worum es geht

Die Probleme der
aktuellen Architektur

Großburgwedel, Christian Wulff vor seinem Eigenheim

Festhalten am Idyll
Der Mann mit dem Rasensprenger

Ein Mann steht im Garten, das Hemd ist offen, der Mann entspannt; heiter lacht er in die Kamera. Hinten sieht man das backsteinerne Haus, das Krüppelwalmdach wie eine Mütze in die Stirn gezogen. Eine Steinkante markiert ein Geviert, hier posiert ein akkurat frisierter Buchsbaum. Der Mann hält etwas Duschkopfartiges in der Hand, aus dem Wasser strömt; ich bin einer wie ihr, teilt die Aufnahme mit, ich entspanne mich beim Rasensprengen in meinem schönen und vorbildlich gewässerten Garten!

Der Mann, der sich im Garten seines Einfamilienhauses bei Hannover der Presse zeigte, ist Christian Wulff, ehemaliger Ministerpräsident von Niedersachsen und ehemaliger Präsident der Bundesrepublik Deutschland. Kurze Zeit nachdem die Bilder des Hauses kursierten, war Christan Wulff nicht mehr im Amt; am 17. Februar 2012 sah er sich gezwungen, wegen einer Affäre zurückzutreten, die mit dem Wunsch nach einem Haus im Grünen begonnen hatte – und mit dem Problem, das nötige Geld dafür aufzutreiben. Die Geschichte ist bekannt: 2008 hatte Wulff von dem befreundeten Unternehmer Egon Geerkens und seiner Frau einen Kredit über eine halbe Million Euro für den geplanten Hausbau angenommen. Das bekamen ein paar Journalisten mit und auch die Opposition; bei einer Anfrage im niedersächsischen Landtag erklärte Wulff, er unterhalte keine Geschäftsbeziehungen zu Geerkens. Man überführte ihn der Lüge, Wulff wurde nervös, sprach Journalisten ungeschickte Dinge auf die Mailbox – und wenig später war der Politiker, der sich gerade von einem freundlich-farblosen Landespolitiker zu einem Präsidenten mit starken Positionen in der Integrationspolitik wandelte, aus dem Amt gejagt. Es ist eine traurige Geschichte: Hätte sich Wulff 2008 gegen ein Krüppelwalmdachhaus auf dem Land bei Hannover entschieden, würde er vermutlich noch heute als Präsident im deutlich größeren Berliner Schloss Bellevue wohnen.

Das Foto vom Präsidenten vor dem überteuerten Eigenheim ist das

Bild einer Katastrophe, die sich millionenfach wiederholt: Ein Mann steht vor einem Haus, das er sich nicht leisten kann; ein Mann verschuldet sich für einen Traum von der Idylle, der ihn in den Abgrund reißt.

Viele der großen Krisen der Gegenwart sind in ihrem Kern Immobilienkrisen. Sie haben fast alle mit dem Wohnen zu tun: Die Wulff-Affäre handelt ebenso von jemandem, der unbedingt ein Haus haben will, für das er kein Geld hat, wie die Geschichte der amerikanischen Immobilienblase, die am Anfang der globalen Bankenkrise stand.

Auch der Klimawandel und die soziale Spaltung der Gesellschaft werden dadurch verschärft, dass zu viele Menschen von einem Haus im Grünen träumen oder sich in den überteuerten Stadtzentren keine Wohnung leisten können und deshalb wegen ein paar Quadratmetern Rasen vor die Stadt ziehen und mit einem Familienauto zur Arbeit pendeln, das noch mehr Geld kostet und die Luft und die Ruhe zerdieselt, derentwegen man aufs Land zog. Das Ergebnis: Schulden, Stress im Stau und wachsende Enttäuschung darüber, dass das Land auch kein Land mehr ist, wenn Millionen dorthin ziehen – sondern allenfalls dessen suburbanisierte, überfüllte, vollkommen verbaute Schrumpfform.

Was folgt daraus? Nicht viel. Nach wie vor entstehen endlose Vorortsiedlungen, endlose Karawanen aus grimmig dreinschauenden, airbagbewehrten, sportlich befelgten airconditionierten Turbodieselgroßraumlimousinen rollen jeden morgen im Schritttempo in die Innenstädte, wo die Fahrerinnen und Fahrer für die Begleichung ihres Immobilienkredits schuften, dessen Ergebnis sie allenfalls abends und am Wochenende erschöpft genießen dürfen.

Warum sind unsere Städte trostlos, die Vororte ein Desaster, die Häuser – bis auf wenige Ausnahmen – so indiskutabel und hässlich?

Man kann nicht behaupten, dass sich niemand mit dem Thema Wohnen beschäftigt, im Gegenteil: Das Wohnen wird überall diskutiert. Das Wohnen ist zum Hauptzweck aller Lebensanstrengungen geworden: In den Zeitschriftenläden ist das breiteste Regal das mit den Wohnzeitschriften. Im Fernsehen laufen Wohnsendungen, Einrichtungsberatungssendungen, man kommt nach Hause, schaltet den Fernseher an – und sieht, als sei der Fernseher ein bösartiger Zerrspiegel, Menschen in ihrem Wohnzimmer; Schrank, Lampe, Couchtisch, zwei ausladende Sessel, ein Sofa, darauf sitzt der Schuldenberater Peter Zwegat und macht ein langes Gesicht. Gegenüber eine zitternde Familie: der Mann, Postbote, hat sich mit dem Kauf eines Hauses übernommen, die beiden blassen Kinder sind oft allein zu Haus, denn die Frau versucht, als Putzfrau zum Familieneinkommen beizutragen, trotzdem reicht das Geld nicht; Zwegat, Held der RTL-Fernsehshow »Raus aus den Schulden«, rechnet vor, dass das das halb noch im Bau befindliche, halb schon vermüllte Haus, in das man so viel Arbeit steckte, verkauft werden muss.

Fetisch Wohnen

Wohin man kommt, es wird über Wohnungen, Häuser, steigende Mieten, Einrichtungen geredet. Das Wohnen ist zum alles bestimmenden Fetisch geworden, von einer Notwendigkeit zum eigentlichen Daseinsgrund: Man arbeitet, um schön zu wohnen. Es werden Küchen für den Preis eines Mittelklasseautos erworben, um dort Zeit-mit-Freunden-und-der-Familie zu verbringen; weil man aber für die Immobilie und ihr Innenleben so viel arbeiten muss, hat man fast keine Zeit mehr zum Wohnen.

Das Wohnen ist zu teuer geworden. Nach einer Studie, die die Bertelsmann-Stiftung veröffentlichte, haben viele Familien in großen deutschen Städten nach Abzug der Miete im Schnitt weniger Geld zur Verfügung als den Hartz-IV-Regelsatz von 1169 Euro im Monat, und nicht nur in Deutschland treiben zu teure Häuser ihre Besitzer in die Verzweiflung.

In New York leben zweiundzwanzigtausend Kinder ohne Obdach auf der Straße, so viele wie seit der Weltwirtschaftskrise von 1929 nicht mehr.[1]

In den Vereinigten Staaten könnte mittlerweile fast die Hälfte der Hausbesitzer, die über die Internet-Agentur AirBnB Zimmer an Fremde untervermieten, anders nicht mehr ihren Kredit bedienen.[2] Andere können sich gar keinen Kredit leisten. Um diesen Menschen trotzdem ein Haus verkaufen zu können, bieten die Massivhausbauer dämmverputzte Billigstkisten an, die mit Häusern nur noch die grobe Grundform gemein haben – und trotzdem zu teuer sind. Die RTL-Sendung »Raus aus den Schulden« ist auch deshalb ein großer Erfolg, und wenn jemand den Schulden und Herrn Zwegat glücklich entkommen ist, muss er aufpassen, dass nicht gleich das nächste RTL-Team kommt, denn wer glaubt, dass sein Leben und seine Wohnung in Ordnung seien, den belehrt die Sendung »Einsatz in vier Wänden« eines Besseren: Hier lässt eine gnadenlos resolute, selbst raumteilerhaft auftretende Moderatorin im Dienste eines angeblich schöneren Wohnens unansehnliche alte Küchen im Rekordtempo durch noch unansehnlichere neue Baumarktküchen ersetzen. Auch diese Form ästhetischer Anschläge auf ahnungslose Hausbewohner ist beim Publikum sehr beliebt.

Nirgendwo wird die Fetischisierung des Wohnens sichtbarer als in den Wohnzeitschriften. In den sechziger und siebziger Jahren sahen Zeitschriften wie »Die Kunst und das schöne Heim« oder »Schöner Wohnen« noch aus wie Verkaufskataloge für Raumschiffe und feierten mit extraterrestrischer Euphorie neue Häuser als Aufbruch in eine schönere, aufregendere, moderne Welt.

Jetzt ist der Tenor anders: Es geht nicht mehr um Aufbruch, sondern um tröstliche Selbstversenkung: »Schöner Wohnen« wirbt für »moderne Gemütlichkeit«, das Romance-Sonderheft von »Wohnen und Dekorieren« veröffentlichte die »besten Ideen für eine romantische Wohlfühlwelt«, eine Zeitschrift mit dem erstaunlichen Titel »Zuhause wohnen« (wo denn sonst: im Büro? auf dem Bahnhof?) empfiehlt »Schöne Dinge, die von innen und außen wärmen«, legt einen »Romantik-Kalender« bei und empfiehlt »Möbel mit Wohlfühl-Garantie«; die Zeitschrift »Wohnen – Träume« stellt auf acht Seiten »dekorative Quasten« vor, »Country living«, ein Extra von »Living & More«, verspricht »Behaglich wohnen«, die Zeitschrift »H.O.M.E.« titelt »Schlaf gut – 50 neue Betten, ein Traum«, wie auch »Schöner Wohnen« »besser schlafen – die schönsten Betten« verspricht. Blättert man eins der Hefte auf, sieht man:

satinweiche Kissen. Sumpfweiche Sofas. Dau-
nendeckenüberspülte Betten. Wanddick wal-
lende Gardinen, hinter denen die trostlose Welt
draußen verschwindet, und mit ihr der Blick
für die Ursachen dieses Elends. Das Ziel aller
Einrichtungszeitschriftenträume ist kein heite-
res, wildes Leben, sondern Entspannung, Schlaf
und Abschottung. Das Einfamilienhaus, das
schon der Psychoanalytiker Alexander Mitscherlich ausgiebig als »aufwändige Form der
Asozialität«[3] beschimpfte, wird endgültig zum
Tempel der Immersion: Hier geht es trotz rie-
senhafter Küchentische, die wie Monumente
einer unerfüllten Sehnsucht den Raum ver-
sperren, nicht mehr darum, Gäste einzuladen
und gemeinsam zu feiern, sondern um unge-
störten, quastenumbamelten Schlaf. Gibt es
eine einzige Einrichtungszeitschrift, in der man
fünfzehn Menschen an einem verwüsteten
Tisch, auf Sofas und in Küchen feiern sieht?

Eben. Die Einrichtungsgegenstände und Deko-
rationsideen erzählen von der Überforderung des Bewohners: Das
Haus ist eine Wellnesslandschaft für den burnoutgeplagten, weil über-
arbeiteten Immobilienbesitzer, eine *Comfort Zone*, in der alles auf Erholung, Abschottung und Trost ausgerichtet ist – und vergessen lässt, dass
das Haus, der Stress und die Kosten, die es produziert, selbst ja einer der
Erschöpfungsgründe ist.

Jedes Jahr kommen allein in Deutschland 40 000 Baustreitigkeiten
vor Gericht, jeder zehnte Fall hat einen Streitwert von über 50 000 Euro.[4]
Warum mutet man sich das zu? Warum benehmen sich Millionen von
Menschen, als sei es eine anthropologische Notwendigkeit, sich über
beide Ohren zu verschulden, um ein mindestens hundertfünfzig Quadratmeter großes Haus mit Keller, Doppelcarport und Geräteschuppen
zu beziehen?

Die vordergründigen Antworten lauten: Weil man im Eigenheim, anders als bei der entfremdeten Lohnarbeit, im öffentlichen Raum und anderen Bereichen des Lebens, sein eigener Herr sein kann. Weil man sich ökonomisch emanzipiere von Fragen der Altersversorgung und Mietsteigerungen. Weil man glaubt, das Geld sei sicher angelegt in einem bleibenden Wert. Wobei es angesichts der heutigen Qualität von Neubauten noch die Frage ist, ob ein Haus länger hält als ein Auto.

Das Bauen ist zu teuer geworden. Die Art und Weise, wie noch in den sechziger Jahren eine Wand gemauert wurde, ist heute für einen großen Teil der Bauherren gar nicht mehr bezahlbar, die schnell hochgezogene, eilig mit Dämmung vollgeklebte und verputzte Fassade aber auch nicht: Sie hält vielleicht zehn Jahre, bis massive Schäden auftreten; wer heute ein Haus mit Vollwärmedämmung baut, kann sich schon einmal darauf einstellen, die Fassade alle zehn Jahre zu erneuern – was ein langfristiges Bombengeschäft für die Dämmindustrie ist: Jeder Auftrag kommt automatisch alle zehn Jahre wieder.

Und es ist natürlich ein Irrtum, dass man in der mit solchen Wegwerfhäusern eng bebauten Vorstadt wenigstens »für sich« sei: der Gestank von Grillfleisch und Holzschutzmittel, Rasenmäherlärm wehen über die Thuyenhecke – in einer Mietwohnung kann man sich den Nachbarn besser vom Leibe halten.

Hüllen für Lebensentwürfe,
die es nicht mehr gibt

Aber es scheint keine überzeugenden Alternativen zum Einfamilienhaus zu geben. Wenn es um den passenden architektonischen Rahmen für das Privatleben ging, um eine Versicherung gegen Altersarmut oder Inflation, waren die Wahlmöglichkeiten bisher deprimierend gering: Eine, je nach finanzieller Situation, kleine oder große Wohnung, ein kleines oder großes Haus.

Die bauliche Form erzwang dabei fast den Lebensentwurf: Vater, Mutter, Kind, Haustier, dazu die Großraumlimousine im Carport. Schon auf die Frage, wie mit pflegebedürftigen Eltern, mit Freunden und deren Kindern zu wohnen wäre, halten diese Bauformen keine Antwort bereit – weil der Lebensentwurf, um den herum sie entworfen wurden, solche Konstellationen nur als Notfälle kennt. Der Standardisierung der Lebensformen entspricht die Standardisierung der öffentlichen Räume: Wenn man sich trifft, dann als Zuschauer bei Veranstaltungen oder in kommerziell überformten öffentlichen Räumen, in denen soziale Rituale durch Konsumhandlungen vorgezeichnet sind: Man muss, um sich dort aufhalten zu dürfen, Getränke oder Essen bestellen, eine Kinokarte kaufen oder, beim Ladenbummel, Kaufabsichten wenigstens vortäuschen.

Die Misere der Stadtplanung und der Baupolitik beginnt mit der falschen Vorstellung davon, was die Menschen auf einem Platz, in einer Wohnung tun möchten.

Staatliche Wohnungsbaugesellschaften, Immobilienentwickler und Bauträger fragen viel zu selten, für wen sie eigentlich bauen. Sie ignorieren das Phänomen einer alternden Gesellschaft, die nicht mehr über die gleichen räumlichen und finanziellen Ressourcen verfügt wie frühere Generationen und die sich schon aus ökonomischen Zwängen heraus einschränken muss – und sie ignorieren die Entwicklung zu einer Gesellschaft, in der die klassische Familie nicht mehr die Mehrheit stellt. Anders gesagt, man baut für einen Lebensentwurf, den es so gar nicht mehr gibt.

Die heute dominierenden Grundtypen unserer Architektur, Wohnung und Haus, waren größtenteils auf ein Lebensmodell ausgelegt, das – nach einer kurzen Phase des Single-Daseins in Ein-Zimmer-Apartments während des Studiums oder der Lehre – auf die Gründung einer klassischen Kleinfamilie hinauslief, mit der dann ein Haus auf dem Land oder eine Vierzimmerwohnung in der Stadt bezogen wurden. Nach einer Analyse des Bundesinstituts für Bevölkerungsforschung belegt Deutschland mit einem Anteil von rund 40 Prozent Einpersonenhaushalten an allen Haushalten einen Spitzenplatz innerhalb Europas – gleich hinter Norwegen und Dänemark. In den Großstädten waren es 2011 sogar über fünfzig Prozent, in Berlin sind Familien fast schon eine Randgruppe – ihr Anteil an den Haushalten liegt gerade einmal bei knapp über 20 Prozent.[5]

Wie also kann die Zukunft des Wohnens unter solchen Bedingungen aussehen? Wie reagieren Stadtplanung und Wohnungsbau? Was könnte ein Platz, ein Haus, eine Wohnung jenseits der Formen sein, die wir kennen? Und wären Formen denkbar, die ihren Bewohnern mehr Freiheiten lassen, weil sie weniger ökonomischen Druck verursachen; wer nur die Hälfte für seine Wohnung zahlt, muss weniger arbeiten und hat mehr Zeit für das, was man jenseits von Fernsehen und Einschlafen Wohnen nennt.

Die Lebensplanungen, die sozialen Rituale, die ökonomischen Bedingungen, die Vorstellungen von Familie und Lebensentwürfen, die Wohnwünsche ändern sich – aber das magere Angebot architektonischer Hüllen bleibt gleich. Nicht nur Christian Wulff ist dieser Diskrepanz zum Opfer gefallen.

Es ist höchste Zeit für neue Häuser und günstigere, angemessenere Wohnformen – vor allem im Hinblick auf die demographischen Prognosen für die kommenden Jahrzehnte.

Eine Milliarde Wohneinheiten

Bis 2050 erwarten die Vereinten Nationen einen Bevölkerungsanstieg um mindestens 1,5 Milliarden Menschen, in ihrem mittleren Szenario sogar um 2,5 Milliarden. »Allein in Asien könnten im Jahr 2030 1,5 Milliarden Haushalte bestehen«, schreibt Tobias Just, Leiter der Branchen- und Immobilienmarktanalyse der Deutsche Bank Research. »75 Prozent mehr als zur Jahrtausendwende. In Lateinamerika ist die Dynamik ähnlich stark, in Nordamerika etwas schwächer, in Afrika sogar noch stärker. Selbst in Europa fällt der Anstieg mit rund 16 Prozent noch beachtlich aus.« Die Zahl der Haushalte werde in den kommenden zwei Jahrzehnten »um gut 700 Millionen zulegen. Weil jedoch gerade in Afrika und Asien die Verstädterung sehr rasch voranschreitet, der Umzug eines Haushalts vom Land in die Stadt also zusätzliche Wohnungsnachfrage induziert, müssen bis 2030 weltweit etwa eine Milliarde zusätzlicher Wohnungen fertiggestellt werden, um den Bedarf zu decken.«[6]

Auch wenn die Zahl sehr hoch gegriffen erscheint: Wie werden die Hunderte von Millionen Wohneinheiten aussehen, die man in jedem Fall bauen muss?

Die meisten ihrer Bewohner werden kein Geld haben, um ein Haus, wie wir es kennen, oder auch nur eine Wohnung in einem Hochhaus zu finanzieren. Hochhäuser sind, schon aufgrund der Service- und Betriebskosten etwa für Fahrstühle und der hohen Baukosten in Asien und Lateinamerika bereits heute Wohnformen für den Mittelstand. Schon jetzt leben laut UN-Habitat 400 Millionen Stadtbewohner in kritisch überbelegten Wohnungen, vor allem in Südasien und Indien, wo über ein Drittel der städtischen Bevölkerung in Räumen lebt, die mit mehr als drei Personen belegt sind. Es wird ökonomisch wie ökologisch nicht möglich sein, den Bedarf an Wohnraum mit den herkömmlichen architektonischen und urbanistischen Mitteln und Formen zu bedienen. Die Frage ist also, wie man jenseits der bekannten Bautypologien Bewohnern auf engstem Raum und für geringstes Geld Rückzugssphären und Gemeinschaftsräume bietet – und wie man die in den ausgedünnten Randbezirken und von Bevölkerungsschwund geplagten Gegenden Europas und Nordamerikas massenhaft leerstehenden Bauwerke – Siedlungen, Fabrikhallen, Verwaltungsbauten – geschickt umnutzt und neu besiedelt. Optimisten hoffen, dass durch Ansiedlung attraktiver Industrien, ortsungebundene Computerjobs und zunehmende Großstadtmüdigkeit die schrumpfenden Städte der osteuropäischen und amerikanischen Provinz eine neue Blüte erleben werden; alle Statistiken sprechen dagegen, dass dieses Phänomen die Massenwanderung in die Metropolen aufhalten kann.

Wie werden die neu gebauten Häuser und Wohnungen dort aussehen? Das Problem wird noch verschärft durch die Übernahme westlicher Zersiedlungsformen in Asien: Die Staus in chinesischen Großstädten haben apokalyptische Ausmaße angenommen – und dabei ist in den großen Städten Chinas und Indiens nach einer Statistik der Bundeszentrale für politische Bildung die Bevölkerungskonzentration noch vergleichsweise gering; nur drei Prozent der städtischen Bevölkerung Chinas leben in Shanghai, während 42 Prozent der japanischen Stadtbevölkerung im Ballungsraum Tokio leben – laut Volkszählung von 2005 rund 35,7 Millionen Einwohner, die Bevölkerungsdichte liegt bei 13 415,00 Menschen pro Quadratkilometer. Man kann sich ausmalen, was passieren würde, wenn die chinesischen Metropolen beim Verkehr und der Besiedlungsdichte mit Japan gleichziehen. Schon aufgrund der knapper werdenden Ressourcen ist das europäische und amerikanische Modell des Vororts an sein Ende gekommen: Millionen neuer Städter werden nicht mehr in endlos ausgedehnten Bungalowsiedlungen wohnen können, aus denen sie mit der Mittelklasselimousine jeden Morgen zur Arbeit pendeln.

Man darf beide Wohnungskrisen nicht miteinander verwechseln. Einmal geht es ums schiere Überleben, das andere Mal darum, in welcher Gesellschaft man leben will und welche Prioritäten diese Gesellschaft setzt: in welchen Räumen sie sich treffen, wo sie intim, wie sie gesellig sein will, wie sie das Private und das Öffentliche überhaupt definiert, und wie neue Räume dafür aussehen könnten. Die Frage, wie man die ökologisch und ökonomisch nicht mehr tragbare Zersiedlung der

Vorstädte und die Verödung der Städte in den Industrienationen eindämmt, ist zunächst einmal eine vollkommen andere als die, wie man Arbeitsmigranten in Indien, Asien und Afrika überhaupt unterbringt und ein Minimum an Schutz und Begegnungsräume für soziale Aktivitäten bietet. Beide Fragen müssen mit völlig anderen architektonischen, urbanistischen und politischen Mitteln angegangen werden. Aber dann gibt es doch wieder vieles, was die unterschiedlichen Problemfelder verbindet – unter anderem der Mangel an Ideen für grundlegend neue, günstige Behausungen, die veränderten gesellschaftlichen Verhältnissen entsprechen oder zur Veränderung dieser Verhältnisse ermutigen könnten. In beiden Fällen müssen neue Bautypologien entwickelt werden. In beiden Fällen muss darüber nachgedacht werden, was »wohnen«, »privat sein« und »öffentlicher Raum« bedeutet; wovor und wie ein Habitat eigentlich schützen soll, und wieviel Platz man wirklich braucht. Dass viele Menschen 130 Quadratmeter mit Keller für das gerade noch erträgliche Minimum an Raum für eine vierköpfige Familie halten und sich für entsprechend dimensionierte Häuser verschulden: Das liegt auch daran, dass es so wenige überzeugende Gegenbeispiele gibt.

Superobjekte
Die Falle des Parametrismus

Wenn über die aktuelle Architektur geredet wird, geht es meistens um Regierungsbauten, Bahnhöfe, Flughäfen, Stadtschlösser, BND-Zentralen oder spektakuläre Museen in Dubai oder Qatar. In den Medien herrscht das Bild von Architektur als einer Kunst, solventen staatlichen oder privaten Auftraggebern möglichst spektakuläre skulpturale Superzeichen hinzustellen – und das, obwohl die meisten Menschen vielleicht nur ein Tausendstel ihrer Zeit vor diesen Superzeichen verbringen und ansonsten in Vorstädten, Verwaltungsbauten und anderen Baumassenballungen sitzen, über die, auch weil sie so trostlos aussehen, außer einigen engagierten Fachjournalisten keiner gern sprechen möchte.

Ein Teil der Gegenwartsarchitektur steckt dazu noch im Parametrismus fest – der Anwendung parametrischer Designsysteme und digitaler Animations- und Scripting-Techniken auf die Architektur. Parametrik bedeutet, am Computer ein digitales Modell mit Hilfe von Parametern zu entwerfen. Jeder Parameter kann verändert werden, so dass komplexe Geometrien entstehen und am Ende unter Tausenden von Formen eine ausgewählt werden kann, die dann gebaut wird. Man muss unterscheiden zwischen Parametrik als Analyseinstrument für komplexe Phänomene wie etwa Fußgängerströme, die dank parametrischer Analysen besser gesteuert werden können, und Parametrismus als architektonischem Stil. Einfach gesagt: Man kann mit komplexen mathematischen Formeln komplexe urbane Prozesse analysieren, man kann urbane Verdichtung als Entstehung eines Schwarms beschreiben, der aus vielen Einzelgebäuden besteht.

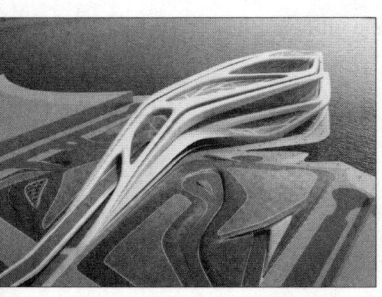

Man kann als Reaktion darauf dann Häuser bauen, die sehr schlicht sind, oder Häuser, die wie extraterrestrische Insekten aussehen. Das Letztere ist Parametrismus als Stil: Die Gebäude sehen aus wie dreidimensionale statistische Kurven oder wie bionische Monster oder so, als hätte man Klassiker der Moderne aus Scheibenkäse nachgebaut und dann im Ofen erhitzt. Diese Schmelzscheiblettenarchitektur ist einfach zu entwerfen und enorm schwierig zu bauen, und es entstehen am Ende fast immer vollkommen dysfunktionale Gebäude, die auch gar nicht als Bauten, sondern als – unter großen Opfern eventuell bewohnbare – Kunstwerke wahrgenommen werden wollen. Sie bedienen den Markt der Superzeichen, mit denen sich Auftraggeber in aufstrebenden Ländern wie Qatar gern ein Denkmal ihrer Prosperität und Dynamik setzen. Letzten Endes ist Parametrismus als Stilform aufwendiger Kitsch: das Sacré Cœur des digitalen Zeitalters.

Parametrische Superzeichen: Zaha Hadid, Entwurf für das Performing Arts Centre, Abu Dhabi

Über die architektonisch kaum definierten Vororte, die Stadtviertel, die Orte, an denen sich das tägliche Leben zwischen Supermärkten, Spielplätzen, Tankstellen, Bürovierteln und Baumärkten abspielt, wird dagegen viel zu wenig gestritten – und deswegen ist es auch kein Wunder, dass Nostalgie und Abschottung mittlerweile die beherrschenden Strategien sind, wenn es ums Wohnen geht, und das vergangene Jahrzehnt von einer kollektiven Flucht ins *Home Improvement* geprägt war und mit allen Fernsehsendungen und Einrichtungsmagazinen und Möbeldiscountern eine Bewusstseinsindustrie hervorgebracht hat, deren Ideal der auf dem Sofa immobilisierte Bürger ist.

Die ökonomische Verödung der Städte

Gleichzeitig hat das, was in den Städten geschieht, nichts mehr mit einem normalen Gentrifikationsprozess zu tun, in dem ein wohlhabenderes Bürgertum Geringverdiener in andere Viertel vertreibt. Rechtsanwälte und Ärzte können sich inzwischen bestimmte innenstädtische Lagen ebenso wenig mehr leisten wie Familien, Rentner, Ladenbesitzer, Studenten, Arbeiter, Cafébetreiber und Kleinunternehmer: All jene, die eine Stadtkultur, verstanden als Verdichtung, Überlagerung, Durchmischung, gegenseitige Bereicherung verschiedener Bevölkerungsschichten, einmal ausmachten, werden abgedrängt zugunsten von Büros, Hotels, Einkaufspassagen, Anlagen zur allgemeinen Touristenbespaßung und wenigen Luxuswohnimmobilien, die oft als Kapitalanlage erworben werden und die meiste Zeit leer stehen. Die Innenstadt verwandelt sich von einem Lebensraum in ein begehbares Anlagedepot, in dem einige Feinkostläden und anderer Spezialbedarf das Nötigste bereithalten, wenn doch einmal ein Wohnungseigentümer vorbeischaut.

Es gibt eine Debatte über das Berliner Stadtschloss, die inzwischen Papierberge aufgehäuft hat, die größer und schöner sind als jedes denkbare Schloss – aber es gibt keine vergleichbar heftige Diskussion darüber, wie man im Zentrum von Berlin und anderen Städten wohnen könnte und keine darüber, wie es kommt, dass wir mit WLAN in Häusern sitzen, die hartnäckig so tun, als seien gerade die Petroleumlampe und die Postkutsche erfunden worden: vier gemauerte Wände, darauf ein Spitzdach, darunter Schlafzimmer, Esszimmer, Wohnzimmer, Kinderzimmer, und in jedem dieser Häuser hockt eine Kleinfamilie und starrt hinaus. Ginge das auch anders? Und wie?

Nun kann man einwenden, dass nicht gleich das ganze Haus in Frage gestellt werden muss, nur weil die Musik jetzt aus dem iPod kommt und man mit dem Laptop auch von zuhause aus arbeiten kann: Die Menschen müssen immer noch schlafen, sie wollen sich sicher fühlen und nicht nass werden, wenn es draußen regnet. Auch das gehört zu den Argumenten, die der an Veränderungen nur mäßig interessierten Bauindustrie in die Hände spielt: Die Behauptung, dass »wohnen« und die damit verbundenen Bedürfnisse anthropologische Grundkonstanten seien – und am Haus nichts verändert werden müsse, nur weil sich die sozialen Rituale verändert hätten, die darin und davor stattfinden.

Wie über Architektur streiten?

Wie wollen wir wohnen? Die Frage ist alt und wichtig – und falsch gestellt. Denn wer ist »wir«? Jeder wohnt und jeder hat eine andere Vorstellung davon, wie ein Leben aussehen sollte. Schon deswegen ist es nicht einfach, über Architektur zu streiten. Immer, wenn einer kommt und ruft: Eure Städte sind eine Katastrophe! Eure Häuser elende Schrumpfformen der Idee eines Hauses, eure Plätze unwirtlich, kommt ein anderer und sagt: Das ist eure Sicht – *wir* finden es schön. Wo der ästhetisch sensible Freund der klassischen europäischen Stadt gegen proportionslose Großkistenarchitekturen anreitet, verteidigt ein anderer diese Kisten als Teil einer modernen Ästhetik der Großstadt – und so fährt sich die Diskussion im Sumpf schwer verallgemeinerbarer Geschmacksurteile fest.

Die Anthropologisierung des Wohnens

Immer wieder wurde versucht, sich mit anthropologischen Argumenten aus diesem Sumpf zu retten. 1970 heißt es in der Informationsbroschüre einer Bausparkasse des öffentlichen Diensts: »Das Streben nach eigenem Grund und Boden ist von elementarer Kraft und tief in der menschlichen Natur verwurzelt«[7] – eine seltsame Aussage angesichts von ursprünglich eher nomadischen Lebensweisen. Der Architekt Hans Kollhoff versuchte in seinem Essay »Gib mir Simse: Was ist zeitgemäßes Bauen« einen Befreiungsschlag, in dem er argumentativ fast bis zum Menschenaffen zurückging und behauptete, es gäbe eine »anthropomorphe Konstante des Architektonischen«, eine überzeitlich lesbare »Tektonik«, die eine »unbewusste Kommunikation zwischen dem Menschen und seinen Artefakten« herstelle.[8] Damit wird gute Architektur biologistisch begründet – der Mensch an sich wolle einfach Spitzdächer, ein »Schrägdach mit Giebel« sei »im physiognomischen Vorteil gegenüber einem Flachdach« – was ähnlich sinnvoll ist wie die Behauptung, ein Kopf mit Hut sei im physiognomischen Vorteil gegenüber einem Kopf mit Seitenscheitel. Mit Verweis auf angebliche anthropologische Konstanten erklärt auch Gert Selle in seiner »verborgenen Geschichte des Wohnens«, es seien »die Sehnsüchte zu regressiv, die Erinnerungen zu verpflichtend, als dass es im Wohnen (…) zu einem revolutionären Wandel kommen könne«.[9] Wohnen sei »eine anthropologische Konstante, Teil des Bedürfnishaushalts geblieben, dessen Anfänge sich im Dunkel der Menschwerdung verlieren«. Menschen glichen »nestbauenden Wesen, die genetisch gesteuert wissen, welche Rundung der Mulde für die Brütenden und die Brut taugt.«[10] Ein Kapitel seines Buchs widmet sich »Archetypen des Raums«, »uralten Bildern«, die »ins Namenlose der Vorgeschichte kultureller Erfahrung führen,«[11] wozu Selle auch das Spitzdach zählt, das sich auch heute noch auf jeder Kinderzeichnung als Formel für »Haus« wiederfinde.[12] Einmal als »uralt« im namenlosen »Dunkel der Menschwerdung« versenkt, entziehen sich diese Behauptungen jeder weiteren Überprüfbarkeit: Könnte es sein, dass Kinder bis zu dem Moment, wo sie ein Haus mit Spitzdach malen können, unendlich viele Spitzdachhäuser in Kinderbüchern, Playmobilstädten und auf Zeichnungen ihrer Kindergärtnerinnen gesehen haben, dass diese Chiffre also nicht angeboren, sondern erlernt ist wie der Anfangsbuchstabe des eigenen Namens? Was passiert, wenn man ein Kind, das in einer Bauhausvilla aufwächst, bittet, ein Haus zu malen? Es malt, was es kennt: ein Flachdachhaus. Und nun? Sogar die Neurowissenschaft hat neuerdings die Architektur als Gegenstand ihrer Forschungen entdeckt, untersucht wird, ob es überindividuelle, objektivierbare Wohnbedürfnisse, und damit zusammenhängend, besonders geeignete Bauformen geben könnte.[13] Dass es individuelle historische Erfahrungen gibt, durch die sich Wohnvorstellungen ändern, steht hier nicht mehr im Vordergrund. »Bei der Analyse des Wohnens von ahistorischen Befindlichkeiten auszugehen (›Wie wohnt der Mensch?‹), erweist sich als Unsinn«, schreiben dagegen die Soziologen Hartmut Häußermann und Walter Siebel in ihrer »Soziologie des Wohnens«: »Abstrahiert man von den epochen-, kultur- und schichtspezifischen Ausformungen des Wohnens, so bleibt als einzige Gemeinsamkeit nur die physische Schutzfunktion der Wohnung. Die aber unterscheidet menschliche Behausungen gerade nicht vom Fuchsbau und der Bienenwabe. Was den Menschen vor dem Tier auszeichnet – das hat Karl Marx überzeugend dargelegt – ist seine Fähigkeit, sich seine Welt selbst zu entwerfen.«[14]

Niemand will erfrieren oder überfallen werden – darin sind sich Menschen, Katzen und Reptilien einig. Mehr anthropologische Grundkonstanten sind für das Wohnen aber kaum zu finden. Wie konnte aber dann etwa das Einfamilienhaus zu einer scheinbaren Naturkonstante in der Architektur der Städte und Vorstädte werden?

Dass sich das Einfamilienhaus als Wohnform durchsetzen konnte und immer noch dominiert, hat – das wird in der inzwischen sogar neurowissenschaftlich befütterten Diskussion gern vergessen – vor allem ökonomische Gründe: Es ist, zusammen mit den dicken, langen Mietwohnriegeln der städtischen Neubaugebiete, die Bauform, mit der die Bauindustrie, also Generalübernehmer, Massivhausunternehmer, Gewerke und Hersteller von Baumaterialien, die größten Gewinne erzielen können. Diese klare ökonomische Motivation erzeugt einen Druck, Standardisierungsprozesse im Baugewerbe noch zu verschärfen, was am Ende zu den bekannten immergleichen tristen Bauformen führt. Teil des Spiels ist es, diese ökonomische Motivation, deren Folgen die Bewohner zu tragen haben, zu verschleiern, das Einfamilienhaus als anthropologische Notwendigkeit anzupreisen und es so in den Status einer alternativlosen und unhinterfragbaren Naturform des Daseins zu hieven.

Viele begegnen den Folgen dieser aggressiven Lobbyarbeit einer Industrie mit depressivem Zynismus: Architektur sei nun einmal das Abbild von gesellschaftlichen Machtkonstellationen, jede Gesellschaft bekomme die Architektur, die sie verdiene.

Man könnte die Frage natürlich auch andersherum stellen: Welche Machtstrukturen, welche Interessengruppen verhindern, dass sich eine Gesellschaft die Räume bauen kann, die sie gern hätte?

Aufstand gegen die Baumafia
Für eine Habitologie

Niemand baut sich selbst ein Haus: Wer wissen will, warum die Häuser so aussehen, wie sie aussehen, und warum es scheinbar keine Alternativen gibt, muss nach den politischen Instanzen fragen, die für Genehmigungen und Bauverordnungen zuständig sind, nach den Interessen der Akteure des Baubetriebs, also der Investoren, Bauunternehmer und der mit ihnen komplex verwobenen Industrie, die eigene kommerzielle Ziele verfolgt. Eine präzise politische, und eben nicht bloß wabernd psychologisch-anthropologisch spekulierende Wissenschaft des Wohnens muss zunächst klären, welche Machtstrukturen das Wohnen und seine aktuellen Formen prägen: Wer hat ein Interesse daran, dass Häuser und Städte so aussehen, wie sie aussehen? Ohne diesen ökonomisch-materialistischen Ansatz bleibt das Reden über Architektur eine Angelegenheit ästhetischer Geschmacksurteile und eines undifferenzierten Kulturpessimismus, der die Hässlichkeit der Vorstädte allein auf einen Mangel an bürgerlichem *Common Sense* und fehlender Geschmackserziehung zurückführt. Eine solche Debatte über Stadtkultur lässt aber die handfesten kommerziellen Interessen vergessen, die ihre Form prägen: Was etwa als »Rückkehr bürgerlicher Wohnkultur« ins Zentrum der Stadt verkauft wird, besteht im Kern oft aus teuren Wohnmonokulturen, die sich eher durch die Vertreibung all dessen auszeichnen, was bürgerliche Stadtkultur ausmacht, wenn man darunter Durchmischung, Verdichtung, Amalgamierung, Zusammenführung heterogener Einflüsse zu einer Gemeinschaft versteht.

Viel interessanter als die endlose, formalideologisch-metaphysische Debatte um eine »dem Menschen an sich« angemessene Bauform wäre es deshalb, sich damit abzufinden, dass es sowohl gute Flachdachhäuser als auch gute Spitzdachhäuser, gute Glashäuser und gute Steinhäuser, guten Blockrandbau und gute Stadtlandschaften gibt und Menschen, die diese jeweils mehr oder weniger mögen – und stattdessen nach strukturellen ökonomischen Bedingungen zu fragen: Welche Lobbys und Machtinteressen bilden sich in den Bauformen ab? Wie kommt es, dass so viele neue Stadtviertel entstehen, für die später niemand verantwortlich sein will und die jenseits von Geschmacksdifferenzen wirklich niemandem gefallen? Warum ist nichts darüber zu erfahren, welche Lobbys das Land so kaputtbauen?

Weil der radikalen Ökonomisierung des Bauens die Entpolitisierung des Baudiskurses gegenübersteht. Es gibt jenseits der Universitäten und Fachtagungen keine breitenwirksame Diskussion über die Frage, wie die Plätze aussehen sollen, auf denen wir uns treffen wollen, was unsere Städte und Häuser bieten sollen – und wer verhindert, dass diese Häuser und Städte gebaut werden können.

Vielleicht liegt es gar nicht einmal am fragwürdigen Geschmack der Bewohner, dass die Wohnviertel vor der Stadt so trostlos aussehen, sondern an den fehlenden Alternativen: Die Industrie des Schlüsselfertigen beschränkt individuelle Entscheidungen auf Türdekors und Gaubenformen, alles weitere widerspräche dem Diktat maximaler Renditen. Eine neue Habitologie müsste eine kritische Wissenschaft sein, eine politische Ökonomie der Architektur, die den Macht- und Interessenstrukturen nachspürt, die sich in den Neubauten und urbanistischen Masterplänen abbilden oder hinter ihnen verbergen – denn Bauen ist in den allermeisten Fällen eben keine primär ästhetische, sondern eine vor allem ökonomische Disziplin, was man den meisten Bauten leider auch sehr deutlich ansieht.

Dass etwa im Bereich des Wohnungsbaus keine grundlegenden Alternativen zu den bekannten Formen angeboten werden, hat seine Gründe auch in den Interessen einer Bauindustrie, die sehr gut an den billigst gebauten Einfamilienhauswürfeln auf der Wiese und den deprimierenden Apartmentriegeln in der Stadt verdient und nichts mehr fürchtet als die Frage: Wie könnten wir noch wohnen – und wäre es nicht ökologischer, die Städte zu verdichten und die brachliegenden Flachdächer in Gärten umzuwandeln, so dass die Pendler in der Stadt bleiben könnten, anstatt mit ihren Großraumlimousinen in die Kiste vor der Stadt zu fahren? Und dabei zehnfach jene Energie zu verbrennen, die der klapperige Dämmputz einspart? Und das alles nur, um in einem Haus »im Grünen« zu sein, was oft auch eine große Selbsttäuschung ist.

Wer vom Land träumt, sieht heitere Feldwege und Weiden, die bis an die schmalen Straßen reichen. Die Realität sieht anders aus: Vom Garten vieler suburbaner 500-Quadratmeter-Grundstücke bleiben, nachdem neben dem Haus noch zwei Autostellplätze, ein Schuppen für Fahrräder, Rasenmäher und Grill sowie eine Terrasse abgezogen werden mussten, oft nur fünfzig Quadratmeter Rasen übrig. Aber wie könnten Alternativen aussehen?

Um zu verstehen, was nach dem Haus, wie wir es gewohnt sind, kommen könnte, muss man die Geschichte des Einfamilienhauses kennen –

und die der Alternativen, die es immer gab. Denn das Einfamilienhaus mit Spitzdachgiebel, in dem die Kleinfamilie wohnt und das von der Bauindustrie so heftig propagiert wird, ist eine kulturgeschichtlich recht junge Erfindung und Ergebnis der Industrialisierung des 19. Jahrhunderts.[15] Die Regel waren über Jahrtausende Gebäudekomplexe, in denen im Schnitt deutlich mehr als vier miteinander verwandte Menschen miteinander wohnten – ob das nun Gehöfte oder Schlösser oder bürgerliche Stadthäuser waren; was uns heute als experimentelle Wohnkommune erscheint, war über Jahrhunderte der Regelfall.

Auch die Vorstellungen davon, was »privat« zu sein bedeutet, wandelte sich im Lauf der Baugeschichte grundlegend. Die Geschichte des Schlafzimmers, des Wohnzimmers, der Küche oder des Kinderzimmers zeigt, dass Wohnen keine statische Angelegenheit ist. Sie zeigt, dass Räume, Einrichtungsgegenstände, Wohnformen umgedacht werden können. Sie zeigt auch, dass es immer wieder Versuche gab, das Wohnen leichter, weniger kostspielig zu machen, auf das Wesentliche zu beschränken, um unabhängiger von Mietkosten und Möbelkrediten zu werden.

Radikalisierte Raumwirkung

Laut einer Studie des Bundesinstituts für Bevölkerungsforschung stieg der Wohnflächenverbrauch pro Kopf allein zwischen 1998 und 2013 von 39 auf 45 Quadratmeter; 1950 lag er bei 15 Quadratmetern.[16] In den alten Bundesländern war 2005 eine Wohnfläche von 2,9 Milliarden Quadratmetern belegt; seit 1993 stieg die Fläche um 380 Millionen Quadratmeter an. »Knapp die Hälfte dieses Zuwachses«, so eine Studie der Landesbau-

Urban Sprawl, Henderson, Las Vegas (Yann Arthus Bertrand)
Einfamilienhäuser bei Berlin

sparkasse Berlin, »rund vierzig Prozent oder 155 Millionen Quadratmeter, stammt aus der Zunahme der durchschnittlichen Wohnungsgröße, rund sechzig Prozent resultiert aus der gestiegenen Zahl an Haushalten.«[17] In den neuen Bundesländern stieg die Wohnflächennachfrage seit 1993 um 108 Millionen Quadratmeter, der Wohnflächenkonsum pro Haushalt um 74 Prozent an. Das hat Folgen für die Zersiedlung der Landschaft. Täglich werden in Deutschland zwischen 100 und 120 Hektar Freifläche für Siedlungs- und Verkehrszwecke umgenutzt. Diese Ausdehnung hat natürlich ökologische und ökonomische Folgen. Doch den Flächenverbrauch einzudämmen gilt als Zumutung. Wo es ums Wohnen geht, herrscht Quadratmeterfetischismus, es gilt als unmöglich, mit vier Personen einigermaßen entspannt auf 75 Quadratmetern zu wohnen. Dabei gibt es Häuser, die zeigen, dass das ohne Probleme möglich ist, wenn man die Rückzugsräume radikalisiert und die frei werdenden Ressourcen, das gesparte Geld und den gesparten Platz, für umso großzügige Gemeinschaftsflächen – Dachterrassen oder große kollektive Gärten für zehn Wohneinheiten – nutzt. In diesen Räumen wird das Privatsein nicht eingeschränkt, sondern anders organisiert; die Verkleinerung der Wohnfläche ist keine Einbuße, sondern eine Bereicherung: Im Haus, wo alles aufs Wesentliche reduziert ist, ist es umso gemütlicher und intimer, davor umso offener und großzügiger.

Es gibt zu viel matten Raum, zu viele Häuser, in denen alle Zimmer gleich fade aussehen. Es gibt zu wenig Gebäude, die Raum und Kosten sparen, indem sie Wohnatmosphären radikalisieren: Ein Schlafzimmer so klein machen, dass es gemütlicher wirkt als der übliche fade Raum, in dem dann der sperrige Kleiderschrank vorwurfsvoll dem Bett gegenübersteht, und der weder sonderlich geborgen noch besonders offen wirkt.

Es gibt Beispiele für eine Architektur, die Kosten spart, indem sie Raumwirkungen radikalisiert. Die Architekten Lacaton & Vassal haben in Floriac bei Bordeaux für einen Postangestellten ein sehr billiges Haus gebaut, das eigentlich aus zwei Häusern besteht – einem kleinen mit engen, gemütlichen Räumen, und einem größeren, das wie ein Gewächshaus über das kleine gestülpt ist.

Im Winter zieht man sich in die Geborgenheit des kleinen Hauses zurück, das sich leicht beheizen lässt, im Sommer hat man dafür ein gigantisches Wohnzimmer mit riesigen Raumhöhen. Ähnlich ist es bei dem Dachaufbau, den sich der Komponist Christian von Borries und die Kuratorin Vera Tollmann in Berlin entwerfen ließen: Beheizt werden müssen nur die zwei einfach gemauerten Wohnzellen, in denen man im Winter schläft und wohnt; dazwischen entsteht durch eine einfache Gewächshauskonstruktion ein riesiges, doppelgeschossiges Wohnzimmer. Das Haus hat nur ein Drittel eines billigen Einfamilienhauses gekostet – und bietet mehr Raumvielfalt als ein klassischer Altbau. Es ist ein Haus, in dem die Räume radikalisiert wurden: das Schlafzimmer ist entschlossen intim, der Wohnbereich umso offener und luftiger. Das Schlafzimmer wird zur Höhle, das Wohnzimmer zur nur leicht überdachten Landschaft.

Eine Habitologie, eine Wissenschaft des Wohnens, müsste sich mit solchen Raumwirkungen befassen, mit der Frage, wie unterschiedliche mögliche Wohnbedürfnisse – Schutz und Rückzug, aber auch Öffnung zur Außenwelt – formal entschlossener befriedigt werden können, obwohl die Bauindustrie und vor allem auch eine veraltete, dogmatische Gesetzgebung derartige Experimente nach Kräften zu verhindern suchen.

Hegemonietempel (Haus Borries / Tollmann, Arch. Christof Mayer), Berlin

Das Baugesetz als Problem
Forderungen an die Politik

Wohnungsnot, Wohnungsleerstand und wachsender Pro-Kopf-Bedarf stehen auch wegen einer fehlgeleiteten Wohnungspolitik in einem seltsamen Verhältnis zueinander: Viele ältere Menschen können die Fünfzimmerwohnungen, die ihnen viel zu groß sind, nicht verlassen, obwohl sie es gern täten – weil sie noch einen alten Mietvertrag haben und eine neue Zweizimmerwohnung sie teurer zu stehen käme als die größtenteils leerstehende alte. Auch das könnte eine neue Baupolitik durch Zuschüsse oder attraktive, günstige, den Bedürfnissen älterer Menschen angepasste Bauten regulieren.

Auch ist es gar nicht so einfach, statt monotoner Schlafviertel eine Mischung von Wohneinheiten, Kindergärten, gemeinsam genutzten Dachterrassen und Gärten zu bauen, dazu vielleicht im Hof einen Fußballplatz oder ein Basketballfeld und Kleinbetriebe wie Bäckereien oder Tischlereien, bei denen man, wie in alten Vierteln üblich, schnell ein Brot kaufen oder Dinge zur Reparatur bringen kann. Das herrschende Baurecht ist in seinem Kern oft immer noch von den Idealen der »Charta von Athen« und der modernen Funktionstrennung der Stadt in Schlafburgen einerseits und reine Arbeitswelten andererseits geprägt. Dass Verdichtungen und Funktionsüberlagerungen, das Durcheinander von Blumenläden, Cafés, Werkstätten und Wohnungen, das die Attraktivität südeuropäischer Städte ausmacht, nur durch Ausnahmegenehmigungen möglich werden, liegt vor allem am öffentlichen Baurecht – etwa am Trennungsgrundsatz, »Gesetz zum Schutz vor schädlichen Umwelteinwirkungen durch Luftverunreinigungen, Geräusche, Erschütterungen und ähnliche Vorgänge«, kurz Bundes-Immissionsschutzgesetz. Das 1974 erlassene Gesetz war geprägt vom amerikanischen *Clean Air Act,* der Wohnviertel vor Lärm und Luftbelastungen durch nahe Gewerbebetriebe und Industrien schützen sollte – führte aber nicht selten zu trübselig stillen Schlafriegeln und Einfamilienhaussiedlungen in den Neubaugebieten, denen man ein bisschen Tischlereilärm, Backwarengeruch und allgemeine urbane Erschütterung wünschen würde.

Das Sprachproblem der Architektur

Architekten und Stadtplaner klagen: über den Zustand ihres Metiers, die Ignoranz der Bauherren, den Druck der Generalübernehmer, die Gier der Immobilienentwickler, und sie haben damit oft recht – einerseits. Denn andererseits sind es spannende, gute Zeiten für Architekten, Urbanisten und Baupolitiker, schon weil, wie schon erwähnt, auffallend viele der großen aktuellen Krisen, die es zu lösen gilt, im Kern Immobilienkrisen sind.

Um sie lösen zu können, ist aber nicht nur ein genauer Blick auf die Formen, Mechanismen und Machtstrukturen nötig, die unser Leben in Häusern, auf Plätzen und in den Städten prägen – sondern auch ein Blick auf die Sprache, in der Architektur nicht nur beschrieben, sondern entworfen und gedacht wird.

Die Architekturwelt hat ein Sprachproblem. Da ist einerseits die ulkig verquaste Sprache der Architekturwettbewerbe, der das Kunststück gelingt, gleichzeitig blumig und technokratisch zu klingen (»Der Gebäudekomplex fügt sich stadträumlich sensibel in den urbanen Kontext der bestehenden Struktur ein und besticht durch die stringente Öffnung des Foyers zum öffentlichen Raum und die Ermöglichung gemeinschaftsfördernder Erlebnisse«). Da sind die eigenartig depressiven Begriffe, mit denen etwa ökologisch vorbildliche Häuser angepriesen werden, nämlich als »Passivhaus« oder »Nullenergiehaus«, was wie ein schlechter Witz klingt:»Was hat denn Ihr Haus, warum steht es so traurig auf der Wiese? – Ach, ich weiß auch nicht, ist halt ein Passivhaus«.

Wer will ein »Nullenergiehaus« bewohnen? Schon der Name klingt nach spröder Entsagung, kratzigen Wollsocken und kaltem Kaffee – womit ein Grundproblem nachhaltiger Produkte ins Bauwesen überspringt: Dass sie zwar ökologisch vorbildlich sind, aber auch nachhaltig freudlos. Der ausbleibende Erfolg von Öko-Autos und Öko-Häusern lag lange auch daran, dass sie aussahen wie protestantisch karge Selbstkasteiungsprodukte, dass sie nicht einen lustvollen Minimalismus, eine befreiende Beschränkung aufs Wesentliche, einen ökologischen Futurismus propagierten, sondern »Entschleunigung« und Stillstand. Der mahnende Zeigefinger hing immer aus ihren Fenstern heraus. Ein grimmig Entsagungsvolles »Etwas Schöneres können wir uns heute nicht mehr leisten« umweht vor allem das »Passivhaus«, das oft ohnehin ein gebauter Denkfehler ist – weil man, um die Klimaschutzziele zu erreichen, für die die Wärmedämmung des Passivhauses angeblich unabdingbar ist, vielleicht lieber über das nachdenken sollte, was wirklich ökologisch wäre: nämlich nicht die vollverdämmte, locker in die Landschaft gewürfelte Nullenergiesiedlung, sondern eine hochverdichtete, kluge Stadtarchitektur, die das Pendeln in die Vororte unnötig macht.

Aber es gibt noch ein weiterreichendes Sprachproblem der Architektur: die seltsame Unschärfe der Begriffe, mit denen viele Architekten und Planer agieren. Vor zwanzig Jahren brauchte man zum Arbeiten ein Büro mit Tisch, Stuhl, Telefon, Computer, Fax und Drucker. Heute könnte man all das theoretisch ohne Büro, nur mit Laptop und Mobiltelefon, im Liegen in der künstlichen Dünenlandschaft des Rolex Centers erledigen, das die japanischen Architekten SANAA in Lausanne gebaut haben. Dennoch glauben die meisten Planer zu wissen, was ein »öffentlicher Platz« ist und was ein »Arbeitsplatz«. Es gibt jenseits von Fachkreisen keinen grundlegenden, systematischen Diskurs darüber, was »Wohnen«, »Arbeiten« und »Öffentlichkeit« angesichts veränderter kollektiver sozialer Rituale, technologischer Innovationen und ökologischer Herausforderungen bedeuten könnten – wie ein »Platz« und ein »Haus«, wie ein Rückzugsort für das Private und ein Ort des »Öffentlichseins«, angesichts veränderter Lebensentwürfe, sozialer Rituale und technischer Möglichkeiten noch aussehen könnten.

Die Häufigkeit, mit der von der Bedrohung des Privaten durch Facebook, NSA und Big Data die Rede ist, steht im umgekehrten Verhältnis zur erstaunlichen Unschärfe der Definition dessen, was unter »privat« und »öffentlich sein« in der Architektur eigentlich verstanden werden soll: Was tut jemand, der, nachdem er acht Stunden lang auf dem Bett lag und E-Mails verschickte, geschäftlich telefonierte, Dinge über das Internet kaufte oder verkaufte, skypte und Dinge gepostet hat, das Mobiltelefon und das iPad beiseitelegt und auf eine abendlich leere Straße geht, um einen Spaziergang zu machen: Geht er vom privaten Raum in den öffentlichen – oder sucht er draußen einen intimen, privaten Moment der Besinnung, nach dem er dank diverser technologischer Medien den Tag über das tat, was in der Antike im sogenannten öffentlichen Raum stattfand: Informationen austauschen, handeln, diskutieren? Auch deswegen braucht das Sprechen über Architektur eine Revision seiner Axiome.

Nach dem Haus
Architektur neu denken

In vielen Lebensbereichen entsteht eine neue Breitenkultur des Teilens. Statt ein Auto zu kaufen, werden Städter Mitglied beim Carsharing, sie borgen sich Gartengeräte und Bohrmaschinen nur noch und verleihen ihre eigenen Dinge. Was bedeutet diese neue Kultur des Teilens für das Wohnen? Könnten auch Räume mit anderen geteilt werden, und wie? Was bleibt an Intimsphäre übrig?

Was bedeutet es für ein neues kollektives Wohnen jenseits der bekannten Formen »Wohnung« oder »Haus«, wenn man, wie ja auch die Rechtsprechung, davon ausgeht, dass Wohnen und Identität eines Menschen untrennbar zusammenzudenken sind? Welche Faktoren sorgen jenseits von kategorialen Unterscheidungen von Privatem und Öffentlichem dafür, dass sich jemand »chez soi«, zuhause fühlt, bei sich ist, welche Rolle spielen Atmosphären von Orten, und was macht sie aus?

Architekten wie Ryue Nishizawa und Michael Maltzahn, Sou Fujimoto oder Riken Yamamoto haben Kollektivwohnanlagen entworfen, denen dieses Buch eigene Kapitel widmet – weil die Bewohner hier, anders als in den klassischen Wohngemeinschaften, nicht auf Gedeih und Verderb in gemeinsamen Räumen zusammengezwungen werden, sondern in einer Zusammenstellung autonomer Zellen wohnen, in denen das Private und das Kollektive sich auf eine neue Weise durchdringen, ergänzen und verstärken.

Die Bauten sind auch Beispiele dafür, wie Architektur jenseits der gängigen Begriffe und Vorstellungen neu gedacht werden kann. Jeder glaubt zu wissen, wie ein viergeschossiges Haus auszusehen hat. Neunundneunzig Prozent aller Architekten werden, beauftragt, ein »viergeschossiges Haus« zu bauen, vier etwa drei Meter hohe Kisten aufeinanderstapeln und mit Treppen verbinden. Der propositionale Sprachakt »vier Etagen« meint aber oft nur, dass ein Haus maximal etwa 18 Meter hoch werden darf. Was passiert, wenn ein Architekt den Begriff der Etage auseinandernimmt, zeigt Sou Fujimotos Haus NA in Tokyo: Statt vier in etwa gleich großen Etagen gibt es hier über zwanzig mit kleinen, zwei- bis dreistufigen Treppen verbundenen Ebenen, in denen sich das Familienleben der Bewohner ganz anders organisiert.

Der Arbeit an der Form ging hier eine Arbeit am Begriff voraus; die Freiheit der Gestaltung lag in der Fähigkeit, eine als gesetzt geltende, nicht hinterfragte Kategorie auszuhebeln und neu zu fassen.

Die meisten der vorgestellten Projekte in diesem Buch sind Häuser, keine Städte – was die Frage aufwirft, ob dem Wohnproblem der kommenden Jahre und Jahrzehnte, in denen Milliarden Menschen behaust werden müssen, überhaupt noch mit Mitteln der Architektur beizukommen, und ob die Beschäftigung mit kleinen Häusern dabei nicht eher nebensächlich ist. Dafür, es doch zu tun, spricht, dass die großen ästhetischen und sozialen Umbrüche der modernen Architekturgeschichte sich zuerst im Mikrokosmos der Wohnzelle zeigten – in Le Corbusiers Villa Savoye von 1929 etwa oder Mies van der Rohes Farnsworth House von 1951, das nicht größer als eine mittelmäßige amerikanische Doppelgarage ist; in ihnen lag der Keim für alle folgenden Großprojekte; das

Wohnhaus ist oft das erste Konzentrat einer neuen Architekturtheorie, eines neuen Raumdenkens, einer sozialen Utopie.

Die Occupy-Bewegung hat ihre Spuren auch in der Theorie der Stadt und des Wohnens hinterlassen: Eine ganze Reihe von Neuerscheinungen widmet sich der Rolle von Plätzen für die Protestbewegungen in Iran, Nordafrika oder der Ukraine. An den Architekturfakultäten werden Grassroot-Bewegungen und die Partizipationsmodelle analysiert, über die Bürger auf lokaler Ebene die Gestaltungshoheit über öffentliche Plätze einfordern.[18] Aber auch hier ist der Ideologiegehalt der Sprache hoch: Beteiligung klingt gut – aber ist »Bürgerbeteiligung« durch ein »Beteiligungsverfahren« bei der Gestaltung einer Straße wirklich eine Beteiligung an politischen Entscheidungsprozessen, oder deren Gegenteil, nämlich nur eine Ruhigstellung durch einen dekorativen Partizipationismus? Wie würde eine wirkliche Beteiligung an der Frage, in welchen Räumen man miteinander leben und wohnen möchte, aussehen?

Die Beschäftigung mit dem Wohnen wird von den Aktivisten des öffentlichen Raums oft als Nebenschauplatz kritisiert: Politische Architektur wird gleichgesetzt damit, den öffentlichen Raum »zurückzufordern«, Demokratie mit Demonstration, das Wohnen mit Rückzug und Entpolitisierung. Aber man kann nicht den ganzen Tag demonstrieren. Was passiert, bevor die Leute auf die Straße gehen: In welchen Räumen finden die Prozesse der Information, Diskussionen, der Austausch, der Streit statt? Kann Architektur diese Prozesse fördern oder bremsen, kann sie eine soziale Grundhitze schüren oder verhindern: Das sind Fragen zum »Wohnen«, zu den privaten und öffentlichen Räumen, die genau so zur »Renaissance des Öffentlichen« gehören wie die Besetzungen des Maidan, des Tahir square oder des Zuchotti Park.

Dieses Buch hat zwei Ziele: einen Beitrag zur Analyse der Interessen und Kräfte zu leisten, die dazu führen, dass die Wohnungen, Häuser und Städte so aussehen, wie sie heute aussehen – und Projekte und Denkfiguren zu zeigen, die Ausblicke darauf geben, wie wir das Öffentliche und das Private anders denken und damit anders wohnen und leben könnten. Es gibt keine abschließenden Antworten, sondern will erste Fragen stellen. Es ist kein Traktat gegen das Einfamilienhaus.

Es stellt aber die Frage, warum es – angesichts der demographischen Faktenlage und angesichts der ökologischen und ökonomischen Probleme, die Einfamilienhäuser oft verursachen – sowenig Behausungen für andere Lebensentwürfe gibt, und wie diese Behausungen aussehen könnten.

Kaum etwas erzählt so viel über den Zustand einer Gesellschaft wie ihre Räume: Ihre Wohnzimmer und Möbel, ihre Schlafräume und Kinderzimmer, ihre Gärten, Straßen und Plätze. Schon deswegen lohnt es sich, das Haus, den Platz, die Stadt genauer anzuschauen und die Machtkonstellationen und Interessen zu begreifen, die dort wirken, um zu erkennen, was anders werden könnte, welche neuen Privatheits- und Öffentlichkeitsrituale und Bedürfnisse entstanden sind, und welche neuen Formen dafür entwickelt werden können.

Kapitel 1

Stadt und Vorstadt

New York, Bond Street 40 (Detail, Herzog & de Meuron)

Die Stadt

»Leben wie Sophie Charlotte«
Was die neuen Werbefilme für Häuser uns erzählen

Wie könnte das Leben aussehen? Zum Beispiel so: Eine Frau, vielleicht Mitte dreißig, cremefarbene Hose, grauer Blazer, wandert vormittags durch Berlin, vorbei am deutschen Dom, über den Gendarmenmarkt, vorbei an der roten Markise des Restaurants Borchardt, die schwer und rot und edel, als wolle sie allein die kalte Mitte von Berlin in einen Teil von Paris verwandeln, in den Berliner Morgen hineinhängt. Die Frau geht einkaufen, man sieht sie auf der Rolltreppe des Quartier 206, wo sie in einem Laden verschwindet, in dessen Schaufenster ein paar Handtaschen von Louis Vuitton zu erkennen sind. Jetzt ist es schon Mittag; die Frau spaziert vorbei an Schinkels altem Museum, man hört Klaviergeklimper und Geigen, die Töne stürzen in Mollkaskaden in die Tiefe; die Frau betritt ein Restaurant. Ein wolfsartig grinsender Mann begrüßt sie mit der markigen Gutgelauntheit eines Sportreporters, er trägt ein offenes Hemd und einen dunklen Anzug, er grinst sie an, als wolle er sie beißen; offenbar arbeitet er in der Gegend und trifft hier seine Frau zum Lunch.

Ein Schnitt: Man sieht das neue Wohnquartier, hier wohnt die Frau: weiße Fassaden, Sprossenfenster, grüne Fensterläden, zu Kugeln geschnittene Buchsbäume, die Architektur sieht aus, als habe der Architekt wie ein hektischer Konditor noch ein wenig sahnecremehaften

Gips um die drögen Tortenböden geschmiert, damit das Ganze ein wenig mehr an Art déco erinnert. Vor dem Haus parkt seltsamerweise eine Kutsche; es sieht aus, als empfange die Frau den soeben aufgetauten Alexander von Humboldt zu Besuch.

Wir folgen der Frau in die Wohnung: Dort ist alles cremefarben und mattblau, hinter dem Kamin lockt der Lesesessel, man sieht ein Grammophon, dessen Schalltrichter lautlos etwas zu rufen scheint.

Auf dem Dach des Hauses befindet sich ein langgestreckter Swimmingpool mit Blick hinüber zur Friedrichswerderschen Kirche; die Frau geht schwimmen, bis es dunkel wird, man sieht ihre High Heels am Beckenrand. Später trifft sie den vielzahnigen Mann zum Dinner. Sie trägt jetzt ein Abendkleid, das sie noch blasser wirken lässt; prostet dem Mann mit einem überdimensionierten Rotweinglas zu, während draußen die Lichter der Stadt angehen, und so wie sie da am Tisch sitzen, scheinen sie sich zu belauern: man kann sich vorstellen, wie sie ein paar Monate später zum Psychotherapeuten und er fremd gehen wird, oder umgekehrt – aber bevor es dazu kommt, ist der kleine Film auch schon zu Ende, mit dem der Immobilienentwickler Bauwert für die »Kronprinzengärten« an der Friedrichswerderschen Kirche einen 85 Millio-

Werbung für die Kronprinzengärten in Berlin

nen Euro teuren Apartmentkomplex mit dreißig Luxuswohnungen im Zentrum Berlins Reklame macht.

Mit den neuen Luxusimmobilienprojekten ist ein neues Filmgenre entstanden – der kommerzielle, meist im Internet, auf der Website abzurufende Architekturfilm, der mit aufwendiger Technik das mögliche Leben in einem noch nicht gebauten Haus vorführt.

Dieser hier ist ein Horrorfilm. Er zeigt eine leere Existenz. Die Frau tut nichts, sie geht nicht ins Museum, sondern nur daran vorbei, sie arbeitet nicht, sie hat offenbar keinen Beruf und keine Freunde, nur ihren Mann. Ihr Tag besteht aus Shopping, Schwimmen, Auf-den-Mann-Warten. Dieser Mann ist jeweils nur in Restaurants anzutreffen, offenbar ist sogar ihm die Wohnung zu langweilig.

Dort, wo der Film spielt, in der Mitte Berlins, lag nach der Maueröffnung das exzessive Zentrum der Stadt, die Welt der illegalen Clubs, der körperlichen Verausgabung, der Drogen, der Kellerbässe, der blassen, durchschwitzten Gestalten, die es am Ende der Nacht an den Baustellen der Bürokomplexe vorbeispülte, der allgegenwärtigen Ohrenbetäubung des Techno, des Durchgefeierten und Durchgeschwitzten und Eingesauten und Zerrissenen – und ausgerechnet hier entsteht, wie der Film vorführt, eine Welt cremig matter Genüsse, in der das intensivste Erlebnis die ins Fleisch schneidenden Henkel der Louis Vuitton-Tüte sind.

Man könnte eine soziopolitische Körpertheorie dieser Figuren schreiben, eine Anthropomorphose des Kapitals, die zeigt, wie ein ökonomisches System in das Fühlen und in die Form von Körpern einsickert: Hier sieht man zwei Menschen, gezeichnet von einer seltsamen Gleichzeitigkeit von Entspannungsbedürfnis und Selbstdisziplinierung, wie man sie beim Yoga findet: Die Frau lautlos, biegsam und zäh gegen den Verfall ankämpfend, der Mann ein jovial grinsender Wellness-Wolf mit marathongestählten Waden. Man kann sich diese Menschen nicht schreiend, laut feiernd, entspannt herumhängend, Zeit vergeudend, streitend, lachend vorstellen, nur lautlos und energisch an der kalten Marmorexistenz arbeitend, die sie sich »schaffen wollen« und deren Höhepunkt das Dauerbad im Roofpool ist.

»Schreiben Sie die Geschichte fort – the next chapter can be written by you«, heißt es im Abspann des Films: Kaufen Sie ein Apartment, und sie können werden wie die beiden hier. Das soll ein Versprechen sein; es ist eine Drohung.

Ähnlich der Werbefilm, mit dem die Lenbach-Gärten angepriesen werden, eine Münchner Luxuswohnanlage, in der die Quadratmeterpreise bei 4500 bis 10 000 Euro liegen. Das »Frankonia Premium Stadtquartier«, errichtet vom Immobilien-Projektentwickler Frankonia Eurobau, der schon die Sophienterrassen in Hamburg, die Klostergärten in Münster und die Heinrich-Heine-Gärten in Düsseldorf gebaut hat, strahle einen »Zauber der Erhabenheit« und »vertraute Geborgenheit« aus, heißt es auf der Website von Frankonia, denn: »großzügige Piazettas verleihen den Frankonia Stadtquartieren ihren besonderen urbanen Charme. Die schmiedeeisernen Zäune dienen nicht nur der Sicherheit, sondern erfreuen mit ihren klassischen Proportionen nach dem Goldenen Schnitt das Auge des Betrachters.« Man kann den Werbespot wie ein Rätselgedicht auseinandernehmen: Es geht um doppelte Sicherheit – vor Einbrechern, vor Gegenwart und Wandel, vor dem die Sicherheit klassischer Proportion und des Goldenen Schnitts schützen. Beschworen wird das nostalgische Bild des italienischen Platzes und seines »urbanen Charmes« – dessen Urbanität in der allgemeinen Zugänglichkeit, in der Abwesenheit von klassisch proportionierten Zäunen lag.

Ein weiterer Werbefilm ist im Internet zu sehen, in dem ein unrasierter Mann mit hoher Stimme zur Bevölkerung Berlins spricht. Der Mann ist, seinem Akzent nach, Franzose, und das, was er sagt, spricht dafür, dass es sich bei dem Mann um den Bösewicht eines neuen Bond-Films handelt. Die Bevölkerung werde überrascht sein, sagt dieser Mann; er spreche hier für die Organisation »Yoo«, was allein ja schon wie die Negation von 007, mit einem stilisierten Martiniglas am Anfang statt einer sieben am Ende, aussieht. Wenn in Bond-Filmen solche Figuren auftreten, dann ist mindestens die Welt bedroht, und eine Stadt wie Berlin wird es nicht mehr lange geben. Und so ist es auch – selbst wenn der Mann, der da spricht, nur der Designer Philippe Starck ist, der mit seinen Einfällen bisher von allem die Welt der Stühle und der funktionsfähigen Zitronenpressen bedroht hat, das allerdings sehr erfolgreich.

46

Für Berlin hat er mit der Peach Property Group das Immobilienprojekt »Yoo« entwickelt: Direkt an der Spree, neben dem Berliner Ensemble, wird gerade ein zehngeschossiges, formal konservatives Haus gebaut, und in diesem Haus gibt es, für einen Quadratmeterpreis von durchschnittlich 8700 Euro, 95 Wohnungen zu kaufen – mit Spa, Indoor Pool und anderen Dingen, die man in Berlin bisher nicht häufig fand. Möbel muss man keine mitbringen, denn die Wohnungen sind auf Wunsch eingerichtet; fürs Interieur gilt die Drohung, die Philippe Starck im Video ausspricht: »Nothing is normal, everything is a creation« – nichts ist normal, alles ist eine Erfindung, und zwar eine aus der Zentrale der Gestaltungseinfallhölle: Der Kronleuchter sieht aus, als sei er von einem wütenden Biber mit einem Schwanz voller Mörtel angefertigt worden, in der Mitte des Raums steht eine Schubkarre, die als Sessel dient.

Wir alle, erklärt Starck im Architektenfilm, seien Teil einer kulturellen Familie, die sich in vier stilistische Untergruppen aufteilen lasse, welche gleichzeitig den vier Stilkategorien für die Einrichtung eines Apartments im »Yoo«-Haus entsprechen, zwischen denen zu wählen ist, nämlich »Classic«, »Minimal«, »Nature« und »Culture«. »Your wife will love it«, sagt Starck (offenbar richtet sich der Werbefilm ausschließlich an Männer). »Wer sich für den Culture Style entscheidet«, erläutert die Peach Property Group in einem Dossier, »genießt den Luxus. Er oder sie könnte beispielsweise ein Sammler sein.« Die Leute vom Theater am Schiffbauerdamm und die Künstler, die hier bis vor kurzem nebenan wohnten und den Platz manchmal für Performances und manchmal für ein Picknick nutzten, reiben sich die Augen: Wo eben noch Kultur war, ist jetzt *Culture*.

Kunst spielt eine wichtige Rolle bei den neuen Immobilienprojekten, denn niemand, der sich in Berlin für mehr als eine Million Euro eine Wohnung kauft, möchte hören, dass die Nachbarschaft aus zwanzig Villen und vierzehn Wachhunden besteht, die im Vorgarten an den Rhododendron pinkeln – er möchte teilhaben am sogenannten brodelnden kulturellen Leben, das man Berlins Mitte nachsagt. Diese Mitte, erläutert der Verkaufsprospekt von »Yoo«, sei bevölkert von »selbstsicheren Erfolgsmenschen und jugendlichen Kunststars im Wartestand« – die, so das implizite Versprechen, der »Yoo«-Bewohner vielleicht sogar aus ebendiesem Wartestand befreien könnte: Es winkt mit Kauf einer der überteuerten Wohnungen eine Zukunft als beliebter Gönner, als Sammler, ein aufregendes Leben in der Boheme.

Zu Recht wurde darauf aufmerksam gemacht, dass Gentrifikation auch positive Seiten hat und dass es eine unsympathische und populistische Aggression gegen alles gibt, was Berlins verbummelte Schlurfigkeit gefährdet, einen Hass auf alles, was nach Geld und Stil aussieht. Die neuen Innenstadt-Immobilien aber sind, auch wenn das hartnäckig immer wieder behauptet und herbeigesehnt wird, nicht die Rückkehr der bürgerlichen Kultur in das vom Sozialismus verwüstete Zentrum, sondern die Ausnutzung und Vollendung der antiurbanen Planwirtschaftsmisere durch einen zynischen Immobilienkapitalismus. Die Neubauten mit ihrem synthetischen Altstadtflavour haben nichts mit dem Lebensstil zu tun, für den in Berlin etwa das großbürgerliche Haus in der Bleibtreustraße 15 steht, in dem bis 1933 der Kunsthändler Alfred Flechtheim wohnte.

Wobei auch die Entwickler der »Kronprinzengärten« auf die Strahlkraft der Kunst setzen: Unter den geplanten Bauten ist auch ein Galeriehaus, »ein ›Kunsthaus‹ mit Deckenhöhen bis 4,80 Meter« vorgesehen. Die neuen Gebäude drängeln sich mit dem Selbstbewusstsein eines betrunkenen Kneipengängers bis auf fünf Meter an ihre Nachbarin, Schinkels berühmte Friedrichwerdersche Kirche, heran, in der während der Bauarbeiten der Putz von der Decke krachte. Aus Sicherheitsgründen, teilte die Stiftung Preußischer Kulturbesitz mit, habe man damals sämtliche Skulpturen aus der Kirche auslagern müssen.

Doch die neuen Bauprojekte verdrängen nicht einfach nach guter alter Gentrifizierungsart das Einfache und Provisorische durch ein wohlhabenderes bürgerliches Leben. Sie zombifizieren die Stadt: Sie lassen das, was sie verdrängten – die Ateliers, die kleinen Kunsträume, das Improvisierte, Provisorische – als wertsteigerndes, belebendes Bild wiederauferstehen. Die neue Stadt baut als Fiktion nach, was sie soeben verdrängte: Der Künstler soll dem Quartier das Aroma urbaner Widerständigkeit geben, er darf als Darsteller seiner selbst an den Ort seiner

Verdrängung zurückkehren, um den Bewohner über die Sterilität hinwegzutäuschen, die mit ihm Einzug hielt.

Wo zu viel offensichtlicher Kapitalismus herrscht, wird nach Kunst gerufen – so auch in dem mit wirren Geschäfts- und Hotelbauten verrammelten Neubauviertel hinter dem Berliner Hauptbahnhof, wo der Regierende Bürgermeister von Berlin gern eine neue Kunsthalle errichtet hätte. Es ist in Mode gekommen, Kunsträume als wertsteigernde Dekokirsche auf kommerzielle Immobilienprojekte zu setzen. Wilhelm Brandt, ehemaliger Pressesprecher des Immobilienentwicklers Vivico, bezeichnete Kunst als Köder, um wichtige Menschen in die Stadt zu locken: »Das ist wie bei einer Wursttheke: Je größer die Auswahl, desto besser.«[1]

Zombifikation:
Zynismus der posturbanen Stadt und die Folgen
Bond Street 40

Die Zombifizierung der Innenstadt ist kein europäisches Phänomen. In der New Yorker Lower East Side werden dort, wo einmal Punkclubs waren, luxuriöse Apartmenthäuser gebaut, deren Makler unbeirrt mit dem »Bohemecharakter« des Viertels werben, der nicht zuletzt ihretwegen zu verschwinden droht. Entsprechend machen die wenigen verbleibenden Punks und Untergrundkünstler ihrem Unmut Luft und überziehen die neuen Gebäude mit wütenden Graffiti, was die Besitzer allerdings nicht als Kunst akzeptieren, sondern als Vandalismus beklagen.

Das soziologisch interessanteste unter den neuen Gebäuden in der Bowery ist der Luxusapartmentblock, den das Schweizer Architekturbüro Herzog de Meuron in der Bond Street 40 für den Hotel-Unternehmer Ian Schrager errichtet hat.

Es gab Demonstrationen gegen das Haus, das für die Luxussanierung einer der letzten sozialen Oasen und die endgültige Vertreibung normaler Einkommensschichten aus Manhattan steht. Nicht zuletzt deshalb haben die Architekten zwischen der Straße und dem eigentlichen Gebäude ein bizarres Gebilde errichten lassen, das wie eine Mischung aus

Zaun und Skulptur aussieht – und beides ist: Eine Absperrung gegen die reale Punk-Boheme und ein Signet für die gefühlte Underground-Zugehörigkeit der neuen Mieter, die für die luxuriöseren Wohnungen in diesem Bau hohe Summen zahlen, laut Brancheninformationsdienst »The real deal« angeblich weit über 20 000 Dollar Miete pro Monat.

Der Zaun vor der Fassade hat eine labyrinthisch kurvende Form, die aussieht, als habe Jackson Pollock ihn mit flüssigem, schnell härtendem Blei in die Luft gemalt. Auf der Website ist zu erfahren, dieses Objekt sei »New York City graffiti inspired«, die Form sei also von Graffiti abgeleitet, wie man sie früher in der Bowery oft fand und als Zeichen des Protests gegen die Luxussanierung der Viertel auch immer noch an den Fassaden der neuen Apartmentbauten findet.

Seit sich herumgesprochen hat, dass dieser Zaun in Wirklichkeit ein zur Skulptur geronnenes Graffito sein soll, ist er zum Symbol einer ebenso genialen wie zynischen Absorptionsstrategie der Gentrifizierer geworden, ein hämischer Gruß der neuen Grundbesitzer an die Sprayer: Ihre eigene Protestform trat ihnen jetzt als Fortifikation entgegen, die eine Besprühung der Fassade verhindert.

Der aus Aluminium gegossene, 39 Meter lange und bis zu sieben Meter hohe Zaun leistet beides: Er macht Werbung mit dem Flair der Subkultur und hält sie sich gleichzeitig vom Leib. Er verwandelt die anarchische Energie der Punk-Boheme in ein Kunstwerk – und dieses Kunstwerk ist gleichzeitig der beste denkbare Schutz vor dem realen Unmut jener Kultur, die er zitiert. Er lässt die tatsächliche, mit Spraydosen bewaffnete Wut ins Leere laufen, denn wenn man versucht, diese Absperrung zu besprühen, verliert sich die Farbe zwangsläufig in der Luft; die eigentliche Fassade dahinter erreicht sie nie. Wie die Pre-Washed Jeans kokettiert der Bau mit der Ästhetik der Beschädigung und verwandelt jeden denkbaren Protest so in einen Teil seines Designs: Die Ästhetik des Graffiti-Zauns absorbiert alle Formen ideologischer Gegnerschaft und macht sie zum Ornament seines Triumphes.

Die Stadt verkommt zur Verteidigungslinie

Der Zaun von Bond Street 40 ist nur ein Beispiel für eine neue Form von Stadtmöblierung mit Kontroll- und Abschottungsobjekten, die ihren Verteidigungscharakter geschickt verleugnen. Überwucherte Parks werden neu gestaltet und mit Fahrradspuren, Sitzbänken, Blumenpflanzungen, kleinen Zäunchen, Spiel- und Fitnessgeräten möbliert. Man kann diese Übermöblierung ehemaliger Brachen und Freiflächen als Verbesserung der Aufenthaltsqualität der Stadt begrüßen oder darin eine subtile Form von Kontrolle des öffentlichen Raums erkennen: für Unruhen, Demonstrationen, Aufmärsche und ernstzunehmende Zusammenrottungen wäre hier jedenfalls kein Platz mehr.

Wenn man fragt, warum die Städte so trostlos aussehen, dann ist es vor allem auch das Versagen der Institutionen, die den profitorientierten Billigkästen-Wildwuchs und die Überkronung von Freiflächen mit Luxusghettos eindämmen könnten. Zu diesen Institutionen gehört auch und vor allem die öffentliche Hand, etwa der Berliner Liegenschaftsfonds, der viel zu häufig und viel zu lange dem Meistbietenden den Zuschlag gab, auch wenn das langfristig hohe Folgekosten mit sich bringt: die Verödung ganzer Stadtviertel und gewachsener Strukturen. Stattdessen freut man sich über den profitablen Abverkauf von Flächen, auf denen die Stadt als Bauherr und Erfinder neuer sozialer Räume und neuer Wohnformen in Erscheinung hätte treten können, an private Akteure. »Mit den ›Rosengärten‹ entsteht neuer Wohnraum, der in Charlottenburg-Wilmersdorf durch eine hohe Zuzugsrate sowie eine Haushaltsvereinzelung stark nachgefragt ist. Die Realisierung der ›Rosengärten‹ ist ein wichtiger Schritt, dem Bedarf, vor allen Dingen auch an einer Vielfalt von Mietwohnungen, im Bezirk gerecht zu werden«, schwärmte der Charlottenburg-Wilmersdorfer Bezirksbürgermeister Reinhard Naumann. Gemeint ist der Bedarf an hochpreisigen Immobilien. Der Bedarf an zentralen, kostengünstigen Wohnungen, die es Familien, Studenten und Älteren erlauben würden, in den zentralen Lagen der Stadt zu bleiben, schien hier weniger zu interessieren. So trägt vor allem die Politik mit dem kurzsichtig gewinnorientierten Verkauf von staatlichen Liegenschaften dazu bei, die Zentren zu veröden.[2] Erst seit kurzem gibt es in Berlin Versuche, städtische Liegenschaften nicht mehr nur zum Höchstpreis zu verkaufen. Trotzdem wurden Areale der Alten Münze im Klosterviertel, wo bisher verschiedene Kulturveranstaltungen stattfanden, zu möglichst viel Geld gemacht. Das Gelände, auf dem ein Designmuseum und Ateliers für junge Entwerfer hätte entstehen sollen, wurde nach einigem Hin und Her im Bieterverfahren neu ausgeschrieben, unter Nutzungsart stand nun »Büro, Verwaltung, Hotel, Freizeit«. Die langfristigen Folgen dieser Verödung der Städte sind gar nicht abzusehen.

Vom Ort des Versprechens zur Sicherheitszone

In Romanen und Liedern des 19. Jahrhunderts, in Filmen und Gemälden ist die Großstadt ein chaotischer, überfüllter, ein unübersichtlicher und dunkler, offener Raum voller Gefahren und Gelegenheiten, der wörtlich genommenen auch begründeten Angst, auf den überfüllten Straßen unter die Räder zu kommen, stand das Versprechen einer glitzernden Welt voller Möglichkeiten gegenüber. Noch Petula Clark besang in ihrem Song »Downtown«, der Hymne des angeödeten Vorstädters, die Innenstadt als glitzerndes, funkelndes Versprechen, wo die Lichter heller und die Musik lauter und die Menschen freundlicher sind. Man darf diese Idee von Stadt nicht romantisieren und beim Nennwert neh-

New York, Times Square
Hamburg, Fußgängerzone

men: In Städten bildeten sich immer schon kommerzielle Interessen ab, sie waren nie heitere Spielplätze. Aber dennoch hat sich etwas im Zugriff auf die urbanen Räume verändert.

Die neuen Städte sind nicht von der Idee des Versprechens, sondern vom Ideal der Gefahrenabwehr geprägt: Der Autoverkehr ist minimiert, die Leerstellen mit Stadtmobiliar verstellt, alles ist verkehrsberuhigt und shoppingbummeloptimiert, der oder das »Andere«, in der Philosophie und in den Städtebautheorien der siebziger und achtziger Jahre Projektionsfläche der wildesten Phantasien, verwandelte sich vom Versprechen in eine Bedrohung. Man kann spekulieren, ob das Phänomen, alles von der Möglichkeit des Todes her zu denken, Symptom einer Gesellschaft ist, die sich nicht mehr, wie in den siebziger Jahren, auf eine Idee von Freiheit, sondern von Sicherheit orientiert. Vorratsdatenspeicherung und die Überwachung des öffentlichen Raums werden zum großen Teil akzeptiert – weil es der Sicherheit dient. Die Begegnung mit dem Fremden im öffentlichen Raum ist zur Angstvorstellung geworden und wird als potentiell lebensgefährlich imaginiert. Terror, Aids, Crash: Der Mann mit dem Turban könnte ein Attentäter sein, der nette Mensch an der Bar eine gefährliche Krankheit in sich tragen, jederzeit werden Kollisionen, Attacken, Übergriffe von Jugendbanden, Unruhen aller Art befürchtet.

Wie diese neuen, am Versprechen von Profit, Gefahrenminimierung, Verkehrsberuhigung und anderen Einsargungen urbaner Energien orientierten Städte aussehen, zeigt unter anderem die Hamburger Hafencity.

Märchen vom ökonomischen Diktat
Die Hamburger Hafencity

Bezahlbare Wohnungen fehlen auch in Hamburg. Große Hoffnungen wurden auf die Hafencity gesetzt, eines der größten städtebaulichen Projekte in Deutschland; dort entstanden bereits einige vielverspre-chende genossenschaftliche Bauten, und hätte man die neue Stadt

weiter in dieser Art verdichtet, hätte sie ein le-bendiger Stadtteil werden können. Stattdessen baute man das sogenannte Überseequartier – ein neues Viertel, in dem etwa 7000 Menschen arbeiten sollen. 800 Millionen Euro wurden investiert, unter anderem in einen »Übersee-boulevard«, der mit seinen Backsteinwand-schluchten eher an den etymologischen Ur-sprung des Worts Boulevard im deutschen Kriegsvokabular, nämlich an ein Bollwerk, erinnert. Was ist hier passiert? Warum baute man in aller-schönster Wasserlage eine Fußgängerzone, wie man sie öder nicht hätte erfinden können?

Die Antwort ist einfach: Weil man hier vor allem Büroflächen bauen wollte – und das mit dem Argument, eine durchmischte, kleinteilig par-zellierte Wohnstadt mit erschwinglichen Wohnungen und wassernahen Gärten sei eine schöne Utopie, aber realitätsfremd; hier brauche man Büros, damit sich das Ganze rechne. Aber die behauptete ökonomische Notwendigkeit war ein Irrtum: Denn während in Hamburg der Wohn-raum knapp ist, stand schon vor Baubeginn rund eine Million Qua-dratmeter Bürofläche leer, allein in der Hafencity waren es 36 000 Qua-dratmeter, und das Überangebot drückte die Preise.

Die Folgen waren vor allem ökonomisch desaströs: Dem Investor ei-nes Geschäftskomplexes war, offenbar aus Angst, das Bild eines florie-renden Wirtschaftsquartiers könne sonst zusammenbrechen, vom Senat die Abnahme von 45 000 Quadratmetern zugesichert worden – nun stand die öffentliche Hand in der Pflicht. Nachdem man keinen ande-ren Abnehmer fand, musste die Stadt als Mieter einspringen. Zunächst wollte man das Bezirksamt Mitte in die Hafencity umsiedeln, was den Bezirkspolitikern zu teuer war – sie hätten mit einer Miete von fünfzehn Euro statt wie bisher acht Euro pro Quadratmeter den Mietmarkt der Hafencity subventionieren müssen. Schließlich sollte die Wirtschaftsbehörde einziehen, deren Mitarbeiter aber intensiv gegen den abgelegenen Ort protestierten. Es war hier also nicht so, dass die globale Ökonomie der öffentlichen Hand Geld in die Kassen spülte, das sie segensreich verwenden konnte. Die öffentliche Hand alimentierte das Bild einer florierenden Wirtschaft um den Preis, dass der öffentliche Raum verödet. Das Überseequartier der Hafencity wurde schnell zum Potemkin'schen Dorf der globalen Ökonomie, eine Simulation von Urbanität, ein Stadtbild anstelle einer Stadt.

Vor allem die Unterordnung unter das angeblich unvermeidbare Diktat des Ökonomischen prägt das Bild aktueller Städte. Das sogenannte »Herz der Hafencity« wurde früh an ein deutsch-niederländisches Konsortium verkauft, und die Versuche der Stadtplaner, dem Areal doch noch irgendwie Leben einzuhauchen, beschränken sich auf Urbanokosmetik: Architektur darf hier die anheimelnde Tarnkappe für die Formen liefern, die die ökonomischen Verwertungsinteressen angenommen haben. Man verpasste also den Bürokisten mit Backsteinfassaden ein nostalgisches Lokalkolorit, und weil am Hamburger immer die Sorge nagt, er könne zu bieder wirken, durften die Architekten ein paar sinnlose optische Turbulenzen einbauen. Erick van Egeraats Sumatrahaus sieht aus, als habe man einen rostigen Öltanker auseinandergeschweißt und als Fassadenschmuck recycelt. Dem ökonomischen Desaster wird mit der optischen Ruine ein Denkmal gesetzt, das Hafencity-Herz darf so aussehen wie das, was es sozial und städtebaulich ist: ein Trümmerhaufen.

Welche Idee von Gesellschaft und welche Prioritäten die Vermarkter des neuen Stadtviertels haben, illustriert nichts besser als die Website der Hafencity, auf der die neue Katharinenschule nicht als Ort humanistischer Bildung angepriesen wurde, sondern als Kaderschmiede künftiger Wirtschaftsführer. »Die Schulkinder«, hieß es da, »genießen ihre Pause auf dem wohl höchsten Pausenhof der Stadt mit spektakulärem

Panorama und lernen so eine wichtige unternehmerische Tugend: den Weitblick.«[3] Umso peinlicher, dass das, was der kleine Unternehmer von hier oben sieht, staatlich alimentiert werden muss.

Theorie der Überfülle
Träume vom Romanischen Café

Was ist so trostlos an der Berliner Friedrichstraße, dem Überseeboulevard, den ganzen neuen, synthetischen Stadtplanungen? Die Neubauten, die wie Aktenordner Spalier stehen, die nächtliche Leere, der man anmerkt, dass hier nur Büros und kaum noch Wohnungen zu finden sind? Und was macht die Straßenkreuzung am Bahnhof Zoo, wo das – nach einem berühmten Vorgänger so genannte – »Romanische Café« zu finden ist, so deprimierend öde?

Es war nicht immer so vollendet trostlos hier. Es gibt ein Gemälde von 1910, das zeigt ein Glitzern, der Himmel über dem Kurfürstendamm ist schwefelgelb vom Licht der Stadt und nicht schwarz, das Licht spiegelt sich im nassen Straßenpflaster, und den Weg zum Romanischen Café sieht man gar nicht mehr hinter all den Menschen, die über den Kurfürstendamm und zum Bahnhof Zoo drängen. So war es 1910 vor dem Romanischen Café, als der Künstler Adolf Müller-Cassel das gleichnamige Gemälde malte. Egon Erwin Kisch und der Maler Max Slevogt hatten hier einen Stammtisch, Sylvia von Harden und Kurt Tucholsky waren da, Else Lasker-Schüler und Gottfried Benn, Mascha Kaléko schrieb hier einige ihrer schönsten Gedichte (»Halbeins. So spät! / Die Gäste sind zu zählen / Ich packe meinen Optimismus ein / In dieser Stadt mit vier Millionen Seelen / Scheint eine Seele ziemlich rar zu sein«). 1933, als Mascha Kaléko dieses Gedicht schrieb, war es mit dem Romanischen Café vorbei. Bei einem Bombenangriff im November 1943 brannte schließlich auch das Haus aus; siebzig Jahre später wurde der neue Zoofenster-Turm eröffnet, der das Waldorf-Astoria-Hotel beherbergt – und das sogenannte neue Romanische Café. Bei der Eröffnung erkannte man allerdings bis zum letzten Moment nicht, dass dies hier ein Café sein soll, weil wesentliche Elemente, die ein Café ausmachen, nicht anzutreffen waren, eine Tür zum Beispiel; man musste sich seitlich durch einen Nebeneingang des Hotels ins neue Romanische Café hineinschleichen, zur Straße waren die Fenster, wie im Verkaufsraum eines Düngemittelherstellers, mit Kübeln verstellt, in denen orientierungsloses Gras wächst, von der Decke knallte das Licht der Neonstrahler wie in einer Klinik auf die Teller, als solle man den Kuchen nicht essen, sondern operieren.

Das neue Romanische Café zeigte, was Berlin fehlt – und nicht nur Berlin. Ob man Müller-Cassels Bild anschaut oder Kästner über das »infernalische Gewirr« im alten Café liest: Immer entsteht der Eindruck von Überfülle, von extremer, chaotischer Superkompression der Stadt. Vielleicht waren es, anders als die Berliner Stadtplaner es nach 1989 dachten, nicht nur die »Stadträume« des alten Berlin, die die Stadt so lebendig machten und die man mit scharfkantigen Kisten grob nachstellte, sondern die leider nicht mitrekonstruierte Überfülle: Sich mit barocken Balkonen wild in die Straße lehnende Fassaden, an denen man ganze Armeen von Karyatiden angebracht hatte, darunter ein Gedränge, ein Chaos aus Droschken, Menschen, Kiosken – eine Kultur des Öffentlichen, die entstand, weil so viele Menschen nach Berlin zogen, die in die Cafés gingen, weil die Wohnungen zu eng waren.

Wer abends um zehn aus dem Neubau des Romanischen Cafés tritt, findet sich in einer Ödnis wieder, in die nur die blauen Neonröhren der Karstadt-Filiale, die rote des Beate-Uhse-Ladens und die grüne der »Wursterei« etwas Licht bringen. Immerhin haben sie die Neonschrift am Bahnhof erneuert, so dass dort jetzt nicht mehr »---logischer Garten« steht.

Dieser Eindruck von Leere hat auch etwas mit der Besiedlungsdichte der Stadt zu tun; es wohnen zu wenige Menschen im Zentrum. Das Berlin der zwanziger Jahre, das auf alten Fotos als glitzerndes, funkelndes Dickicht aus Kaffeehäusern, Neonreklamen, Ampeln, Trambahnen, Fuhrwerken, Pelzmänteln, Autos, Hüten, Elektrizität, Hektik, Liebe und Zigarrenqualm erscheint, war das Ergebnis einer irrwitzigen Kompression. 1877 wurde Berlin Millionenstadt, bis 1905 verdoppelte sich die

Einwohnerzahl, 1920 war man bei vier Millionen Einwohnern, Berlin war nach London und New York die drittgrößte Stadt der Welt. Emigranten strömten nach Berlin und überfüllten die Stadt, und diese Überfülle war ihr Reichtum: In der Friedrichstraße und dort, wo heute »Yoo« und die »Kronprinzengärten« gebaut werden, wohnten dreimal so viel Menschen, wie eigentlich geplant war. Diese Massen, die ins Zentrum strömten, brachten ein Durch- und Übereinander der sozialen Schichten und kulturellen Rituale mit, eine chaotische Verdichtung, die das Gegenteil der Bebauung innerstädtischer Leerflächen mit gepflegthochpreisigem Zombifikations-Urbanismus war. Natürlich gab es im Berlin der zwanziger Jahre noble Wohnbauten. Aber gleich daneben, dahinter, unter dem Dach, lebten Menschen mit deutlich weniger Geld, die Bars und kleine Läden eröffneten.

Diese Durchmischung und Superkompression sucht man in den neuen Wohnarealen vergeblich. Die Berliner Friedrichstraße leidet daran, dass man die stadträumliche Silhouette – Blockrandbebauung, Traufhöhe, Fassaden, die mehr Stein- als Glasanteil besitzen – zwar rekonstruiert und damit urbanistische Großautismen wie das Kudamm-Karree verhindert, jedoch nicht jenes Leben zurückgebracht hat, das die Friedrichstraße einst zu einem dichten, brodelnden Ort machte. Auch die Rekonstruktion dieses Ortes im Zentrum einer Stadt zeugt von einer weiterreichenden Strukturmisere staatlicher Baupolitik: Man baut formale Hüllen nach, um zu einem verlorengegangenen, lebendigen Stadtgefühl, einer verlorenen Atmosphäre zurückzufinden, aber man begreift nicht, dass man die strukturellen Bedingungen dieser Atmosphäre untersuchen und, um zu einer ähnlichen Stadtatmosphäre zu kommen, eventuell ganz andere Formen bauen muss. Der Friedrichstraße hätte es geholfen, wenn man von Anfang an, statt auf Profitmaximierung durch Büroflächenbau zu setzen, neben den Büroflächen eine extrem verdichtete, populäre Wohnbebauung geplant hätte: Kurze Zeit später hätten sich dann auch Cafés, kleine Läden oder Kinos angesiedelt. So aber ist die Friedrichstraße eine Berliner Version von La Défense im Maßanzug der alten europäischen Stadt: ein Büroviertel in nostalgischer Gussform. Dass sich hier statt eines gemischten Zentrums eine

Bürowelt breitmacht, in der Effizienzdenken die Form bestimmt, verraten bei näherem Hinsehen die meisten Fassaden – die eben nicht den Detailreichtum, die fast hysterische Überdekoration alter Berliner Gründerzeitfassaden aufweisen, sondern wie petrifizierte Aktenordner in Reih und Glied stehen. Die Stadt ist das Abbild der Renditebestrebungen der Bauwirtschaft; in dieses Bild greift der Staat durch magere kosmetische Korrekturen ein, etwa die Festlegung eines gewissen, geringen Prozentsatzes von gefördertem Wohnungsbau.

Aber vielleicht wollen die Planer der neuen Städte auch gar nicht zum Ideal der wilden, übervollen Stadt zurück. Vielleicht ist das Ideal nicht die glitzernde, metropolitan-kosmopolitische, unübersichtliche, gefährliche, verlockende, wilde, laute, dampfende, unscharfe, spitze, schrille, laute, sanfte, verlorene, eiskalte und überhitzte Metropole der Moderne, die Stadt von Gefahr und Versprechen, sondern das Gegenteil, die feudal-lauwarme, kleinstädtisch-vormoderne Stadt, die mit der alten Kutsche im Werbefilm der – auch nicht zufällig so genannten – »Kronprinzengärten« beschworen wird: die Stadt des Idylls, der Sicherheit. Beide Modelle stehen sich hier gegenüber: die Stadt als Ort des Abenteuers, der Begegnung mit Unbekanntem und Verwirrendem, und die Stadt als aufgeräumte, blitzblanke, überschaubare Ordnungsvision. Vielsagend war die Art und Weise, auf die der Berliner Liegenschaftsfonds ein großes städtisches Grundstück in der Nähe des Schlossgartens im Bieterverfahren anpries: als »Grundstück für die Entwicklung von hochwertigem Wohnen« unter dem Titel »Wohnen wie Sophie Charlotte«, die preußische Königin.

Metamorphosen des öffentlichen Raums
Wie der Flughafen zur Shoppingmall wird

Die kommerzielle Überformung der öffentlichen Räume ist kein Phänomen, das sich auf innerstädtische Plätze und Straßen beschränkt. Was Städte einmal ausmachte, taucht wie in einer eigenartigen Luftspiegelung, als stählerne Fata Morgana, vor den Städten wieder auf: vor allem Flughäfen verwandeln sich von Orten, an denen es um eine möglichst zügige Abreise geht, in Orte, an denen man ganze Tage zwischen Hotels, Massagezentren, Boutiquen und Restaurants verbringen kann und soll: Genau an jenen Orten, welche die Moderne zur Beschleunigung der Verhältnisse erfunden hat, verlangsamt sich das Leben ins Erzwungen-Flaneurhafte.

Der Flughafen Tegel, 1974 vom Architekturbüro gmp errichtet, war ein Beschleunigungsbau: ein großes Sechseck, an dem die Flugzeuge über 14 Fluggastbrücken direkt andocken können und in dem man im Innenhof des Terminals unmittelbar vor dem jeweiligen Check-in-Schalter abgesetzt wird. Es mag sein, dass ein solcher Entwurf heute nicht mehr möglich wäre – aber die latente Bedrohung durch Terror allein erklärt noch nicht, warum der zum unsinnig frühen Auftauchen am Check-in gezwungene Fluggast auf dem neuen Flughafen durch endlose Shoppingmalls wandern muss, in denen er, um die leere Zeit zu füllen, wahllos einkaufen wird.

Der neue Berliner Flughafen wird, sollte er dereinst eröffnet werden, ein Ort strategischer Verzögerung sein. Die Bewusstseinsingenieure, die die Qualitäten derartiger Gebäude am Ende der Öffentlichkeit verkaufen müssen, würden dabei vielleicht eher von »Entschleunigung« sprechen, denn die gilt als gesellschaftlich erstrebenswert. Man mag Raser und Drängler und Turbokapitalismus nicht, man will Ruhezonen und Einkehr – wobei übersehen wird, dass die Entschleunigung, die Apotheose des zum Genießer promovierten Bummlers, keineswegs ein Akt der Rehumanisierung, sondern das wahre Feld jenes sogenannten Turbokapitalismus ist, gegen den sie anzutreten scheint: Am Flughafen stehen mittlerweile Wellness-Center, Yogaräume, Low-Fat-Gourmetfood-Restaurants und andere hochpreisige Selbsttröstungsanlagen bereit, und diese Verwandlung des Flughafens in ein Flanierlabyrinth mit gut versteckten Abflugmöglichkeiten hat einen sehr einfachen Grund in den Summen, die man mit dem Versprechen umfassender Selbstoptimierung durch Entspannung und Kulinarik umsetzen kann.

Wie man im »Moodie-Report«, im Geschäftsbericht von London Heathrow und anderer Airports nachlesen kann, ist der sogenannte »Non-Aviation-Bereich« mittlerweile eine der größten Einnahmequellen der Flughafenbetreiber. Die großen internationalen Flughäfen erzielen fünfzig Prozent ihres Umsatzes nicht mehr mit Passagier- und Frachtgebühren, sondern mit dem, was im Flughafendeutsch »Airport-Retailing« heißt und was mit mehr als dreizehntausend Euro pro Quadratmeter deutlich mehr bringt als jedes normale innerstädtische Shoppingcenter. Der Hugo-Boss-Store am Frankfurter Flughafen erreichte laut »Research Network Airport City Facts 2012« zum Beispiel »eine Flächenproduktivität von zwanzigtausend Euro pro Quadratmeter«, und »Spitzenmieten von über tausend Euro pro Quadratmeter stellen keine Seltenheit im Airport-Retailing dar«. In Athen und Portland gibt es sogar einen angeschlossenen Retailpark mit Ikea-Filiale.

Schon deswegen kann man verstehen, warum die Einzelhandelsfläche, die in Tegel noch bei 3250 Quadratmetern lag, laut dieser Quelle in Berlinbrandenburginternationalwillybrandt bei 22 000 Quadratmetern liegen soll und warum Verzögerung das eigentliche Wesen des neuen Verkehrsbaus ist.

Die Mutation des Flughafens, der sich vom Beschleunigungstempel zum Shoppinglabyrinth mit peripherer Abflugoption verwandelt hat, hat ihre Ursache nicht in Sicherheitsanforderungen oder allgemeinem Wachstum, sondern in der ökonomischen Überformung öffentlicher Orte. Mit der Verwandlung der Flughäfen in hochprofitable Einkaufszentren kommt auch die Flughafenarchitektur an neue Tiefpunkte – die neuen Flughäfen sehen wie das aus, was sie sind: Bessere Shoppingmalls, in denen man auf dem Weg vom Eingang zum Flugzeug ausgebremst und zu einem endlosen Aufenthalt in Kaffeebars, Restaurants, Shops und Lounges gezwungen wird. Die neuen Flughäfen schaffen die

Idee des Fliegens, der schnellstmöglichen Fortbewegung ab: Das ästhetische Versprechen ist verschwunden, das reale Tempo auch.

Die kommerzielle Gängelung des abreisewilligen Fluggasts in endlosen Shoppingpassagen wird mit Urbanodekor zum »Stadterlebnis« veredelt, in dem die Grenzen von Öffentlichkeit und Intimität seltsam weich werden. In diesen Malls, unter einem alles überwölbendem Stahldach, findet eine seltsam hybride Durchmengung von privat-intimen und öffentlichen Räumen statt; ermattete Geschäftsreisende schlafen in wohnzimmerhaften Loungeecken und Wartezonen, während nebenan Kaffee bestellt, Magazine und Mitbringsel gekauft werden, dazwischen fehlen Wände; es ist, als sei die Fassade eines Hauses weggebrochen und mit ihr die Trennung des Privaten vom Öffentlichen. Die Piazza in dieser Mall ist, wenn man darunter Zugänglichkeit für alle Bewohner eines Gemeinwesens versteht, natürlich kein tatsächlich öffentlicher Platz, sondern nur die Fiktion eines Platzes, der öffentlich nur für die privilegierte Welt der Flugreisenden ist; umso interessanter, dass ausgerechnet dieser exklusive Ort jenes vormoderne »Marktplatzidyll« zitieren muss, dessen wesentliches Kriterium er verabschiedet hat: die allgemeine Betretbarkeit.

Einige Architekturtheoretiker vertreten die These, die Architektur von Flughäfen und Shoppingmalls sei in ihrem Aufbau klassischen Innenstädten und ihrer Konzentration von Orten des Handels nachempfunden. Dafür spricht einiges, mittlerweile ist aber auch das umgekehrte Phänomen zu beobachten: Die Innenstädte ähneln in ihrer aseptischen Durchgeplantheit den Shoppingzonen der großen Flughäfen. Überall Überwachungskameras, spiegelglatte Plätze, abweisende Fassaden, ausgeleuchtete Winkel, die Stadt als endlose Abfolge von Personenschleusen.

Es ist nachvollziehbar, dass solche massiven Formen urbaner Verrammelung, Kommerzialisierung und Desinfizierung der Zentren Beschwörungen eines unverstellten Idylls nach sich zieht. Allein das Aussehen von Innenstädten und Flughäfen mag den Erfolg von Zeitschriften wie »Landlust« oder »Country Live« erklären, die das Leben auf dem Land preisen und zum Trost allerlei Vergemütlichungsstrategien anbieten.

Die Vorstadt

Krieg der Idealbilder
Die ästhetische Kakophonie der Vororte

Das Elend der Innenstädte lässt sich von dem der Vorstadt nicht trennen. Während die Innenstadt einerseits von Immobilienentwicklern mit Beschwörungen eines künstlerisch-bohemienhaften Lebensstils zombifiziert wird, werden Menschen, die sich die steigenden Mieten in den Zentren nicht mehr leisten können, in die Vorstadt und auf das zersiedelte Land verdrängt. Die Misere der ökonomisierten Innenstädte setzt sich in der Vorstadt fort: Weil in der Stadt kein bezahlbarer Wohnraum für Familien zu finden ist, wandern sie in den Siedlungsbrei am Stadtrand ab. Doch dort, auf den neuen Baufeldern, die die Gemeinden zur Bebauung freigeben, herrscht schon jetzt drangvolle Enge.

Auf vielen dieser Baufelder ereignet sich ein ästhetisches Massaker. Weil die überforderten Gemeinden die Bebauungsplanung an private Investoren abtreten, gibt es kaum Gestaltungsvorgaben, jeder kann bauen, wie er will – und weil keine Absprachen getroffen werden, ramponiert ein architektonischer Lebensentwurf den nächsten. Auf engstem Raum stehen nebeneinander: Die Schrumpfform eines Bauhaus-Gebäudes, das als Nachbarn andere weiße Kisten verlangt; ein aufwendiges Fachwerkhaus, das keine weißen Kisten, sondern eine Pferdewiese oder eine alte Windmühle als Nachbarn bräuchte, um seine Wirkung nicht einzubüßen; stattdessen klemmt direkt daneben ein billigst gebautes Haus mit Plastikfenstern und apricotfarbenem Dämmputz. Solche Siedlungen sind nicht deswegen so furchtbar, weil ihre Architektur bestimmten normativen Gestaltungsregeln und Vorstellungen von gutem Geschmack nicht gehorchte, sondern weil sie immanent scheitern: Der Eigentümer des nicht unaufwendigen Fachwerkhauses ärgert sich unbändig, dass er

statt des Landidylls, dessetwegen er vor die Stadt zog, aus dem Wohn-
zimmerfenster den Billigbauhaus-Kasten sehen muss, dessen Besitzer
diverse stahlblitzende Gerätschaften versammelt, die ihm als modernes
Design erscheinen. Der Besitzer der weißen Kiste kann seinerseits den
Anblick des »nostalgischen« Fachwerkhauses und der Bemalung der
Garagenwand mit idyllischen Waldmotiven nicht ertragen, während
der Besitzer des apricotfarbenen Dämmputz-Nullenergiebaus voller
Ingrimm auf den Geländewagen starrt, mit dem der Eigentümer des
Fachwerkhauses seinen Landträumen frönt. Hier tobt ein Krieg der
Idealbilder, die sich gegenseitig aufheben. Diese Siedlungen sind als
Ganzes objektiv gescheitert und müssten unter den in den Bauordnun-
gen zu findenden »Verunstaltungsparagraphen« fallen – schon weil kei-
ner der Bewohner von ihnen begeistert ist, weil jeder sie als mehr oder
minder aushaltbaren Kompromiss wahrnimmt.

Mit einem klassischen Haus haben diese von Massivhausfirmen
äußerst kostengünstig gebauten Wohnkisten nichts mehr gemein. Sie
dürfen nur wenig kosten. Weil aber die Massivhausanbieter und ihre
Gewerke trotzdem noch so viel wie möglich daran verdienen wollen,
wird gespart, was zu sparen ist: Kaum Dachüberstand, die kleinsten
Fenster aus den billigsten Materialien, schnellstmöglich verputzt, weil
auch Arbeitszeit Geld kostet.

»Ätsch, ich wohne in einem Massivhaus«

Das Musterhaus steht im Süden der Stadt, unweit der Autobahn, hinter
dem Kreisverkehr, an dem die Straße nach Glasow abzweigt, hinter der
Kreuzung, an der das »Imbisseck Borussia« in einem frisch verputzten
zitronengelben Spitzdachhaus liegt. Davor: Tannen, Hecken, grüner
Doppelstabmattenzaun, schwarzer Volkswagen Touareg. Die Straße, in
der das Musterhaus steht, heißt seit neuestem »Zum Storchennest«, früher hieß sie Feldstraße, die Umbenennung war wegen der Zusammen-
legung der Gemeinden nötig, die Goethestraße heißt jetzt deswegen
auch Bachstraße, Goethe hatten sie im Nachbarort schon, Bach nicht.

Das Musterhaus steht links, die Fassade ist in einer Farbe gestrichen, die an mehlige Aprikosen und Bellini erinnert. Ein Schild empfängt den Besucher: »Gut, dass Sie Massivhäuser vergleichen!«, darunter sieht man Bilder der Haustypen des Franchise-Unternehmens »Town & Country«: Modell »Landhaus« mit Krüppelwalmdach. Modell »Bungalow«, Modell »Wintergartenhaus«. Modell »Lichthaus«, mit mehr Fenstern. Das Musterhaus ist ein »Flair 113«; eine Plakette teilt mit, dass dieses Modell »Deutschlands meistgekauftes Markenhaus« sei. Der Verkäufer wartet im Flur, er trägt ein schwarzes Hemd, auf dessen Kragen in orangen Buchstaben der Name seiner Firma aufgedruckt ist. Im Flur hängen Bilder von Dutzenden ähnlicher Häuser; »Träume wurden Wirklichkeit«, steht darüber, in Handschrift, auf Zetteln, die in Form von Wölkchen ausgeschnitten wurden.

Das Haus ist so eingerichtet, als lebe jemand dort: Curryfarbene Ledersofas, Muscheln auf dem Waschbeckenrand im Bad, der Klodeckel ist mit einem gelben Frotteefell überzogen. Die weißen Plastikfenster – mit Doppelverglasung – haben dürre Plastiksprossen, die nicht, wie früher, aufgeklebt sind, sondern zwischen den Glasscheiben liegen. – So kann Ihre Frau leichter putzen, sagt der Verkäufer, und es sieht trotzdem schön aus. – Ob man stattdessen auch Holzfenster bestellen könne, und Fensterläden aus Holz dazu? – Warum wollen Sie Holzfenster?, fragt der Verkäufer. Sehe besser aus, oder? – Ist theoretisch auch machbar, allerdings sei das dann freie Planung, ein anderer Preis! Es gäbe aber auch Fenster in Holzoptik, deutlich pflegeleichter! Auf dem curryfarbenen Sofa sitzt ein junges Paar, man rechnet das Wunschhaus durch, mit Erker ist man jetzt schon bei 156 000 Euro, ohne Kamin, ohne Küche. Das Hausmodell »Flair 113« kann, wie ein Auto, mit zahlreichen Sonderausstattungen geordert werden, der Grundpreis ist niedrig. Warum eigentlich? – Wissen Sie, sagt der Verkäufer, das Ytong-Werk in der Nähe hier verkauft die Hälfte seiner Steine an uns. – Da gibt es dann Rabatt? – Davon kann man ausgehen, ja. Im Regal oben im ersten Stock stehen

Aktenordner, in denen die »Kooperationspartner« verzeichnet sind, Firma Küchentreff, Firma Lenk für Erd- und Tiefbauarbeiten, Firma Loberg für den Garten. Daneben hängt eine Urkunde des Lizenzgebers Town & Country »für Orgaleiter Thomas Prigand«, dessen »Orgaleitung bundesweit im Jahr 2009 den zweiten Platz im Town & Country System« belegte. 2005, teilt eine andere Urkunde mit, belegte der Mann bundesweit den ersten Platz aller Franchisenehmer. Heute ist er nicht zu sehen, ein anderer Verkäufer führt den Besucher durch die Mustervilla.

Im Wohnzimmer hängt ein Plakat, auf dem man ein Kind mit blonden Zöpfen sieht; es hält, wie bei einer Demonstration, ein Schild in den Händen: »Ätsch, ich wohne in einem Massivhaus, und Du???«, steht darauf, mit drei Fragezeichen. Im Büro baumelt ein alter Jahreskalender der Firma Town & Country an einem Nagel, er zeigt das Foto zweier Affen, darüber steht das »Town & Country Jahresmotto 2010«, ein Zitat von Schopenhauer: »Die Aufgabe ist nicht so sehr, das zu sehen, was noch niemand gesehen hat, sondern über das, was jeder sieht, zu denken, was noch niemand gedacht hat.« Was heißt das für Flair 113? »Hinreißend«? Was hat es mit »Town & Country« und dem Haus mit der Unglücksnummer 13 am Ende überhaupt auf sich?

Der Hersteller des Hauses, die 1997 von Jürgen Dawo gegründete Franchisekette Town & Country, ist inzwischen einer der erfolgreichsten Markenhaushersteller des Landes.[4] Bis 2013 wurden rund 21 000 Häuser errichtet, darunter rund 6400 der Serie Flair. Entworfen wurde Flair 113 für eine Klientel, die über ein »hohes Sicherheitsbedürfnis und wenig Eigenkapital« verfügt, schreibt der Wirtschaftsexperte Harald Willenbrock in seiner Recherche über das Unternehmen: »Dawos Credo: Billiger als die Guten und sicherer als alle anderen«.[5] Allein 2012 hat das Unternehmen eine halbe Milliarde Euro umgesetzt. Seine Entwürfe, die in der Thüringer Firmenzentrale gezeichnet werden, seien »die Mitte zwischen Häusern, die schön sind, die sich aber niemand leisten kann, und Häusern, die billig sind, in denen aber niemand wohnen will, weil sie hässlich sind.«[6] Ein Flair 113 kostet in der Basisvariante 117 000 Euro; die Architektin Katja Knüppel, eine von sechs Bauplanern, die in der Thüringer Firmenzentrale die Haustypen entwerfen, erklärte, das Haus Flair 113 sehe »genauso aus, wie sich die meisten Leute ein Haus vorstellen«, es sei »ein Archetyp.«[7] Der Erfolg des Hauses liegt an seiner »archaischen Form«, erläutert auch Jürgen Dawo,[8] man habe auch Bauhaus-Kisten im Programm, »verkauft haben wir davon im letzten Jahr gerade mal vier. Aber sie sind wichtig für unser Image.«[9]

Der Erfolg von Flair 113 liegt auch in seiner Scheinindividualität: Eben wie im Autobau gibt es eine für den Hersteller leicht überschaubare Anzahl von Komponenten, die für den Kunden als reiche Auswahl von 30 Hausmodellen und mehreren hundert Varianten erscheint. Gespart wird an Details: Die Häuser werden ohne Innenanstrich und ohne Bodenbelag übergeben, man verzichtet auf die 3500 Euro teure Frostschutzfolie, stattdessen wird das Fundament einfach mit Schotter gesichert, Fenster, Treppen, Komponenten werden in großen Mengen eingekauft, das senkt den Preis.[10]

Auch hier liegt ein Grund für die ästhetische Verödung der Vorstädte. Durch den Großeinkauf werden Rabatte möglich, mit denen kleine Mitbewerber nicht mithalten können, was Jürgen Dawo pragmatisch heiter nimmt: Es gäbe einen Trend zur »Aldisierung« der Bauwirtschaft. »Allein die Kalkulation der unzähligen KfW-Fördervarianten und Energiesparauflagen, die heute von Bauherren und vom Gesetzgeber verlangt werden, bringt die kleinen Anbieter doch um.« Während eine einzelne energetische Aufrüstung nach Dämmstandards, die in Zukunft gelten sollen, ein Flair 113 um 60 000 Euro verteuern würden, arbeiteten seine Ingenieure an Lösungen, die auch aufgrund der Fließbandproduktion von Häusern nur 10 000 Euro kosten werden.[11]

Das zählt bei Dawos Kunden: Er rechnet acht Millionen Haushalte zu sogenannten Schwellenhaushalten, die sich ein Billigsthaus gerade so leisten können;[12] sie, die sonst in der Stadt in Miet- oder Eigentumswohnungen leben würden, sind seine Zielgruppe, sie will er aus der Stadt in seine Häuser bekommen. Dabei gehe es vor allem um »Angstbeseitigung«, sagt Dawo; man sei auch »Psychiater.«[13] Deswegen verteilen seine Verkäufer Schlüsselanhänger in Form einer Sicherheitsnadel, deswegen packen sie ihre Kunden bei ihrer Angst vor einer Pleite des

Bauträgers, vor Kostenexplosionen, vor dem *Mad Architect*, der den Bauherren über die Kosten seines Entwurfs bewusst täuscht.

Dawo weiß, dass hinter dem Wunsch nach einem eigenen Haus ein Sicherheitsbedürfnis steckt – »so ist es kein Wunder, dass das Unternehmen mitten in der Finanzkrise den besten Umsatz seiner Geschichte machte.«[14]

Am meisten Geld ist in der Bauindustrie mit den Ärmeren zu machen – das war schon immer so: Die höchsten Mietgewinne wurden im Paris des 19. Jahrhunderts in den ärmsten Arrondissements erzielt, weil die Nettomiete dort in Relation zum Marktwert der Häuser am höchsten war, während die Bewohner noblerer Viertel kostspielige Dekorationen und besseren Service erwarteten.[15]

Für die trostlosen Billighäuser auf der grünen Wiese sprechen also vor allem die Gewinnmöglichkeiten des Anbieters.

Aber wenn den Besitzern diese Häuser nun einmal genau so gefallen, lautet ein beliebtes Gegenargument zu den ästhetisch motivierten Beschwerden, die von Architekten und Feuilletonisten im Namen des guten Geschmacks und der Ästhetik angesichts dieser Vorstadtbauten vorgetragen werden: Nicht jeder muss wie Palladio oder Mies van der Rohe wohnen wollen!

Das Argument klingt unabweisbar. Doch der Skandal liegt woanders: darin, dass die Lobbys des Schlüsselfertigen jede wirkliche Wahlmöglichkeit und damit auch die Freiheit des Bauherrn abgeschafft haben, weil die theoretisch angebotene »freie Planung« für die meisten zu teuer ist. Kaum einer, der auf der grünen Wiese eine dieser deprimierenden Billigkisten errichtet, wird sagen: Ich finde die Villa Malcontenta überkandidelt und hässlich, ich habe mich bewusst für diese Plastikfenster und diese seltsam eckigen, angeblichen Designer-Türklinken entschieden. Die Wahrheit der Vorstadtmisere liegt darin, dass niemand, der sich um einen Beruf und Kinder kümmern muss, die Zeit und die Nerven hat, seinem Massivhausbauer zu widersprechen und selbst einen Tischler zu suchen, der ihm ein Gegenangebot zu den vorgesehenen Plastikfenstern macht. Er weiß nicht, wo er die schönen Formen, die er anderswo sah, herbekommen soll. Der Lieferant der schlüsselfertigen

Kiste wird es ihm nicht sagen – eine Bauindustrie, die an diesen in Rekordzeit hochgezogenen Kisten sehr gut verdient, hat überhaupt kein Interesse daran, Alternativen zu zeigen. Es ist falsch, den angeblich fehlenden Geschmack der Vorstadtbewohner zu beklagen; die Wahrheit ist, dass ihnen von Baulobbys alle Handlungsalternativen genommen wurden – und die Gemeinden diesem Treiben tatenlos zuschauen. Viele Bauherren sind beim Kauf eines an einen Bauträger gebundenen Grundstücks dessen Vorgaben gegenüber weitgehend machtlos; genommen werden muss, wie in der DDR, was gerade im Angebot ist; Sonderwünsche werden teuer; im serialisierten Massivhausbau lebt der Sozialismus mit seiner Plattenbau-Ideologie weiter.

Aus Sicht der Massivhausindustrie ist das ein gutes Geschäft: Ein Ingenieur, dessen Massivhaus-Baufirma im Jahr sechzig Einfamilienhäuser auf die Wiese knallt, bekommt vom Putzer Provision, vom Plastikfensterhersteller Sonderpreise; will der Bauherr etwas anderes, muss der Ingenieur alles neu zeichnen, statt nur einen schon im Computer abgespeicherten Grundentwurf minimal abzuändern. Er muss nach anderen Fenstern fragen, andere Böden bestellen, Hersteller und Zulieferer finden, mit denen er keine Abkommen über Provisionen für ihn getroffen hat. All das macht dem Ingenieur nicht nur mehr Arbeit, sondern schmälert auch seinen Gewinn. Daraus folgt, dass Tischlereien, die Fenster bauen, und andere traditionelle Gewerke vom Markt gedrängt werden; die ökonomische Verödung, die die Innenstädte zu Wüsten macht, findet ihr Pendant vor der Stadt in den mit Baumarktlametta individualisierten Serienbauten, deren Aussehen die *pressure groups* der Bauindustrie bestimmen.

Dem Bauherren wird dafür mit einem Katalog an Scheinfreiheiten Wahlmöglichkeit vorgegaukelt: Er darf die immergleiche Spitzdach- oder Krüppelwalmdach-Schachtel »nach seinen Vorstellungen« dekorieren.

Anders als in traditionellen amerikanischen Kleinstädten, wo die unterschiedlichsten Haustypen allesamt aus einem Material, meist Holz, gebaut und mit identischem Dachbelag, nämlich Schiefer, belegt wurden, was zu einem homogenen Eindruck des Städtchens führte, ist

die europäische Vorortsiedlung vom Terror optischer Absonderungs-
anstrengungen gekennzeichnet: Einer wählt blaue Dachziegel, einer
schwarze, einer die silberne Metalltür mit den dreieckigen Milchglas-
scheiben, einer die grüne Tür mit dem gelben Rahmen, einer malt, weil
sein Haus ihm zu langweilig aussieht, einen roten Rallyestreifen auf die
Fassade, wie man ihn früher auf Kleinwagen anbrachte, die schneller
aussehen sollten – und vielleicht sind auch diese Individualisierungs-
anstrengungen nur Indikatoren einer Unzufriedenheit mit dem standardisierten Ganzen.

Im Verhältnis von Stadt und Land ist ein seltsames Paradox zu beobachten: Während die Architektur auf dem Land immer weiter standar-
disiert wird, Massivhausbauer Einfamilienhäuser im Akkord herstellen
wie Eier in einer Legebatterie und die Industrialisierung und Serialisie-
rung der Vorstadtarchitektur voranschreitet, ist in den Stadtzentren
eine massive Ruralisierung zu beobachten: Eine ländliche Ästhetik des
Rohen, Authentischen, Handgesägten macht sich in den Zentren breit.

Gegenbewegungen
Die Ruralisierung der Stadtzentren

Wie lange kann eine Stadt, die zunehmend von Touristen und einer wohlhabenden, homogenen Gruppe älterer Zugezogener geprägt wird und von den hochpreisigen Cafes und Läden, die zu ihrer Versorgung eingerichtet wurden, noch ein Versprechen sein, wie lange noch funktioniert die Großstadt als Versprechen einer anderen Lebensform?

Je synthetischer die Stadtzentren wirken, desto stärker wird in den neuen Milieus der Großstadt offenbar der Wunsch nach einer Ästhetik des Ländlich-Authentischen. In der Stadt wird nicht mehr das Moderne, Anonyme, Kalte, Offene gesucht, sondern das Idyll, das draußen in der Vorstadt und auf dem Land kaputtging. Südlich der Berliner Torstraße sieht es nicht wie im Zentrum einer Großstadt, sondern wie in einem Reservat des untergegangenen Kleinststadtlebens aus. Wenige Minuten entfernt von der sterilen Welt der Bürobauten der Berliner Stadtmitte findet man eine Fülle an Cafés und Läden, mit schweren Tischen aus grobem Holz vor der Tür, das Tagesmenü mit Kreide auf Schiefertafeln geschrieben. Die Bedienungen servieren in groben Leinenhemden ökologische Produkte mit knorrigen Namen: Im ohnehin dörflich-idyllischen, auf Schrittgeschwindigkeit verkehrsbeschränkten Einbahnstraßendickicht von Berlin-Mitte heißt Rucola Rauke, Läden wie »The Barn« sind so eingerichtet, als befinde man sich im Jahr 1923 irgendwo mitten in Wisconsin, und man erschrickt fast, dass die Musik aus weißen Boxen und nicht aus dem Grammophon kommt; das iPhone an der schwarzen Kasse sieht aus, als sei es von einem Besuch Außerirdischer übriggeblieben. Die Ästhetik des Ruralen findet sich auch in den gentrifizierten Vierteln von Brooklyn: Der Misere der Stadt wird mit Bart und Karohemd eine Utopie des Erdig-Zupackenden entgegengesetzt, die nicht ohne eine gewisse Muffigkeit auskommt. Junge Anwälte und Graphikdesignerinnen, deftige

Wurzelsuppen aus schweren Eisentöpfen löffelnd, sehen aus wie Tischler und Mägde im Holzschuppen eines Quäkerdorfs. Viele Insassen dieses Submilieus verlassen ihr Viertel kaum noch; ihr physischer Bewegungsradius liegt noch unter dem eines realen Dorfbewohners. Die Rituale dieser aus einem homogenen Mittelschichtsmilieu stammenden Ruralboheme, das blutarme Gemisch aus Pastinakencreme, Karohemden, verkehrsberuhigten Einbahnstraßen, Bauholztischen und Kartoffelsuppen erinnert an die Rituale der Adligen am Hofe Ludwigs XVI, die mit großer Hingabe im Hameau, Marie Antoinettes künstlichem Bauernhof im Schlossgarten von Versailles, eine ideal-sorglose Variante jenes Landlebens nachspielten, das draußen hinter dem Schlosszaun als elende Realität stattfand.

In Berlin zog es nach der Maueröffnung ein jüngeres urbanes Milieu in die billigen Ruinen im Umland. Dort kam es zu grotesken Szenen, wenn ganze Armeen von Galeristen, Softwarespezialisten und Kleinverlegern mit weißen Hosen und prall gefüllten Plastiktüten aus der Delikatessabteilung des KdW am Wochenende in die billig erworbenen Ruinen ostdeutscher Bauernhöfe einfielen und dort die romantische Authentizität der Straßendörfer genossen, während draußen die von Arbeitslosigkeit und Abwanderung geplagte Dorfjugend die Reifen der alten Range Rover aufstach. Dann tauchten hinter den vermeintlich ursprünglichen Steinmäuerchen monströse Landmaschinen auf, die die endlosen Felder mit Schädlingsbekämpfungsmitteln spritzten und daran erinnerten, dass das Land in Wirklichkeit kein Idyll, sondern eine hyperindustrialisierte Zone ist. Es kam zu Auseinandersetzungen mit den verbliebenen Dorfbewohnern, die Feste wurden seltener, schließlich zog sich die Sommerhausspäter-Fraktion zurück und verlegte das Selbstruralisierungsexperiment zurück in die Innenstädte.

In den Vereinigten Staaten haben Soziologen eine hartnäckigere Gegenbewegung ausgemacht, die im Norden von New York verfallende Kleinstädte renoviert und dort jenes Leben tatsächlich als Landidyll wiederaufleben lässt, das zwei Generationen früher im nur so genannten Village von Manhattan stattfand: »Manhattan hat längst aufgegeben, cool zu sein, und in Brooklyn steigen die Mieten so sehr, dass sich hier nur noch ›Trustafarians‹ ansiedeln, Kinder aus extrem wohlhabenden Familien, die sich hier als Bohemians verkleiden. Künstler, Schriftsteller und Autoren, also die Leute, deren sichtbare Anwesenheit einen Ort ›cool‹ werden lässt, sind zu großen Teilen nach Upstate New York oder nach Maine gezogen, so etwa ein Großteil der Autoren des ›New Yorker‹«, schreibt der amerikanische Schriftsteller Ralph Martin. Diese Ruralisierung der Boheme sei »ein Schock für alle, die mit Träumen von einem wilden Großstadtleben aufwuchsen: Fast scheint es, als sei die um 1970 geborene Generation die letzte, für die ein Leben in New York, Paris oder London ein glitzerndes Versprechen war.«[16]

Viele jüngere Städter, die es sich leisten können, verlassen Manhattan und Brooklyn und wagen sich an die Sanierung von Kleinstädten im Hudson River Valley, in denen man noch heruntergekommene klassische amerikanische Häuser des 19. und frühen 20. Jahrhunderts findet, die man aufkaufen und sanieren kann. Die Straßen in Ortschaften wie Hudson und Beacon werden mittlerweile dominiert von jungen Städtern, die hier ihre Idee eines neoruralen Idylls umsetzen. Die New York Times hat für diese Brooklynisierung des Hudson River Valley den Begriff »NoBro« – North of Brooklyn – geprägt.[17] Interessanterweise scheinen die Wohnträume der vorrangig aus Brooklyn herbeiströmenden jungen Kreativen, die ganze Kleinstädte besetzen, und die einer konservativen älteren Bevölkerung, deren Antiurbanismus andere Gründe hat, an einem seltsamen Punkt zusammenzulaufen: Die Massen an Selbstgezimmertem, Selbstgebackenem, Handgemachtem, um die Ecke Geerntetem, die man in den neuen Idealstädten der tätowierten Ruralboheme zu sehen und zu kaufen bekommt, die Ästhetik des Lokalen, die ganze Beschwörung einer Welt, die ohne Standardisierung und Massenproduktion auskommt, die hier von einer jüngeren Avantgarde inszeniert wird, hat ein verblüffendes Pendant in den nostalgischen Retortenstädten des New Urbanism, allen voran in der vom Disney Konzern in Florida errichteten Kleinstadt Celebration City.

Kapitel 2

Künstliche Paradiese

Leben in den neuen
Überwachungslandschaften

Cupertino, Apple Headquarter (Normar: Foster)

Welten ohne Außen I
Celebration City

Die Nachbarn wussten nicht viel über Matteo Giovanditto. Sie wussten, dass er früher in Massachusetts gelebt hatte, sie wussten, dass er einen Chihuahua besaß und eine schwarze Corvette, die er immer an derselben Stelle parkte. Ende November 2010 begannen die Nachbarn, sich Sorgen zu machen: Die Corvette stand nicht dort, wo sie immer stand, Giovanditto hatte den Hund mehrere Tage nicht mehr ausgeführt, zwei Informationen, die in jeder anderen Stadt niemanden ernsthaft beunruhigt hätten, die aber hier, in Celebration City, dazu führten, dass die Nachbarn die Polizei alarmierten. Und tatsächlich fand man den 58-jährigen Frührentner Giovanditto ermordet auf; an Thanksgiving war er mit einer Axt attackiert und danach mit einem Schnürsenkel erdrosselt worden.

Nun werden in den Vereinigten Staaten nach Angaben des FBI jedes Jahr rund 14 000 Menschen ermordet,[1] also rund 38 Menschen pro Tag – aber es war das erste Mal seit der Gründung von Celebration City im Jahr 1994, dass hier ein Mord geschah.

Celebration City, eine Stadt für 11 000 Einwohner im Süden von Orlando, Florida, sieht aus wie eine außerordentlich idyllische, außerordentlich typische amerikanische Kleinstadt, die über viele Jahrzehnte gewachsen ist. Aber nichts ist hier einfach so gewachsen; die Kleinstadt ist das Ergebnis der größten Marktforschungsanalyse, die sich je in Amerika mit dem Städtebau befasst hat.

Eigentlich wollte der Disney-Konzern hier in den sechziger Jahren etwas ganz anderes bauen: Hochgeschwindigkeitszüge sollten unter gigantischen Glasblasen in ein vollklimatisiertes Stadtzentrum donnern, Düsenjäger an Wolkenkratzern vorbeischießen, die Entwürfe für die Häuser ähnelten bewohnbaren Fernbedienungen, in denen Roboter mit leuchtenden Augen den Bewohnern zu Diensten waren. Die »Progress City« war ein Entwurf von Herb Ryman, einem von Walt Disneys »Imagineers«, die an der »Experimental prototype community of tomorrow« arbeiteten, dem letzten und ehrgeizigsten Projekt ihres Firmengründers. EPCOT sollte zum Vorbild eines neuen amerikanischen Städtebaus werden. Als Disney 1966 starb, wurde das Projekt vernachlässigt, und die Stadtutopie verkam zum Themenpark. Erst Disney-Präsident Michael Eisner griff die Pläne des Firmengründers auf. 1996 wurde seine amerikanische Zukunftsstadt Realität, aber kaum etwas in ihr erinnerte an die Gegenwart: Die Wohnhäuser haben weiße Veranden, Sprossenfenster und falsche Gauben, die in großen Kartons angeliefert und auf die Dächer aufgeschraubt werden. Im Stadtzentrum gibt es einen künstlichen See und eine Uferpromenade mit Schaukelstühlen und Cafés, eine Main Street und ein paar kleine Läden, in denen adrette Angestellte Nostalgieprodukte verkaufen; alles ist *home made, locally grown*.

Celebration City ist vor allem ein Ergebnis der Lifestyleforscher des Disney-Konzerns. In ihrem Auftrag ermittelte das Forschungsinstitut Stanford Research, was der durchschnittliche Amerikaner unter einer idealen Stadt versteht: Sie liegt an einem kleinen See mit einem Park, hat ein Rathaus und eine Main Street, an der sich Läden und Restaurants reihen, es gibt keine Arbeitslosen und keine Schnellstraßen. Das ideale Haus hat Sprossenfenster, Erker und einen Vorgarten, am Sonntag sitzt man mit der Familie auf einer Veranda oder am Kamin. Genau das ließ Eisner nach den Plänen des New Yorker Architekten Robert Stern bauen. Es gibt sogar eine von Philip Johnson entworfene Town Hall, die nach kleinstädtischer Selbstverwaltung aussieht, obwohl ein Manager und der Osceola County alle wesentlichen Entscheidungen treffen.

Der Unterschied zwischen der vermurksten Suburbia und der reinen Leere des Ideals ist nirgendwo so deutlich wie an der Schnellstraße von Orlando zum Interstate Highway No. 4. Da reihen sich Hotels und Vergnügungscenter, Supermärkte und Tankstellen aneinander, Einfallstraßen werden zu Ausfallstraßen, ohne je ein Zentrum zu durchqueren, nachts verschwindet die Stadt in einem blitzenden Chaos aus Leuchtreklamen, Chrom und Motorenlärm.

Celebration, keinen Kilometer entfernt, ist gespenstisch sauber. Der Rasen hat rasierklingenscharfe Kanten, und Disneys Bauten stehen so eigenartig blutleer da wie die glattgebügelten Prinzessinnen seiner Zeichentrickfilme. Wer im subtropischen Morgendunst an Cesar Pellis Kleinstadtkino vorbeiflaniert, hört nichts außer dem Glucksen des Sees und dem Abschlag der Golfbälle. In der Nähe liegt das Bürozentrum, das Aldo Rossi als Hommage an die geometrischen Idealstadtträume der Aufklärung entworfen hat. Doch auch im Labyrinth der geschwungenen Wohnstraßen gibt es kaum etwas, das dem Zufall überlassen wird: Wer in Celebration bauen wollte, musste einen von vier Fertighaustypen bestellen, dazu bot Disney diverse historische Fassadentypen aus dem Fundus der Nationalgeschichte an. Es gab »classical«, »victorian«, »colonial revival«, »coastal«, »french« und »mediterranean« sowie »craftsmen«. Außerdem konnten die ersten Kunden je nach Gemütslage zwischen verschiedenen Bauplätzen wählen: Rousseau'sche Naturen wählten den »Arbor Circle«, ein naturbelassenes Stück Urwald, Anhänger strengerer Ordnungssysteme den zurechtrasierten »Hippodrome Park«. Obwohl die Preise rund 30 Prozent über denen vergleichbarer Wohnanlagen lagen, gab es für die ersten 350 Häuser von Celebration Tausende von Bewerbungen, so dass Disney eine medienwirksame Verlosung veranstalten konnte. Schon nach drei Jahren hatten allein die Grundstücksverkäufe das Dreifache der Investitionen eingebracht.[2]

Der Erfolg der Retortenstadt mag auch mit einem Versprechen von Sorglosigkeit zusammenhängen, das die üblichen Gated Communities nur um den Preis einer sichtbaren, ständig präsenten Abschottung gegen mögliche Eindringlinge bieten.

Orlando steht in der Kriminalitätsstatistik von Florida auf Platz drei, trotzdem werden in Celebration Autos, Fenster und Türen offen stehen gelassen, Kinder spielen bis in die Dunkelheit in den Parks – ganz so, wie man sich eine unbeschwerte Vergangenheit in einer sozial intakten Kleinstadt des 19. Jahrhunderts irgendwo in Amerika vorstellt. Wie war diese Illusion angesichts der realen Bedrohung von außen so lange aufrechtzuerhalten?

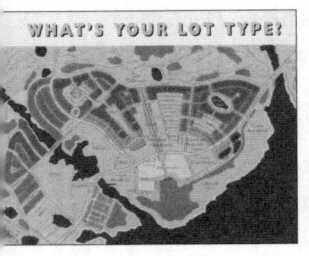

Erst auf den zweiten Blick offenbart sich, dass auch das scheinbar offen in die Landschaft gebettete Idyll über eine ebenso unsichtbare wie unüberwindliche Festungsanlage verfügt: Celebration ist zur Hälfte von einem künstlichen See umflossen, auf der anderen Seite dehnt sich der Golfplatz aus. Wer Celebration verlassen will, muss über eine kleine, gewölbte Brücke fahren oder über die Campus Street, die den Golfplatz durchquert. An beiden Ausgängen treiben sich Hilfssheriffs herum. Wer einen Fernseher stehlen will, muss damit entweder über den See rudern oder über den Golfplatz rennen. See und Golfplatz bilden so eine subtile Verteidigungslinie, und die Idee, den Golfplatz nachts zu beleuchten, ist nicht nur ein Service für den gutverdienenden Mittelstand, der sich hier einquartiert hat; es ist auch ein sicherheitstechnischer Schachzug, der die Sportanlage unbemerkt zum Grenzstreifen macht.

Auch sonst ist Celebration eine Ordnungsphantasie im Authentizitätskostüm. Es gibt Rasenmähpläne; wo jemand seinen Rasen zu hoch wachsen lässt, lässt die Stadt ihn auf seine Kosten mähen. Es gibt Vorschriften, wann und wo im Garten die Wäsche aufgehängt werden darf. Das ästhetische Diktat setzt sich bis in die Blumentöpfe fort, und in den Vorgärten dürfen nur Gewächse aus einer von Disney festgelegten Liste angepflanzt werden.

»It's the town you want to call home«, heißt es im Werbeprospekt, und alles in Celebration spricht von Stillstand und Geborgenheit. Sogar das Auto, einst als Fetisch grenzenloser Freiheit stolz im Vorgarten geparkt, wird aus dem Blickfeld verbannt: Garagen sollen hinter die Häuser gebaut werden, vorn gibt es nur Veranden und Vorgärtchen. Für das, was dort stattfinden wird, erfanden Disneys Sozial-Utopie-Manager den Neologismus der »front-porch-friendliness«:[3] Man soll auf der Veranda sitzen, mit den Nachbarn plaudern und vorbeiradelnden Kindern einen Brownie anbieten. Soziale Nähe wird hier per Unterschrift im Kaufvertrag zugesichert und einstudiert. Celebration City wirkt so wie ein Übungslager für eine verlorengegangene kleinstädtische Solidarität und Nachbarschaftlichkeit. Die Front-Porch-Friendliness gehört zu Celebration wie das Fahrrad, das zum Symbol der neuen Ober-schicht geworden ist und als Glücksversprechen im Logo der Stadt auf-taucht: Wer morgens mit dem Rad ins Café am Ufer rollt, hat die Welt der gesellschaftlichen Geschwindigkeitszwänge hinter sich gelassen. Sein tragisches Gegenbild ist der heimatlose Handlungsreisende, der seine Tage auf dem Highway und die Nächte im Motel verbringt.

Idealstädte wie Rymans EPCOT waren Phantasien der Expansion. Die Idealstädte der Moderne trugen Züge christlicher Eschatologie: Wie in der Offenbarung des Johannes war das neue Paradies kein Garten, son-dern eine unfaßbare Metropole, das himmlische Jerusalem. Der Subtext von Disneys Idealstadt verspricht dagegen die Rückkehr ins grüne Wohnparadies: Sie fiktionalisiert die vergangene Stadt so vollkommen, wie es Ende des letzten Jahrhunderts der Städtebauer Camillo Sitte er-träumte, als er erklärte, dass »gebrochene oder gewundene Straßenzüge (...) Erker und Giebel und was sonst noch zum Hausrat der maleri-schen Bühnenarchitektur gehört, am Ende kein Unglück für die mo-derne Stadt« wären.[4]

Nach dem finanziellen Erfolg von Celebration planten Investoren in ganz Amerika vergleichbare Wohnanlagen. Disneys Idealstadt ist eine All-American-Town, ein bauästhetischer Code, dessen Botschaft überall im Land verstanden wird. Die pseudodorischen Plastiksäulen von Cele-bration haben ihr Vorbild weniger in der Antike als in der Comic-Archi-tektur; es sind die gleichen Säulen, die Dagoberts Villa in Entenhausen zieren. Disneys »Main Street, USA« beschwört als idealisierte Straße der Jahrhundertwende eine Vergangenheit, wie man sie aus Hollywood und aus amerikanischen Romanen kennt. Es sind die Holzveranden der Tom Sawyers und der Gatsbys, die das mythische Bild vom *American home* prägen. »Main Street, USA« im Magic Kingdom ist eine gebaute Erzählung, ein verdichtetes Bild der alten Stadt. In Celebration wird dieses Bild zum Dauerzustand: So wie Mia Farrow in »Purple Rose of Cairo« aus dem Zuschauerraum in die Leinwand steigt, macht der realitätsmüde Großstädter hier das eigene Leben zum Film. In Celebration wachsen Kinder auf, die achtzehn werden, ohne die Innenstadt von Orlando gesehen zu haben; für sie ist die Truman Show, jener dystopische Film, in dem ein Mann feststellen muss, in der Kulisse einer Fernsehsendung über das idyllische Leben in einer Kleinstadt zu leben, Realität.

Mit dem Mord von Celebration City bricht in diese Kulisse die andere dunkle Welt aber nicht erstmals ein, im Gegenteil; der Fall machte das Dunkle im Ideal nur sichtbar. Der bei der Tat 28-jährige David-Israel Murillo, der zwei Jahre nach dem Mordfall verurteilt wurde, erklärte vor Gericht, Giovanditto habe nur »bekommen, was er verdient habe«.[5] Giovanditto habe ihm Geld angeboten, um seinen Sportwagen zu waschen, und ihm ein Bier gegeben, in dem sich angeblich Schlafmittel befanden. Als er aufwachte, habe Giovanditto gerade versucht, ihn zu vergewaltigen; daraufhin habe er die Axt gefunden, ihn mehrfach geschlagen und mit dem Schnürsenkel erwürgt, um sicherzugehen, dass Giovanditto tot sei.

Murillo, der nach eigenen Angaben vor Gericht nie eine Schule besucht hatte und jahrelang im Obdachlosenaslyl lebte, hatte sich, seit er einen Job bei einer Bäckerei verloren hatte, mit Gelegenheitsarbeiten durchgeschlagen. Aber nicht erst mit dem Heer von Arbeitsuchenden, Gärtnern, Putzfrauen und Hilfsarbeitern wie Murillo kam die Realität der Außenwelt doch nach Celebration hinein. Zwei Journalistinnen, Barbara Spindel and Maria Elena Fernandez, schockierten die Bewohner von Celebration City wenig später mit einem Enthüllungsartikel: Giovanditto, so die Autorinnen, habe, bevor er nach Celebration City zog, unter anderem Namen als Lehrer gearbeitet und Schüler sexuell missbraucht.[6] Die künstliche Idylle von Celebration, die die Bewohner in eine arglos-schläfrige Ruhe versetzt, machte den Ort offensichtlich auch für all diejenigen besonders attraktiv, vor denen sich die Bewohner in Sicherheit gebracht zu haben glaubten.

Welten ohne Außen II
Die Architektur der Bewusstseinskonzerne

Du warst schon hier, bevor Du eintrittst,
und wenn Du hinaustrittst, wirst Du nicht wissen,
dass Du bleibst.[7]   Denis Diderot

Das Hochhaus war im 20. Jahrhundert das sichtbarste Symbol ökonomischer Macht. Walter P. Chrysler, Unternehmer und Besitzer des drittgrößten Autoherstellers Amerikas, setzte sich 1930 mit einem Gebäude mitten in Manhattan ein Denkmal, das wie ein wildes Ausrufezeichen aus den Straßenschluchten herausragte und als deutliche Warnung an Konkurrenten und Zweifler zu verstehen war: Mit mehr als 319 Metern war das Chrysler Building bei seiner Fertigstellung das höchste Haus der Welt. Heute sehen gebaute Symbole anders aus. Die großen Hochbauprojekte dieser Tage, Londons »The Shard« und das New Yorker One World Trade Center, wirken eher wie tragische Abschiede von einem Bautypus. »The Shard«, entworfen von Renzo Piano, ist nicht atemberaubend hoch (sogar niedriger als das Chrysler Building) und formal eher enttäuschend: Der Bau sieht mal aus, als habe eine Pyramide beschlossen, sich ins Gitterkleid des Eiffelturms zu winden, mal so, als recke ein ohnmächtig gewordener britischer Riesenstorch seinen Schnabel in den grauen Londoner Himmel. Das New Yorker One World Trade Center mit seiner verdrehten Form und seinem rund sechzig Meter hohen, glasbemäntelten Betonsockel ist eine Architektur des Traumas; alles an seiner Form zeugt von Angst vor Attacken.

Die neuen architektonischen Symbole der Macht entstehen in Kalifornien – und sie sehen anders aus, wenn man von »aussehen« überhaupt sprechen kann. Für den Apple-Konzern baut Norman Foster im kalifornischen Cupertino auf einem zweihunderttausend Quadratmeter großen Gelände einen gigantischen gläsernen Donut, einen nur viergeschossigen ringförmigen Bau, in dem zwölftausend Menschen arbeiten sollen, so viele, wie in einer Kleinstadt leben. In der leeren Mitte der Anlage soll ein künstlicher Dschungel entstehen, von der Straße wird der in einem großen Park gelegene Bau kaum zu erkennen sein. Angesichts der Größe des Baus kann man kaum noch von einem Bauwerk sprechen; so wie in der Antike der größte minoische Palast von Knossos mit einer Grundfläche von 24 000 Quadratmetern eigentlich eher eine kleine Stadt war,[8] ist das, was Apple baut, eher mit urbanistischen als mit architektonischen Begriffen zu fassen. Hier wird eine Welt gebaut, die man den ganzen Tag nicht verlassen muss und kann, eine abgeschlossene Sphäre.

Währenddessen hat Frank O. Gehry für den keine halbe Autostunde von Cupertino entfernt liegenden Facebook-Konzern einen ebenfalls gigantischen Erweiterungsbau entworfen: In Menlo Park, nicht weit von der San Francisco Bay entfernt, soll ein eingeschossiger Büroriegel mit fast vierzigtausend Quadratmeter Grundfläche entstehen – das größte Großraumbüro der Welt, wie Facebook-Gründer Mark Zuckerberg erklärt. Das Dach des Riesenraums wird eine Landschaft sein, ein Park mit Bäumen, von außen, so Zuckerberg, werde man denken, man schaue auf eine Landschaft. Auch darunter, im Großraumbüro, wird aufgrund der schieren Größe des Baus der Eindruck einer künstlichen Landschaft entstehen, in der die kabinenartigen Räume, in die man sich zu Besprechungen zurückziehen kann, wie kleine Dörfer in einer Prärie voller friedlich grasender Schreibtische stehen. Die mächtigsten Konzerne der Welt produzieren keine Türme mehr, sondern Arbeitslandschaften, dem starken Form-Statement des Turms folgen *weak form buildings*: Gebäude, die bewusst formlos sind. Was bedeutet das? Beide Bauten werden in Amerika errichtet, wo die Landschaft eine eigene Symbolgeschichte hat. Die amerikanische Mythologie des 19. Jahrhunderts war vom Treck der Pioniere nach Westen geprägt, ihr Narrativ war die horizontale Expan-

Cupertino, Apple Headquarter (Norman Foster)
    Menlo Park, Facebook Headquarter (Frank Gehry)

sion: der Bau der Eisenbahn, die Eroberung der Landschaft. Mit Beginn des 20. Jahrhunderts folgte dieser horizontalen Expansion das Abenteuer der Vertikale: Das Amerika des frühen 20. Jahrhunderts hat den Wolkenkratzer erfunden, der amerikanische Held des 20. Jahrhunderts, der Cowboy der Vertikale, war der Astronaut. Mit Apple und Facebook kommt eine Pionier-Ästhetik zurück: Angestellte wandern durch Gärten, Parks und Urwälder, es ist, als wolle man die Ankunft der Pioniere des 19. Jahrhunderts in den unberührten Wäldern der Westküste nachstellen.

Sieht man Apple und Facebook als kommerzielle Bewusstseinsmaschinen, die unser Denken und Handeln kontrollieren, analysieren und steuern, dann kann man in der Unsichtbarmachung ihrer Konzernzentralen auch eine schöne ideologische Pointe erkennen: Facebook kommt uns als freundliche Naturgewalt entgegen, als, wie Roland Barthes es einmal schrieb, Verwandlung von »Geschichte in Natur«.[9] Das soziale Netzwerk wird natürlicher Teil unseres Ökosystems, die Macht und ihre Betriebssysteme verschwinden unter der Erde; so wie sich in frühen James-Bond-Filmen die Zentrale des Schurken unter einem Felsen befindet, tarnt sich die Macht als Natur, die Arbeit dort als Spiel.

Was von Datenschützern als finsterer, informationsfressender Superkrake entlarvt wird, wirft sich hier selbst das heiterste Kindergartenkostüm um: Die Leute in ihrer netten Landschaft, so die Botschaft, wollen doch nur spielen. Der New Yorker Architekturkritiker William Hanley sprach von einem »corporate Kindergarden« angesichts der Skateboard-Pisten und Computerspielecken, mit denen Facebook in Menlo Park die Arbeitswelt für junge Unternehmer und Programmierer attraktiv machen will. So gesehen ist die heiter bis infantil schwingende Architektur vielleicht auch ein Äquivalent zum Typus des harmlos kindlichen Hacker-Whistleblower-Superprogrammiererernerds, dessen Edward-Snowden-hafte, milchig-freundliche Physiognomie im krassen Kontrast zu den globalen Verheerungen seiner Taten steht: Entwurf eines Hauses für das reizende böse Monsterkind, das vom Kinderzimmer aus die Welt umprogrammiert und in Grund und Boden hackt.

Man kann die neue Facebook-Zentrale ebenso wie Apples gläsernes Raumschiff mitsamt seinem darin eingeschlossenen Paradiesgarten auch klaustrophobisch finden. Beide erfinden Welten, in denen es kein Außen mehr gibt: Gegen das Pathos des Weitblicks in die Welt, den das Hochhaus in der Chefetage bietet, setzen sie Immersion: Man geht hinaus (Apple) oder hinauf (Facebook) in den Garten und gleichzeitig weiter hinein in die künstliche Welt. Die neuen Gärten der Großkonzerne haben auch etwas von der, wie der Literaturwissenschaftler Robert Pogue Harrison es nennt, »perversen Schönheit« der Gärten von Versailles, die die Machtelite ihrer Zeit unter anderem mit einem nachgebauten Bauerndorf und einem dschungelhaften Abenteuerwald erfreuten, in dem eine heitere Variante vorzivilisatorischen Lebens nachgespielt wurde.

Die Konzerne gehen mit ihren Zentralen bewusst ins Grüne, sie erfinden eine second nature, eine Arbeitslandschaft an Stelle der Stadt. Was bedeutet die Ästhetik des Verschwindens, die Kultur der *weak form*, die vor allem die neue Facebook-Zentrale auszeichnet, aber auch den Apple-Bau, dessen Form und Ausmaße vom Straßenniveau aus nicht zu erkennen sind? Kurz vor seinem neuen Verwaltungsraumschiff stellte Apple die sogenannte »iCloud« vor: Informationen werden extern, in einer virtuellen, sogenannten »Wolke«, gespeichert, aus der man sie auf jedes Apple-Gerät abrufen kann. Dieses virtuelle Machtzentrum »Wolke« zu nennen war fast schon ein Akt religiöser Aufladung, die den technischen Vorgang wie eine Naturgewalt erscheinen lässt.

Die Wolke, die Erinnerungen an den Menschen sendet wie Zeus seine Blitze, ist vielleicht das eindringlichste Symbol eines Jahrzehnts der Unsichtbarkeit, das 2001 begann – in dem Jahr, in dem mit dem Anschlag auf die Türme des World Trade Center ein Albdruck ständig gegenwärtiger, aber unsichtbarer Gefahr auftrat. Der Terror des Unsichtbaren fand eine Parallele in den Finanzmärkten, an denen sich scheinbar sichere materielle Werte als Fiktionen entpuppten; schließlich beendete in Fukushima die unsichtbar wirkende Strahlung den Glauben ans Atom. In dieser Zeit durchgehend bedrohlicher unsichtbarer Phänomene wurde der Apple-Konzern mit dem Versprechen positiver Dematerialisierung zu einem der teuersten Konzerne der Welt: Das iPhone ersetzt Plattenschrank, Plattenspieler, Landkarte, Navigationssystem, Telefonbuch, Kalender, Telefon, Kamera – diese Gegenstände verschwanden aus dem Alltagsleben. Mit der »iCloud« lieferte die Firma das Signet zur Entmaterialisierung des Wahrnehmbaren: Was das Hochhaus war, Symbol einer Epoche und gleichzeitig Sitz realer Macht, ist jetzt die Wolke. Die Ästhetik der Unsichtbarkeit, die die neuen kalifornischen Konzernzentralen auszeichnet, könnte ein Reflex dieser Entwicklungen sein. Als autonome Welten ersetzen sie die Stadt draußen mit heiteren Simulacren: Auch hier wird es »Plätze«, »Cafés«, das ganze Mobiliar alter Städte geben, nur dass der Zugang streng kontrolliert wird. Auch diese Welten sind Spielarten eines neuen Versailles.

Das Haus späht seine Bewohner aus
Hudson Yards

In Manhattan entsteht gerade das Stadtentwicklungsprojekt »Hudson Yards«: siebzehn Bauten mit Wohnungen, Büros und einem Shopping Center, insgesamt 1,6 Millionen Quadratmeter Nutz- und Wohnfläche, eine Stadt in der Stadt. Hudson Yards, so die Entwickler, sei eine Festung gegen die Unwägsamkeiten einer Metropole: Das 13,2 Megawatt Go-Gen-System ermögliche es, sogar bei einem kompletten Stromausfall wie nach Hurrikan Sandy die Versorgung mit Elektrizität aufrechtzuerhalten, die Yards könnten dann eine Fluchtburg auch für die Nachbarn werden.

Neben einem ökologisch avancierten Energieversorgungssystem werde es den Bewohnern ermöglicht, Beleuchtung, Temperatur und Haushaltsgeräte über das Smartphone zu steuern. »Tausende von Sensoren werden in Verbindung mit anonym gesammelten Daten das Verhalten der Einwohner messen, von Einkaufsgewohnheiten bis zur Nutzung von Energie«.[10] Die Lebensqualität – Frischluft im Haus, Lärmentwicklung und Energieverbrauch – könnten so optimiert werden.

Was da als technische Neuerung gefeiert wird, die vor allem dem Komfort und der Energieersparnis dient, bedeutet natürlich für die Zukunft des Wohnens auch noch etwas anderes: Das Haus kontrolliert seinen Bewohner, es registriert die kleinsten Bewegungen – wann wird der Kühlschrank geöffnet? Was wird herausgeholt? Wann wird der Computer benutzt, was wird wann gegoogelt? Wann werden die Fenster geöffnet, wie viele Leute sind wann in welchen Räumen? Theoretisch kann die Wohnung schon heute ihre Bewohner besser ausspionieren, als jede Spähtechnik es von außen mit Richtmikrophonen beherrscht.

Bisher war Big Data in der Stadtplanung vor allem bei der Optimierung von Verkehrsflüssen, bei der Stauvermeidung und der Reduktion von Taxi-Leerfahrten von Bedeutung.[11] Die Beobachtung und Vorhersage menschlichen Verhaltens im Raum, meist Städten, der sich unter anderem das Senseable City Lab am Massachusetts Institute of Technology widmet, dient mittlerweile aber auch der Steuerung des Tourismus. Es entsteht eine neue Form datengestützter Stadtplanung. Das Projekt »the world's eye« untersucht anhand der Bilder, die Touristen ins Netz stellen, wie Menschen reisen und wie sie eine Stadt erleben, was sie abbildungswürdig finden und an welche Orte sie noch nicht in Massen vordringen, welche Gegenden noch nicht »Opfer des touristischen Hypes sind«[12] – und inwieweit Attraktionen wie Kunstwerke oder spektakuläre Bauten Touristen in bisher unattraktive Gegenden schleusen, und wie sich dieser Zustrom auf Umsätze und Demographie dort auswirkt.

Der nächste Schritt im Zuge dieses Bottom-Up-Monitoring, bei dem nicht von Außen gespäht wird, sondern die von Bewohnern hinterlassenen digitalen Spuren ausgewertet werden, ist die Analyse der Daten, die Sensoren und Geräte in der Wohnung produzieren – sozusagen die Interpretation des digitalen Schattens, die der Bewohner an seinen vier Wänden hinterlässt.

Schließlich könnte es dazu kommen, dass derjenige, der sich der angeblich nur dem Komfort und der Verbesserung der ökologischen Effizienz dienenden Datensammlung durch den Betreiber eines Wohnkomplexes entzieht, verdächtig macht. Sie wollen nicht, dass das System erfasst, wann Sie kommen und gehen, obwohl die Heizung und Beleuchtung in Ihrer Wohnung dadurch viel effizienter gesteuert werden und der Gesamtanlage Heizkosten erspart werden können? Hier entstehen noch vollkommen unterschätzte Konflikte, die den Kern der Privatsphäre betreffen.

Denn auf dem Weg zum gläsernen Bürger, über den kommerzielle Anbieter so viele Informationen besitzen, dass sie seine Wünsche und sein Verhalten steuern können, ist die Wohnung mit den Bewegungsprofilen, die technisch problemlos erstellt werden könnten, ein potentiell bedeutender Informant. Das »Smart Home« könnte ein umfassendes Bild von der Persönlichkeit seines Nutzer erstellen, und es ist nur eine Frage der Zeit, bis Industrie, Versicherer und Polizei versuchen werden, an die personenbezogenen Daten von Wohnkomplexen wie Hudson Yards zu kommen. Dass die Datensammlung durch Geräte und Sensoren im Auto und bald vermehrt auch in der Wohnung bisher – anders als die Volkszählung 1983 und trotz NSA-Skandal – verhältnismäßig wenig öffentliche Aufregung verursacht hat, liegt vielleicht auch in einem gewandelten kulturellen Klima einer Gesellschaft begründet, deren Prioritäten sich von Freiheit und Eigenverantwortung zu Komfort und Sicherheit verschoben haben.

Was wären Alternativen zu diesen Szenarien? Um zu verstehen, wie das Wohnen der Zukunft jenseits solcher Luxus-Dystopien noch aussehen könnte, muss man die Geschichte des Wohnens genauer betrachten.

Kapitel 3

Zuhause sein

Eine kurze Geschichte des Wohnens

Bailey House, Case Study House Nr. 21, Los Angeles, Calif. (Pierre Koenig)

Ein Haus ist ein gebautes Psychogramm. Die Geschichte des bürgerlichen Wohnens ist nicht nur eine Geschichte der Selbstdarstellung, sondern auch der Selbstfindungsbemühungen: Die Wohnung soll etwas ausdrücken, über einen selbst erzählen. Souvenirs machten das Wohnzimmer zum Museum der eigenen Vergangenheit, Stilmöbel näherten den Bewohner dem Adel an. Im seit langen Jahren bewohnten Haus sedimentiert sich das gelebte Leben wie in Jahresringen: Die übereinander gestapelten, zerkratzten, vergilbten Dinge erzählen die Geschichte der Bewohner. In der neu bezogenen Wohnung sind Möbel, Bilder und Wandfarben Teil eines Entwurfs: So soll das Leben aussehen.

Kaum etwas verrät so viel über eine Gesellschaft wie die Formen, in denen ihre Mitglieder sich einrichten – schon deswegen ist es interessant zu sehen, welche Wohnbedürfnisse von Möbelherstellern und Wohnzeitschriften befriedigt oder auch erst geschürt werden, mit welchen Formen sie auf gesellschaftliche Bewegungen und Stimmungen reagieren. Was prägt das Haus heute? Welche Formen nehmen das Wohnen und seine Hülle an – und warum?

Farnsworth House, Illinois (Mies van der Rohe)   **93**

Elemente der Architektur

Das Fenster

Die Geschichte der modernen Architektur ist auch eine Geschichte der Vergrößerung des Fensters. Durch die von Auguste Perret und Le Corbusier entwickelte Stahlbetontechnik, die es erlaubte, ein Haus wie ein Regal aus Beton zu bauen, verlor die Fassade ihre tragende Funktion; an ihre Stelle trat der *Curtain Wall*, die Vorhangfassade, und dieser Vorhang konnte ganz aus Glas sein. Der Blick aus dem Haus verändert sich geradezu schockartig. Le Corbusiers Villa Savoye bei Paris, gebaut 1929 – in jenem Jahr, in dem auch Luis Buñuels Film *Un chien andalou* gedreht wurde, in dem in einer berühmten Szene ein Auge durchschnitten wird – ersetzte das aufrecht stehende Fenster durch ein horizontales Band. Der Blick in die Landschaft erinnerte nun an einen Film, der vor den Augen des Bewohners ablief. Das Fenster, das etymologisch ja ein Window, also ein »wind eye«, ein »Windauge« in der steinernen Wand war, war gewachsen und lief quer wie ein Schnitt durch die Wand.

In Mies van der Rohes 1951 errichtetem Farnsworth House in Illinois gab es nur noch gläserne Außenwände: Das Haus, einst aus Steinen zum Schutz aufgetürmt, war jetzt nur noch ein Dach, die schützende Wand unsichtbar geworden; es schien, als sei man mitten in der Natur. Die ganze Wand war jetzt Auge nach außen, nicht Immersion, Schutz, sondern Blick hinaus in die Welt, ein Auge ohne Lider und Wimpern: ohne Sprossen, Läden oder Dachüberstand.

Die skeptische Welt: Das schrumpfende Fenster. Mittlerweile ist in verschiedenen Bereichen aber ein umgekehrter Prozess zu beobachten: Die Fenster schrumpfen wieder.

Dieser Schrumpfungsprozess kann ganz unterschiedliche Gründe haben.

Der modernen Sehnsucht nach der Öffnung des Hauses zur Welt und seiner letztlichen Auflösung im Außen, die mit der Vergrößerung des Fensters zur transparenten Glaswand ein ästhetisches Spiel betrieb, stand schon von Anfang an eine skeptische Moderne gegenüber, die den Blick aus dem Fenster als Eingang in eine Welt von Fiktionen und Uneigentlichkeiten beschreibt; jenseits der Höhle, im Außenraum, lauern statt des Eigentlichen, das seine Schatten in die Höhle wirft, selbst nur Schattengebilde. Die bekannteste dieser Geschichten ist E.T.A. Hoffmanns »Sandmann«, in der der Student Nathanael durchs Fenster ins Zimmer der schönen Olimpia blickt und ihr verfällt, bis er feststellen muss, dass sie nur ein menschenähnlicher Automat mit toten Augen ist. Was als Versprechen hereinschaut, ist eine Illusion, das Eigentliche – in diesem Fall seine Geliebte Clara – ist das, was innen ist.

Diese Abwendung vom Äußeren sollte später ein prägendes Element vieler bürgerlichen Wohnformen der Moderne werden; sie stand auf paradoxe Weise quer zur Entgrenzungsästhetik der architektonischen Hochmoderne. Alles konzentriert sich wie in einem Raumschiff, das seine Insassen von einer lebensfeindlichen Außenwelt abschirmt, nach innen; die Immersion, die Abschottung ist der angestrebte Idealzustand, eine Entwicklung, die schon in den sechziger Jahren zu dem führte, was Richard Sennett als »Tyrannei der Intimität«[1] bezeichnete.

Fensterloses Glück: Der Reaktor des Privaten. Immerhin wiesen viele reale Vororthäuser der sechziger Jahre mindestens ein Panoramafenster auf, das dem modernen Hang zur optischen Auflösung der Wand Rechnung trug. Die aktuellen Massivfertighäuser dagegen reduzieren die Fensterfläche auf ein absolutes Minimum.

Während diese Schrumpfung ihre Gründe in der radikalen Kostenersparnis und ökologisch motivierten Energiesparverordnungen hat, sind andere Fensterschrumpfungen ästhetisch motiviert: Die Architekten des Delbrück-Hauses am Potsdamer Platz in Berlin verkleinern die Fenster auf Schießschartenformat, damit das gedrungene Gebäude aus der Entfernung höher wirkt; hier setzt man auf einen Trompe-l'Œil-Effekt.

Panoramafenster in einem Einfamilienhaus der 1960er Jahre **95**

Architekturen der Panik

Die im Jahr 2008 eröffnete amerikanische Botschaft in Berlin wird vielleicht als ein typisches Gebäude der nuller Jahre in die Architekturgeschichte eingehen. Die Botschaft dieser Botschaft ist im Kern eine Mischung aus Sicherheitshysterie und Nostalgie. Sie sieht aus wie eine Ritterburg, die man sich im Baumarkt zusammenbasteln kann. Mit schießschartenartig verengten Fenstern und einer Art Wehrturm, dem nur noch Zinnen fehlen, wirkt sie, als sei sie ursprünglich für einen anderen, ruppigeren Teil der Welt geplant worden. Man muss fair sein: Natürlich muss eine Botschaft gesichert werden. Aber außer Bunkern und Pestiziderprobungszentren gibt es kaum ein modernes Gebäude, das sich zur Straße hin so verschlossen gibt wie diese Botschaft. Wenn ein Haus mit verschränkten Armen dastehen könnte, würde es so aussehen wie dieses hier: Mit solchen Querstreben panzert man die Scheinwerfer und Scheiben von Militärfahrzeugen und Wasserwerfern. Solche Armierungen bringt man an, wenn herausgeschaut werden muss, aber nichts hereinkommen soll. Im oberen, der Behrenstraße zugewandten Fassadenteil findet man überhaupt keine Fenster, hier zeigt sich Amerika als vollkommen undurchdringliche, erratische Bunkerexistenz.

Kladow
Berlin, Delbrück-Haus (Kollhoff Architekten)
Berlin, Botschaft der USA (Büro Moore Ruble Yudell)

Wie sich herausstellte, hatten hier tatsächlich die Abhörexperten der NSA ihren Sitz, und die Architektur gab sich keine besondere Mühe, die Geheimniskrämerei zu verbergen.

Wahrscheinlich gibt es zur Zeit kaum einen Bautypus, der mehr gegen Gefahren von außen geschützt werden muss als eine amerikanische Botschaft. Trotzdem, oder gerade wegen seiner Ausrichtung auf die Gefahr eines Anschlags, wegen seiner obsessiven Panzerung gegen einen bedrohlichen Fremden, ist dieser Bau typisch für die Stadt der Gegenwart: Der öffentliche Raum, der einmal als Versprechen erschien, wird vor allem als Bedrohung wahrgenommen. Die amerikanische Botschaft ist nicht das Bild eines Landes, das einmal ein Versprechen für Immigranten aus der ganzen Welt, ein Ort für Neuanfänge und Selbstentwürfe war: Die Botschaft ist das Bild eines von 9/11 und den Globalisierungsfolgen traumatisierten Landes, einer Nation, die so gepanzert ist, dass sie die Welt nicht mehr sehen kann.

Mit seiner neuen Fensterlosigkeit ist der Bau nicht allein. Auch der im Bau befindliche New Yorker Freedom Tower, der das World Trade Center ersetzt und das prominenteste Selbstbildnis der Vereinigten Staaten nach dem 11. September 2001 ist, fußt auf einem 61 Meter hohen Sockel ohne Fenster. Eine Sicherheitsvorkehrung, heißt es; anderenfalls könnten Terroristen den Turm mit einem dynamitbeladenen Lkw ins Wanken bringen. Für den Alltag heißt das: Fensterlose Fassaden, so hoch das Auge des Passanten reicht, mehr als sechzig Meter reiner Stahlbeton – das ist dreimal so hoch wie die klassische Traufhöhe, an der sich alle Neubauten in der Berliner Innenstadt zu orientieren haben. Eine Verglasung mildert am World Trade Center den Effekt des Bunkerhaften, aber sie ist Trompe-l'Œil, ein Spiegel, der eine undurchdringliche Wand versteckt: Das Gläserne, in der Architekturgeschichte des 20. Jahrhunderts Metapher für Durchlässigkeit und Demokratie, mutiert hier zur Fortifikationsbeschichtung, die als undurchlässiger Spiegel alles, was auf sie zukommt, wieder zurückwirft.

Wenn man den Bildern glauben kann, die die Architektur einer Epoche produziert; wenn die fünfziger und sechziger Jahre also die Jahrzehnte der unbedingten Transparenz, der elegant gläsernen Häuser – des

Seagram, des Lever Building, der Case Study Houses – waren, dann sind die Jahre nach 2001 die Jahre der großen Fenster- und Aussichtslosigkeit.

In anderen Fällen sind die Gründe für die Schrumpfung des Fensters komplexer, und nirgendwo wird das deutlicher als in der Designgeschichte des Objekts, das in der Garage wohnt, jenem vollkommen fensterlosen Haus neben dem Haus: des Automobils.

Blick in die Garage
Was das Autodesign verrät

Auch wer sich nicht für Autos interessiert, sollte sich für Autodesign interessieren. Denn nirgendwo wird so viel Geld in die psychologische Kriegsführung durch Formen gesteckt, nirgendwo arbeiten so viele Marktforscher, Psychologen und Designer daran, die kleinsten Verschiebungen im psychosozialen Gefüge rechtzeitig zu erkennen, keine Branche versucht mit einem solchen Aufwand, ein Produkt, das nicht notwendigerweise alle drei Jahre ausgetauscht werden muss, an den Mann zu bringen. Allein in den Vereinigten Staaten werden die Neuwagenzulassungen dieses Jahr voraussichtlich von 12,4 auf etwa 14 Millionen Fahrzeuge steigen. Der Druck, vor allem durch Ästhetik zu verführen, wird angesichts der technologischen Angleichung zwischen den Konkurrenten immer größer – auch deswegen ist Autodesign ein so sensibler Indikator für gesellschaftliche Veränderungen.

Was also erzählt das Design der aktuellen Autos? Zwei Formengenres dominieren hier, zwei Symptome: Nostalgie und Hysterie. Zum einen die Retro-Mode, die Beschwörung jener Autos, die die kaufkräftige Babyboomer-Generation als Spielzeugautos besaß: Ford Mustang, Chevrolet Camaro, Fiat 500, New Mini. Wo das Design nicht in die Vergangenheit flieht, zeigt es eine andere Fluchttendenz, die schon in der Architektur dominiert – Abschottung von der Außenwelt. Eine der augenfälligsten Veränderungen im Autodesign ist die Größe der Fenster.

In einem Mercedes SL von 1963 saß der Fahrer wie in einer Vitrine. Seitdem schrumpfen die Autofenster von Jahr zu Jahr, mittlerweile ist nur noch eine Art von Schießscharten übrig, die in die Blechburg geschnitten werden, um ein lebensnotwendiges Maß an Überblick zu behalten. Warum diese Verkleinerung der Fenster? Ein Grund ist die Stabilität des Fahrzeugs. Wer sich in einem Citroën DS – dem Roland Barthes seinen berühmtesten Essay widmete – überschlug, war tot. Die dünnen Träger des Dachs kollabierten wie ein Zelt, in das ein Betrunkener hineinstolpert. Das galt noch mehr für hochmotorisierte Cabrios wie den 1968er Maserati Ghibli Spyder. Wer sie kaufte, dachte nicht an mögliche Unfälle, sondern an Beschleunigung, Haar im Nachtwind, ein offenes Leben. Er wollte sich exponieren.

Das Leben, vom Tode her gedacht. Die SUVs, jene schweren Geländewagen, die das Cabrio in der Traumwagenwelt als Repräsentationsideal abgelöst haben, bedienen ein solches Bedürfnis nicht: Fahrer und Mitfahrer verschwinden hinter schwarzgetöntem Glas. Nicht Öffnung, sondern Abschottung gegen eine feindliche Außenwelt ist das beherrschende Designmotiv. Gegen das Gefühl der Klaustrophobie arbeiten einige Hersteller an, indem sie das Dach verglasen, was eine bizarre Verschiebung des Blicks bedingt: Die Straße, die Welt der Verkehrsteilnehmer wird so weit wie möglich ausgeblendet, der Himmel hereingelassen. Das Auto nimmt die Form eines nur nach oben offenen Gefäßes an.

Sogar die neuen Cabrios sind anders. Sie werden, wie vieles zur Zeit, vom Tod her gedacht: Nicht vom möglichen Glück kündet ihre Formensprache, sondern von der Gefahr des Unfalls, des Scheiterns, vom *worst case scenario*. Sicherheit dominiert alles. Die seltsamen, von der Fahrzeugskulptur durch eine hässliche Fuge getrennten Gumminasen, die neue BMWs vorne tragen: Vorbereitungen auf einen Aufprall. Die ganze Karosse: geprägt von den Anforderungen eines angenommenen Crashs, vollgestopft mit Airbags, Abriegelungen und diversen Stabilitätsprogrammen. Der Mini Roadster soll Spaß machen, ja, aber für den Fall, dass er sich überschlägt, hat er zwei verchromte Überrollbügel in Habachtstellung hinter den Kopfstützen stehen; absurde, ständig präsente Skulpturen der Angst, chromglänzende Mahnungen: Ich mag das Offene, das Abenteuer, sagt das angsthöckerbewehrte Cabrio. Aber nur, solange ich mir keine blutige Nase hole.

Der Wunsch nach Sicherheit führt zu seltsamen optischen Effekten. Einige Hersteller bieten das sogenannte Night-Vision-System an. Eine Infrarotkamera filmt nachts die Fahrbahn, das Bild wird in die Windschutzscheibe eingeblendet. Man kann jetzt auswählen: Entweder man versucht, nach wie vor mit eigenen Augen im Dunkeln nach dem zu suchen, was dort auftaucht, oder man verfolgt gleich den Film, in dem man viel mehr erkennt. Die Windschutzscheibe, das Fenster in die Realität, wird zur Projektionsfläche, auf der ein Film läuft, der die Realität als surreale Darstellung präsentiert. Man fährt und schaut dabei den Film vom echten Leben, dem Fahrer geht es wie dem armen Nathanael in E. T. A. Hoffmanns »Sandmann«: Er schaut aus dem Fenster und weiß nicht, was von dem, was er zu sehen glaubt, nun real und was nur eine gefährliche Illusion ist.

Auch die Frontpartien aktueller Autos scheinen eine Hysterisierung, einen Übergang abzubilden von einer Gesellschaft, die Freiheit und Versprechen in den Mittelpunkt stellt, hin zu einer Gesellschaft, die sich auf ein größtmögliches Sicherheitsversprechen beschränkt: Während die Scheiben so schrumpfen, dass der Wagen wie mit zusammengekniffenen Augen da steht, verwandeln sich die Frontpartien in Masken einer griechischen Tragödie; man sieht angstverzerrte, von Panik ergriffene Fratzen, weit offen stehende, schreiende Kühlermünder, Scheinwerfer in Form leuchtender Zornesfalten, vergitterte Metallrachen, als ernähre sich der Wagen nicht von Benzin, sondern von unzerkleinerten Huftieren und bewerbe sich außerdem um eine Rolle im Park von Bomarzo. Den übrigen Verkehrsteilnehmern reckt das Auto ein mit Leucht- und

Chromzähnen bewehrtes Kühlermaul entgegen, das jedes pseudomittelalterliche Jahrmarktmonster zieren würde und mitteilt, dass der Fahrer den öffentlichen Raum für einen Ort hält, an dem es ums Fressen und Gefressenwerden geht.

Während es so außen eine Form von turbobellizistischer Supermobilität an den Tag legt, wird das Auto innen dagegen immer mehr zur Immobilie, die eine behagliche Dämmrigkeit ausstrahlt. Wo früher mit dünnen Lenkrädern, dürren Schaltknüppeln, kaltem Kunstleder und viel Blech das Ideal des souveränen aktiven Maschinisten verlangt wurde, herrscht im Inneren der aktuellen Autos eine dem kämpferischen Äußeren eigenartig entgegenstehende Atmosphäre radikaler Gemütlichkeit: Plüschsessel, tausend Knöpfe, Lämpchen, Holzfurnier – es regiert die gleiche überfüllte Gemütlichkeit, die man aus Wohnzimmern kennt. Das Auto, einst Symbol des Aufbruchs, der Flucht aus immobilisierten Verhältnissen, führt das Wohnzimmer jetzt immer bei sich.

Garagen für den Menschen. Amerikanische Fertighäuser sind in der chinesischen Mittelschicht sehr beliebt. Die Bauten werden, in Einzelteile zerlegt und in Kisten abgepackt, über den Pazifik nach Asien verschifft und dort montiert. Man muss ein solches Haus kaufen, wie es angeboten wird, mit einer Doppelgarage. Viele Chinesen haben aber kein Interesse daran, ihre Autos in einem für sie vorgesehenen Haus zu verstecken; das Auto hat als Ausweis der Prosperität seiner Besitzer vor dem Haus zu parken. Damit wird die zwangsweise mitgekaufte Garage nutzlos. Die Form der Doppelgarage ist in diesem Sinn nicht globalisierbar. Die Fotoserie einer Fotografin, die in der 2003 bei Peking gebauten Siedlung »Orange County China« unterwegs war, zeigt, wie chinesische Hausbesitzer den aus Amerika importierten Raum nutzen: Die Angestellten müssen in die Garage einziehen, und es wird nicht für nötig erachtet, sie zu dämmen oder mit Fenstern zu versehen.

So bleibt ihren Bewohnern nichts anderes übrig, als zum Lüften an heißen Tagen eine Wand, das Tor, hochzuklappen und so gewissermaßen auf der Straße zu leben. Privatsphäre ist in dieser Welt nur im Dunkeln zu haben.

Eine sympathischere Umnutzung des Autoabstellorts ist in den Vereinigten Staaten der sogenannte Garage Sale, bei dem die Garagen und Driveways der sozial weitgehend stillen Suburbs für ein paar Stunden in öffentliche Flohmärkte verwandelt werden.

In seinem Buch »Magical Urbanism« hat Mike Davis beschrieben, wie vor allem lateinamerikanische Einwanderer, die sich in heruntergekommenen Vororthäusern niederlassen, diese Institution des Garage Sale verstetigen. Sie richten in den Garagen der Wohnhäuser in den Suburbs Werkstätten und kleine Läden ein und bringen so die lebendige, dichte kleinstädtische Kleingewerbestruktur in die Städte zurück, die diesen mit ihrer modernen Suburbanisierung verlorenging. Ausgerechnet das Haus ohne Fenster, die Garage, wird so zur Keimzelle einer neuen Begegnungsarchitektur.

Die Wand

Die meisten Häuser in den Vorstädten sind aus künstlich hergestellten Sandsteinen gemauert und verputzt – neuerdings mit Wärmedämmung. Wer die Innenwände beklopft, spürt, dass es sich um pappmachéhaft leichte, sogenannte Trockenbauwände handelt. Das Äquivalent zu diesen Materialien ist am Boden das Laminat, ein Holzimitat aus Kunststoff, das in Europa zum meistverkauften Fußbodenbelag geworden ist. Es ist billiger als Parkett, dafür ist es auch bewundernswert kratzempfindlich und kurzlebig, also letztlich doch teurer als das Holz, das es ersetzen soll. Betreten kann man solche Wohnungen immer nur so zaghaft, wie man dort auch gegen Trockenbauwände pocht: Jedes Pappmodell von Thomas Demand wirkt stabiler und statisch vertrauenerweckender als die hauchdünnen, insgesamt keksähnlichen Putz- und Rigipsmembranen, die heute die klassische Wand ersetzen sollen.

Die moderne Psychologie hat noch nicht analysiert, was es für das Geborgenheitsgefühl bedeutet, wenn das Gefühl für die Haptik und die Vertrauenswürdigkeit der Dinge, derart übertölpelt wird.

Mit den gedämmten Neubauten vor der Stadt ändert sich das Gefühl für das, was ein Haus ist: Jahrhunderte lang war die gemauerte Wand das Solide, die Glasscheibe das Fragile. Man ermahnte Kinder, nicht mit dem Fußball auf die Wohnzimmerscheibe zu zielen, sondern nur gegen die Wand. Heute ist es umgekehrt: Modernes Sicherheitsglas hält es sogar aus, wenn man rückwärts mit dem SUV hineinfährt; die Wärmedämmverbundwand zerfällt schon beim Beschuss mit normalen Fußbällen in unansehnliche Einzelteile.

Von Alfred Andersch gibt es, aus dem Jahr 1958, die Wirtschaftswunder-Erzählung »Mit dem Chef nach Chenonceaux«.[2] Darin unternimmt ein Kunstseidenfabrikant aus dem Ruhrgebiet eine Kulturreise nach Frankreich und findet die Loire-Schlösser allesamt »vergammelt«; lieber würde er sich in den Dingen spiegeln wie im polierten Blech seines BMW. Diese Grundhaltung dominiert bis heute das ästhetische Ideal des Vorstadthauses.

Der Klimaschutz ist heute ein bauideologisches Mantra, das nur aufgesagt werden muss, um die widersinnigsten Dinge möglich werden zu lassen. Da muss eine immer üppiger ausgreifende Haustechnik aufwendig für die Regulierung des Klimas sorgen, das sie selbst, als Stromfresser, zum Unguten hin verändert. Auch Wärmedämmverbundsysteme sind ein Ausfluss der Ideologie und der Moden und nicht ein Ergebnis ökologischen Umdenkens: Es gibt sie seit den fünfziger Jahren, sie sind Produkte der unökologischsten Epoche der Menschheit. In Deutschland wurde zum ersten Mal 1957 in Berlin ein Wärmedämmverbundsystem verbaut, also in jener Epoche, in der auch luftdicht eingeschweißter Käse in den Läden auftauchte und das amerikanische Unternehmen Swanson den Markt mit ewig haltbaren Drei-Komponenten-Menüs überflutete, bei denen das Verhältnis von Essen und Umverpackung neue Ineffizienzrekorde erreichte.

Die Zutaten des mit Wärmedämmverbundsystemen eingeschweißten Hauses sind nicht weniger unökologisch: Um das Klima zu schützen, werden ganze Ölfelder mit gigantischem Aufwand in Polystyrol-Hart-schaum, Polystyrolextruder-Schaum oder Polyurethan-Hartschaum verwandelt; es ist Kunststoff, der hinter dem Putz als Dämmungsmaterial für ökologische Korrektheit sorgen soll. Der Vollwärmeschutz, der das Klima schonen will, ist also schon in der Herstellung Teil des globalen Energieproblems, das er lösen soll – was mit einer Hartnäckigkeit ignoriert wird, hinter der andere, nämlich rein kommerzielle Interessen stehen.

Ökonomisierung der Form: die Dämmungsmanie. Es lohnt sich, bei der Debatte um den Vollwärmeschutz auch einmal die Interessen des sogenannten Handwerks in den Blick zu nehmen. Eine klassische Backsteinwand zu mauern kostet Zeit und Geld. Für den Generalunternehmer sind die Gewinnspannen bei einem Bau, der in Wärmedämmverbundsystem-Technik errichtet wird, immens viel höher. Wer einmal gesehen hat, in welchem Tempo eine Handvoll Maurer mit koffergroßen Industriesteinen eine Wand hochzieht; in welchem Tempo auf diese Wand dann Dämmstoffplatten aufgedübelt oder gern auch aufgeklebt (genau: geklebt, herzlichen Gruß an die Klimaschützer) werden, bevor ein mit einer Spritzkanone bewaffneter Haufen von Putzern in wenigen Stunden den Oberputz daraufschießt; wer sieht, dass man ein ganzes Haus auf diese Weise fünfmal so schnell baut, dieses Haus dann aber trotzdem fast genauso teuer ist wie ein klassischer Ziegelbau, der versteht auch, warum fast nur noch so gebaut wird: Weil die Massivhausbaufirmen so den höchsten Profit erzielen. Der ökologische Aspekt dient nur zur Bemäntelung eines ökonomischen Vorteils: Vollwärmeschutz hilft vor allem den Portemonnaies der Bauunternehmer.

»Nachhaltig« ist das jedenfalls nicht: Denn anders als beim eingeschweißten Käse ist das plastikummantelte Haus nicht für große Haltbarkeit bekannt. Mit ziemlicher Sicherheit ist die verdämmte Welt der Neubauten – auch weil vieles nicht fachgerecht montiert wurde – in zehn Jahren eine hausförmige Sondermülldeponie: Die Polystyrolplatten schüsseln auf, zwischen der Dämmung und dem Außenputz fällt Tauwasser aus, das wegen des hohen Wasserdampfdiffusionswiderstands von Außenputz und Anstrich nicht vollständig verdunsten kann.

Der Putz reißt, der Dämmstoff feuchtet langsam durch, verliert seine Dämmwirkung, und in zehn Jahren kommt alles runter, gerne auch von allein. Wände gehörten bis vor kurzem zu den wenigen Dingen, die man nicht wegwerfen konnte und musste; die Vollwärmedämmung ändert das. Für die Dämmstoffindustrie ein gutes Geschäft: Alle zehn bis zwanzig Jahre bekommt man den Auftrag für dasselbe Haus noch einmal; fast könnte man von einem kommerziellen Perpetuum mobile sprechen.

Doch wer diesen urbanen Verpackungsmüll kritisiert, wird im Namen einer angeblich alternativlosen ökologischen Vernunft mit strenger Miene zur Ordnung gerufen, und wie immer, wenn Politik, Industrie und Lobbyverbände etwas »alternativlos« nennen, ist es das natürlich nicht.

Was könnte eine Wand noch sein? Was genau ist überhaupt eine Wand? Die Antwort scheint banal. Eine Wand ist eine Scheibe im Raum, Höhe und Länge der Wand müssen deutlich größer als die Tiefe sein, sonst ist sie keine Wand, sondern ein poröser Quader. Manchmal ist sie mit Öffnungen perforiert, die Tür oder Fenster heißen. Der Name stammt vom Althochdeutschen *uonedh*, was mit Lehm bestrichenes Geflecht bedeutet. Das ist interessant; die Wand war, anders, als wir heute denken, etwas Textiles, ein Geflecht, ein Gewebe; die etymologische Nähe von Wand und Gewand erinnert daran, auch das Wort Tabernakel für das Schränkchen, in dem in der christlichen Kirche die Hostie aufbewahrt wird: Es bedeutet »Zelt«. Der Architekt Gottfried Semper sprach von der »zweiten Haut des Menschen«, und in der jüngsten Vergangenheit haben viele Architekten versucht, Gebäude mit textilen Wänden zu errichten, Shigeru Bans Curtain Wall House ist eines davon, Petra Blaisses durch Vorhänge gebildeter Raum in Rem Koolhaas' Villa bei Bordeaux und Toyo Itos Pao for a Tokyo Nomad Girl von 1985 zwei andere Beispiele.

In allen Fällen ist der Wohnraum nichts statisches, sondern etwas Mobiles, Flexibles, das sich seiner Umgebung anpasst, ein Haus auf halbem Weg zum Zelt. Nun kann nicht jeder so wohnen; aber die Idee, die Wand nicht als statische Scheibe, sondern als eine flexible Zone zu begreifen, führt auch bei der Sanierung von Platten- und Sozialbauten der fünfziger bis achtziger Jahre zu erstaunlichen Lösungen.

Eine Wand aus Glas und Stoff. In Paris bauten die Architekten Anne Lacaton, Frédéric Druot und Jean-Philippe Vassal einen abrissreifen Sozialbau um, die Tour Bois-le-Prêtre, die 1959 im 17. Arrondissement nach den Plänen von Raymond Lopez errichtet wurde: ein Wohnturm von über fünfzig Metern Höhe, ein Bauwerk mit sechzehn Etagen und fast hundert Apartments, das in den achtziger Jahren mit Eternit-Platten in deprimierender Bicolor-Optik und mit PVC-Fensterrahmen saniert wurde. Spätestens nach dieser ersten Sanierung nahm der Bau das Aussehen jener Trostlosigkeiten an, die sich von den osteuropäischen Plattenbausiedlungen bis zu den französischen HLM-Slums wie ein bedrückender Betongürtel um die europäischen Großstädte legen. Schließlich entschied man, den Turm abzureißen; das staatliche Abrissprogramm sah 15 000 Euro für den Abriss einer alten Wohnung und etwa 150 000 für den Neubau einer Wohneinheit vor. Eine Alternative schlug die Architektin Anne Lacaton mit ihren Partnern Frédéric Druot und Jean-Philippe Vassal vor. Das Büro wurde mit Low-Budget-Bauten und der Verwendung von Gewächshauswänden bekannt. Im Pariser Norden schafften sie es jetzt, für die gleiche Summe gleich mehrere Wohnungen grundlegend umzugestalten, indem es die alten Fassadenelemente abnahm und, wie ein Regal, eine Konstruktion mit großzügigen, verglasten Wintergärten für jede Wohnung davorstellte.

Wo früher nur deprimierend kleine Fenster den Blick in die Weite freigaben, haben die Bewohner nun den Effekt eines lichtdurchfluteten modernistischen Luxusapartments mit großer Glasfassade. Wenn es regnet, können die Kinder in den geschützten Wintergärten spielen, man kann dort grillen, in der Sonne liegen, einen kleinen Garten anlegen. Jede Wohnung wächst durch die Anbauten um zweiundzwanzig bis vierzig Quadratmeter Außenwohnraum – viel mehr Grünfläche bieten manche Reihenhäuser in der Vorstadt auch nicht. Die Mieten blieben unverändert, die Energiekosten wurden durch

den Dämmungseffekt verringert, und auf ihre Weise stellen die Architekten so das alte Versprechen der Moderne wieder her – Licht, Luft und Sonne statt Wohnhöhle mit Guckloch. Aus dem Sozialbau wurde so ein Haus, das mit seinem neuen, offenen Eingangsbereich eher an die luxuriösen Apartmentbauten an den Stränden von Rio de Janeiro erinnert. Im Erdgeschoss befinden sich jetzt ein Kindergarten und Gemeinschaftsräume für Sprachkurse und Mieterversammlungen. Der Umbau leitet so auch eine neue soziale Energie in den Turm – nicht zuletzt, weil er die von der rationalistischen Schrumpfmoderne der Banlieuetürme abgeschaffte Kultur des Hereinkommens, des Empfangs wieder zelebriert: Wo man früher zwischen Gittern und Briefkästen unter funzeligem Neonlicht zu den Aufzügen huschte, betritt man den Bau jetzt wie eine Hotellobby; er hat jetzt einen würdevollen, sichtbaren, einladenden Eingang.

Wegweisend ist der Umbau des eigentlich abrissreifen Turms aber vor allem aus energetischer Sicht: Der Energieverbrauch des Turms sank nach der Sanierung von jährlich 180 auf nur noch achtzig Kilowattstunden pro Quadratmeter. Bei einem vergleichbaren Projekt, das die Architekten gerade in Bordeaux planen, will man von 144 auf zwanzig Kilowattstunden kommen. Wie aber isoliert man die Wintergärten, wo die Architekten doch nur dünnwandige Polycarbonat-Elemente verbauen, wie man sie von Gewächshäusern kennt? Die Antwort sind Vorhänge des französischen Herstellers Isotiss aus Alufolie, Schurwolle und Stoff, die silbrig glänzen und nachts als Isolation dienen.

Die Vorteile der Wintergarten-Sanierung liegen auf der Hand: Man schafft zusätzlichen Raum, der einen Vorstadtgarten ersetzen kann, und hält die Mieter so in der Stadt. Man verwandelt die trübselige Zweckarchitektur mit ihren schießschartenhaft kleinen Fenstern in eine opulent verglaste Form, deren Reichtum an Zwischenräumen und Fassadenplastizität in ihrem Raumeffekt fast an Altbau-Erker und Loggien erinnert. Man vermeidet das Sondermüllproblem der konventionellen Wärmedämmung, das selbst bei optimistischen Prognosen in einigen Jahrzehnten auftreten wird, wenn Millionen Kubikmeter Dämmschaum entsorgt werden müssen. Schließlich erlauben die Wintergärten eine natürliche Belüftung im Sommer, weil man die Schiebeelemente der Fassade aufziehen kann. Mit den Vorhängen lassen sich Lichteinfall, Temperatur und Wohnatmosphäre zwischen Offen- und Geborgenheit steuern – womit man wieder bei den etymologischen Wurzeln der Wand im textilen Objekt, in der *uonedh* wäre.

Warum wird nicht viel mehr Nachkriegsbausubstanz genau so umgebaut wie der Tour Bois-le-Prêtre? Der Turm zeigt, was man aus dem scheinbar unrettbaren Massenwohnungsbau der Nachkriegszeit machen kann. Er ist ein soziales wie ästhetisches Modell für den möglichen Umbau der Vorstädte – und eine ökologische Alternative zur Volldämmung, über die auch eine deutsche Baupolitik nachdenken sollte, deren neueste Verblendungen nicht bloß aus Putz und Dämmschaum bestehen.

Dennoch ist bei vielen Bauunternehmern, die aus ihren Entwurfscomputern »individuelle Lösungen« ausdrucken, eine doppelschichtige Wintergartenkonstruktion im Sinne von Lacaton und Vassal ebenso wenig zu bekommen wie eine klassische, mit Ziegeln gemauerte Fassade. Ein Maurer, befragt, warum die Arbeiter für achtunddreißig Reihen Backstein in Kaminbreite über eine Woche brauchen (macht etwas über fünf Reihen pro Tag), erklärt fassungslos: Dies sei »Handarbeit« – so, als sei die Errichtung eines klassischen Mauerwerks nur mit der Tätigkeit eines Graveurs oder Miniaturenmalers vergleichbar und ähnlich zu entlohnen.

Die Misere des Handwerks hat ihre Wurzeln in der Ausbildung: Junge Maurer und Putzer werden miserabel bezahlt und sind demotiviert, weil die Auftraggeber die gleiche schlechte Arbeit auf dem Schwarzmarkt billiger bekommen, sie werden von miserabel bezahlten, demotivierten Arbeitern ausgebildet, die für ihre schlechte Arbeit zu Recht Ärger bekommen und deswegen schon mit einer depressiv-grimmigen Grundhaltung auf die Baustelle schlurfen; kaum ein Handwerksbetrieb, der dem Nachwuchs zum Stolz auf die Qualität des Gemachten erzieht und ihm beibringt, dass man als Betrieb nur überlebt, wenn einem der Ruf exzellenter Arbeit vorauseilt. Die Städte, Vororte und Dörfer in Deutschland sehen auch so aus, wie sie aussehen, weil es allen Beteiligten am Ende irgendwie doch relativ egal ist, wie das Ergebnis aussieht – und weil die, die es bezahlen müssen, nicht wissen, bei wem sie es besser bekommen. Der Fassadenpfusch, die Krise der Wand, ist so gesehen nur Teil eines größeren Desasters.

Die vollwärmegeschützte Wand ist, auch wenn es gebetsmühlenhaft wiederholt wird, das Gegenteil von Fortschritt. Man hat hundert Jahre gebraucht, um aus einer Pferdekutsche, unter die man zur Überraschung der anderen Pferde und Kutscher einen Verbrennungsmotor gemogelt hatte, ein 270 Stundenkilometer schnelles Ding mit acht Airbags, Internet-Anschluss, Massagesitzen und Infrarotsichtgerät zu machen.

Ein Haus aber sieht noch immer so aus wie vor vierhundert Jahren – nur hässlicher und schlechter gemacht: Steinwand, Loch für die Tür, Loch für die Fenster, Satteldach. Der Fortschritt, das Haus des 21. Jahrhunderts ist diese Kiste, nur diesmal mit Styroporvermummung und ein paar Solarzellen auf der Ziegeldachmütze.

Das Dach

Das Dach, wie man es zu Tausenden in den Vororten und aus der Landschaft herausragen sieht, ist ein weiteres Beispiel für die ökonomischen Kräfte, die hinter den gängigen Formen des Bauens wirken. Es sind Dächer, wie es sie seit Jahrhunderten gibt – wenn man von dem absieht, was auf ihnen festgeschraubt wurde; sogar ehemals idyllische bayerische Dörfer, reizende Bauernhöfe bekommen gnadenlos entstellende Halbverkachelungen mit Solarpaneelen auf die roten Dächer gepappt. Warum setzt sich im Einfamilienhausbau keine eigene, ansehnliche Form von Solardach durch; warum baut man Häuser wie vor 500 Jahren, um ihnen dann eine Photovoltaikanlage auf das Ziegeldach zu schrauben?

Zum Teil liegt diese Flickentechnik an gestalterischen Vorgaben der zuständigen Gemeinden, die zur Erhaltung des Dorfbildes, welches von

roten Dächern geprägt ist, nur eine Teilbelegung der Dächer mit Solarzellen gestatten, was dem ästhetischen Gesamteindruck nicht viel hilft.[3] Ein tiefer gehender Grund, warum nicht viel öfter die technologisch avancierten Solarziegel[4] verwendet werden oder Dächer ganz mit Solardächern ohne Ziegel gedeckt werden, mag abermals in den Interessen einer mächtigen Bauindustrie liegen: Ein Breitenerfolg von überzeugenden Solardächern, die ohne Ziegel auskämen, würde den Rückgang der Pressdachziegel von 881 Millionen im Jahr 2001 auf 631 Millionen im Jahr 2009 noch beschleunigen – daher die Lobbyarbeit der Ziegelindustrie für die Solarwolpertinger.

Wo um Dächer gestritten wird, werden diese kommerziellen Interessen abermals hinter ästhetisch-essentialistischen Debatten vernebelt. Wenn Hans Kollhoff erklärt, das Giebeldach befinde sich im »physiologischen Vorteil« gegenüber dem Flachdach,[5] dann ist das nicht mehr als ein persönliches Geschmacksurteil. Im 19. Jahrhundert, jener Epoche, deren Bauästhetik Kollhoff ganz energisch nacheifert, entwickelte Samuel Häusler das Holzzementdach, das den Bau größerer Flachdächer unter anderem in den Städten möglich machte. Auch die immer noch verbreitete Vorstellung, das Flachdach sei Ergebnis einer rationalistischen Moderne, die das klassische Haus aus formalideologischen Motiven heraus geköpft habe wie ein Frühstücksei, ist falsch – Flachdächer gab es schon in der Antike. Schon um 3000 vor Christus, so berichtet es Herodot, verwendete man Bitumen als Dichtung für Dächer, in den hängenden Gärten der Semiramis bestand die Abdichtung aus Asphaltplatten, Backsteinen und Mörtel, und schon im Barock setzten sich Architekten wie Jakob Marperger für begrünte Dachflächen ein.

In der klassischen Moderne wuchsen auf den Dächern ganze Plätze für das öffentliche Leben des Hauses: Auf Le Corbusiers Dach der Unité d'Habitation gibt es eine Laufbahn, einen Kindergarten mit Kletterlandschaft und einen Pool für heiße Tage; der Begriff der Dachlandschaft bekam hier eine ganz neue Bedeutung.

Warum sind heute, wo rund zwei Drittel aller Dächer in der Stadt flach sind, so wenige begrünt und bespielt? Würde man sie alle begrünen, käme mehr Gartenfläche heraus als in den Endlossiedlungen der Vorstadtgärten. In Großstädten wie Berlin halten aber unsinnige Lärmschutzregelungen die Eigentümer davon ab, die Dächer zu begrünen, während in New York das Leben auf dem Dach zur Selbstverständlichkeit geworden ist – auch der neue Highline Park auf den Gleisen einer ehemals überirdisch fahrenden U-Bahn, ist eine Art große städtische Endlosdachterrasse, ein kollektiver Garten weit über der Straße. Was aber passiert unter den Dächern?

Die Räume des Hauses
Eine kurze Phänomenologie des Wohnens

Wenn die Möbelwerbung nicht nur die Wohnbedürfnisse und Wohnideale ihrer Zeit spiegelt und bedient, sondern auch oft erst schürt, ist es für eine Formgeschichte der Wohnideale und -ideologien interessant, sich die Wohnzimmer in den Werbeanzeigen verschiedener Jahrzehnte anzuschauen.

Im Wohnzimmer
Der Wandel des Sofas

Ein Bild aus einer Einrichtungszeitschrift der frühen sechziger Jahre: Man sitzt beim Kaffeetrinken im Wohnzimmer zusammen, der Gastgeber in seinem Sessel, die Gäste auf dem Sofa. Sie sitzen aufrecht, allenfalls sanft nach hinten gelehnt, wie am Steuer eines Kleinwagens aus der DDR; die Lehne lässt, wie dort, keine andere Sitzposition zu.

Die Sitzposition war bezeichnend für die Vorstellung, wozu ein Wohnzimmer dient; hier wurde nicht herumgelungert oder gar auf dem Sofa geschlafen; hier wurde bei anständiger Körperhaltung Konversation betrieben. Eine Reklame aus dem Jahr 1961 für die Polstermöbelfirma Wagner zeigt eine Sitzecke, in der ein Mann auf

dem Sofa die Zeitung liest, während eine junge Frau den Tee serviert. Der Vorhang ist zugezogen, hier gibt es keine Außenwelt, nur die Gummibäume erzählen etwas von einem wilderen Leben. »In unseren eigenen vier Wänden fühlen wir uns wohl«, teilt der Werbetext mit. »Dies ist unser Reich. Wenn es auch noch so klein ist, so haben wir doch schon eine Menge geschafft. Wir haben uns so gemütlich eingerichtet, praktisch, solide…«[6]

Anzeige der Firma Wagner Polstermöbel, 1960

Gemütlich, praktisch und solide: Noch 16 Jahre nach Kriegsende sitzt der Mann auf dem Sofa, als habe er sich nach dem Ende des Dritten Reichs in seinem »kleinen Reich« versteckt, die Frau steht so gekrümmt im Bild, als trage sie trotz aller betonten Patentheit des Entwurfs schwer an der Last des Erreichten.

Die einschneidendste Veränderung des Wohnzimmers betraf seitdem nicht die Orientierung aller Möbel hin zum Fernseher, sondern die Form des Sofas, das vor ihm stand.

Über die Jahrzehnte glich es sich immer mehr dem Bett an. Kann man sich noch auf dem Sofa von 1961 keine andere als eine aufrechte Sitzposition oder eine einzelne, zusammengekrümmt schlafende Person vorstellen, sieht man in den Werbekampagnen der siebziger Jahre Kinder auf Sofas herumhüpfen, Erwachsene hinüberrollen; Möbelhersteller zerlegten das klassische Sofa zu Würfeln, die man zu Bettenlandschaften zusammenschieben konnte.

  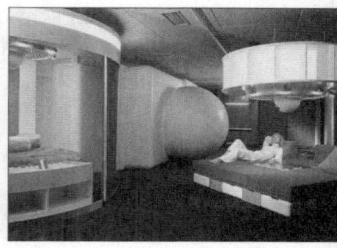

Seit den neunziger Jahren erreicht die Hypertrophie des Sofas immer neue Höhepunkte, die eine Stimmungsveränderung signalisieren. Das Sofa der siebziger Jahre war eine mit bunten Mustern oder in warmen Cordstoffen bespannte Hüpf- und Flätzanlage für die entspannt herumlungernde Familie. Das Sofa der achtziger Jahre trat gegen diese hippieske Möbelform mit streng geformten, kalten Ledersofas an, deren idealen Besitzer man sich eher mit gerade gelockerter Krawatte und Cocktailglas vor einer New York-Fototapete vorzustellen hatte. Das Sofa der neunziger Jahre war wieder anders: Die Sitzfläche wurde so tief wie ein schmales Doppelbett; legte man sich nicht gleich quer darauf, sondern, wie auf dem Sofa üblich, mit den Füßen Richtung Couchtisch, war man gezwungen, mit abgeknicktem Hals und ausgestreckten Beinen eine halbliegende Position einzunehmen, aus der es unmöglich war, wieder aufzustehen. Aus dem Lungern war das Loungen geworden. Die Lounge ist ein paradigmatisches Möbelstück; man versinkt darin, duckt sich weg vor der Welt, wird immobilisiert. In den Clubs und Bars der neunziger Jahre, in denen man diese Möbelstücke auch fand, waren die Fenster oft durch Aquarien ersetzt, dazu blubberte die sanft einschläfernde Musik französischer Elektropopbands; man war aus der Welt, man war unter Wasser. Die Lounge (meist L-förmig, um die erschöpften Füße hochlegen zu können) war das ikonische Möbelstück einer großen Ermattung, die Plattform weicher Selbstversenkung: Wer hier einmal in sitzliegender Position versackte, schaffte es nicht einmal mehr ins Bett, wo man richtig ausruhen kann.

In diesen Jahren schien, für einen kurzen Moment, das Ende des Möbelstücks an sich eingeleitet; das ganze Wohnzimmer wurde Bett, allerdings ein schräges, eine Düne aus Samt, wie sie sich der Architektur-Utopiker Claude Parent baute. Parent, 1923 in Neuilly geboren, war der radikalste Wohnzimmer-Umdenker des vergangenen Jahrhunderts. Er plante eine Revolution des Wohnzimmers, einen Vernichtungsschlag gegen die Idee des Möbels – und die Idee dafür kam ihm passenderweise in einem defekten Bunker. Zwischen 1942 und 1944 hatte die Deutsche Wehrmacht an der europäischen Westküste auf 2685 Kilometern Länge etwa 8200 Bunker gebaut, um die Landung der Alliierten zu verhindern; viele dieser Bunker sind nach heftigen Winterstürmen von den Dünen abgerutscht und stecken jetzt, gekippt, schief, wie aus großer Höhe abgeworfen, im Sand. Als Claude Parent in den sechziger Jahren zusammen mit dem neun Jahre jüngeren Philosophen Paul Virilio in seinem Jeep durch diese Dünenlandschaften fuhr, hielten sie an einem Bunker, der zur Hälfte im weichen Sand versunken war, und traten durch eine enge Öffnung

Claude Parent, Wohnlandschaft, 1970

hinein. Es war ein merkwürdiger Raum: Der Boden war so schräg, dass man nicht wusste, ob das, worauf man stand, ein gekippter Boden oder eine ehemalige Wand war, überhaupt hatten Begriffe wie »Wand«, »Boden«, »oben« und »unten« hier drinnen keinen Sinn mehr. Es war, sagt Parent,[7] ein Raumgefühl, wie man es sonst nirgendwo hat: Ein Taumel, ein Schwindel, wie ihn nicht einmal die turbulentesten Barock-kirchen hervorrufen würden. Seit dem Besuch im Bunker, sagt Parent, habe ihn das Gefühl, auf einem schrägen Boden zu stehen, nicht mehr losgelassen. Er begann, die Dinge aus dem Gleichgewicht zu bringen. Für den Industriellen Gaston Drusch hatte er bei Versailles eine Villa gebaut, die aussah, als wäre ein Bauhaus-Kubus ganz ähnlich wie die Atlantik-Bunker um exakt 45 Grad in den Boden gesackt – aber das war ihm schon nicht mehr extrem genug. Er beschloss, nur noch schräge Böden zu bau-en. Er schrieb mit Virilio Pamphlete wie »Vivre à l'Oblique« – das Leben auf der Schräge. Noch heute spricht er mit einer ungebrochenen Begeis-terung davon, wie dieses Leben auf der Schräge die sozialen Beziehungen dynamisieren und in andere Richtungen lenken könne: »Überlegen Sie mal, wie langweilig es in unseren Häusern zugeht. Das Kind sitzt im Kin-derzimmer. Der Hausherr auf dem geerbten Sofa. Wir sind vollkommen übermöbliert. Wie wäre es dagegen, wenn man Raum spielerischer auf-fasste, freier, wenn Bewegung und Dasein im Raum auch klettern, liegen, rutschen bedeuten könnte?«[8] Und was, war die Frage, passierte, wenn man sich anders gruppieren muss, als die sozialen Vorgaben von Stuhl, Tisch, Sofa, Bett es verlangen?

Die erste Ikone der »Architecture oblique« war eine Kirche: Sie wur-de 1966 in Nevers eröffnet, sah von außen wie ein Bunker aus, hatte so schiefe, abfallende Böden wie die Betonruinen am Atlantik und war, wenn man so will, auch ein philosophischer Kommentar zur Funda-mentalkrise des Wohnens und Behaustseins. Bunker, die extremste Form von Schutzräumen, hatten sich militärtechnisch als sinnlos her-ausgestellt; sie waren nostalgische Bilder, ästhetische Beschwörungen eines Schutzes, den es angesichts moderner Waffentechnik nicht mehr geben konnte. Was war ein Haus noch wert, wenn Wände im Ernstfall keinen Schutz mehr bieten konnten, was bedeutete »Wohnen« und

»Behaustsein« nach den Erfahrungen des Krieges? Parent machte das Haus zu einem paradoxen Ding zwischen Höhle und Hang, in dem man keine Ruhe finden, sondern einem aufregenden Schwindelgefühl ausgesetzt werden sollte; 1970 installierte er im französischen Pavillon auf der Biennale von Venedig eine künstliche Landschaft aus Schrägen. Er baute sein Haus um: Alle Möbel wurden entfernt und stattdessen in die Räume eine Landschaft aus Rampen und schrägen Ebenen eingebaut, und schon war die uralte Diskussion wieder entflammt, die schon die Dorer auf Kreta, die zu Tisch saßen, von den nach orientalischem Vorbild im Liegen speisenden Bewohnern von Altsmyrna trennte, ob ein Leben mit oder ohne Stühle am Esstisch wünschenswerter sei.[9]

Ein Foto zeigt Parent in dieser Zeit mit Familie und Gästen, er sitzt wie ein Guru des entmöbelten Daseins auf einer dieser Schrägen, die anderen hocken und liegen um ihn herum, als seien sie die dekonstruktivistische Wiederkehr der Schule von Athen. Was »Wand« und was »Dach«, was oben und was unten war, ist nicht genau zu sagen, und

in dieser Auflösung von Kategorien und Ordnungssystemen wollte Parent eine neue Freiheit entdecken. Das Haus wurde wieder Landschaft; man saß und rollte wie eine Gorillahorde am Hang herum – was auch ein soziodynamisches Zeichen war in einer Zeit, die das gemeinsame öffentliche Neben- und Durcheinanderliegen noch als sittliche Fragwürdigkeit empfand.

Kommerziell war Parents neue Lebenswelt kein Erfolg: Diejenigen, die die Architektur des »Oblique« am meisten liebten, konnten sie sich nicht leisten – die Kinder. Parents Tochter Chloé schreibt im Vorwort der soeben erschienenen Publikation seines Gesamtwerks: »Ich lief mit meinem Hund über die Rampen, ließ Murmeln herunterkugeln – meine Eltern hatten alle Möbel aus dem Haus verbannt, es gab fast keine Türen, man lag auf Plateaus und in Höhlen … Nach dem Tag, an dem die Handwerker kamen, um die Rampen einzubauen, wurde das Außergewöhnliche mein Alltag. Es war aufregend für mich als Kind. Ich gehörte nicht mehr zu der bourgeoisen Welt, in der man wertvolle Stilmöbel von seinen Vorfahren erbte und an Tischen aß, die von sechs hohen Stühlen umstellt waren … Wir aßen im Liegen, an einem kleinen, flachen Tisch, unter dem man auch liegen konnte. Teilweise waren in die Rampen weiche Inseln eingelassen, die man nicht sehen konnte – die Besucher schrien oft erschreckt auf, wenn sie in eine solche weiche Stelle traten.«[10]

Ektorp: Was die erfolgreichsten Sofas der Welt über das Wohnen verraten. Von solchen Wohnutopien ist das Ikea-Sofa weit entfernt.[11] Es heißt »Ektorp« und ist eins der meistverkauften Sofas in Europa. Seine Form imitiert Sofas aus vergangenen Jahrhunderten, aber es ist weicher und bequemer, man versinkt darin, man kann darauf schlafen; mit Blümchenkissen überspült und mit diversen Karo- und Blumenmustern erhältlich, lässt es an die Möblierung eines hölzernen Landhauses irgendwo in einem schwedischen Bullerbü-Idyll oder an der amerikanischen Ostküste denken. Dies sind die aktuell herrschenden Sofatypen: Ektorp erzählt vom Traum eines Lebens auf dem Land, es ist der Sitz der neuen Ruralisierungsträume, während das viermal so große Lounge-Sofa von Capellini sich tröstlich nach dem heimkommenden Bewohner ausstreckt, der nur noch schlafen will. Hier ist die Welt ganz weiches Sofa, ein möbelgewordenes Paradies der fensterlosen Immersion.

Auch im Ikea-Katalog des Jahres 2014 gibt es im Wohnzimmer, dort, wo die Sofas stehen, keine Fenster; der Vater schläft auf einem Klippan-Sofa, die Frau liegt akrobatisch verdreht auf einem Sessel, zahlreiche Kinder lungern auf einem zweiten Sofa herum. Ein anderes Szenario präsentiert die Polstergruppe Söderhamn: Der Vater liegt mit Laptop auf dem Sofa, ein Kind liegt eingeschlafen davor, ein Kleinkind spielt

mit einem iPad, die Jalousien sind heruntergelassen, eine Mutter ist nicht in Sicht: Auch hier sind die einzigen Fenster nach Außen die Bildschirme der Computer, die sich zu Polsterlandschaften ausdehnenden Sofas vor allem Orte von Immersion und Schlaf.

In der Küche

Ein anderes Möbelstück, das nicht aufhört zu wachsen, ist der Küchentisch. In der Frankfurter Küche, jener 1926 von Margarete Schütte Lihotzky ersonnenen superrationalen Kochnische des modernen Hauses, gab es allenfalls eine Platte mit Hockern; seitdem wächst der Esstisch, und die übergangslos vom Wohnzimmer in den Kochbereich übergehenden großen Altbauwohnungen sind von Restaurants kaum mehr zu unterscheiden. Eine überdimensionierte Küche mit entsprechend endlosem, automobilteurem, viermeterneunzig langem Edelholzesstisch und zwanzig Mid-Century-Modern-Stühlen von Vitra ist zum Statussymbol der urbanen Neobourgeoisie geworden, ein Hotelherd mit sechs bis acht Gasflammen das, was früher einmal der Achtzylinder-Sportwagen in der Auffahrt war: ein Fetisch, eine Selbstvergewisserung des guten Lebens.

Nun ist gar nichts gegen große Esstische zu sagen, man kann in ihnen eine Sehnsucht nach Gemeinschaftserlebnissen erkennen, die über den gegenseitigen Besuch von Kleinfamilien hinausgeht. Schon in den archaischen Einraumhäusern des 6. Jahrhunderts vor Christus sammelte

Küchentisch 1962
Küche 2014

sich die Familie zum Essen um die Hestia,[12] den Herd in der Raummitte, man kann die Abdrängung des Herdes in eine funktionale Kochnische als Irrweg der Moderne und die selbst Zimmerformat annehmende Kochinsel als Rückkehr eines archaischen, also bewährten Modells des Zusammenlebens feiern. Traurig ist nur die Tatsache, dass an diesen opulenten Esstischen dann im Regelfall, weil ihre Besitzer das Geld, das all die Einbauten und Möbel kosteten, auch verdienen müssen, am Ende nur ein bis zwei vereinzelte, von der Schule heimgekehrte Kinder sitzen und auf zwölf bis achtzehn leere Stühle schauen, eine fast biblische, dystopische Szene: Dinner for one, Abendmahl für einen; die zwölf Apostel, auf die die anderen Stühle warten, sind leider verhindert. Ein Bild, das sich auf sechs Etagen wiederholt: Auf insgesamt 120 Sitzplätzen und 30 Metern Esstisch nur drei, vier Menschen, auf vierzig rustikalen Spezialgasherdhotelküchenflammen kein Essen – so illustrieren die neuen Traumküchen vor allem das Elend der vereinsamten Kernfamilie; die Großküche mit dem Riesenesstisch steht da wie das Menetekel einer Sehnsucht nach Gemeinschaft, die bis auf wenige Momente im Jahr unerfüllt bleibt, weil eben jeder so einen Tisch und eine Riesenküche hat. Früher gab es nur eine davon in der Straße, das Ganze hieß Restaurant – und für den Preis, den Hotelherd, Hotelkühlschrank, Endlosesstisch, Kronleuchter sowie zwanzig anspruchsvolle Designklassikerstühle kosten, könnte man ein halbes Leben lang dort essen gehen.

Im Kinderzimmer

Im Kinderzimmer wird nachgespielt, was draußen, in der Welt der Erwachsenen, erlebt wurde. Es werden aber auch mit dem Spielzeug, das der Erwachsene dem Kind mitbringt, Lebensentwürfe in eine Welt hineingeschleppt, die noch keine Vorstellung davon hat, wie das Leben draußen aussieht oder aussehen sollte. Das Spiel im Kinderzimmer ist gleichzeitig Abbild

und Vorschein dessen, was draußen passiert: Es reflektiert die Gegenwart und konditioniert die Vorstellung davon, wie das Leben sein könnte.

Wer wissen will, was in den Städten in Zukunft passiert, muss schauen, was für Städte heute in den Kinderzimmern aufgebaut werden – und welche Regeln dort herrschen.

Eine dieser Städte heißt Heartlake City und wurde vom Spielzeughersteller Lego für die neue Friends-Serie erfunden. Die Figuren- und Baustein-Serie »Friends« ist eines der erfolgreichsten Produkte im Programm des Spielwarenherstellers. Es gibt Baukästen mit Häusern, Autos, Cafés, dazu fünf Mädchen-Figuren. Zu diesen Baukästen liefert Lego die Erzählung, die nachgespielt werden soll, gleich mit: Es gibt in Amerika, aber auch in Europa, ganze Hefte, in denen vom Leben der Hauptfigur des Spielesets, einem Mädchen namens Olivia, erzählt wird.

Olivia, von undefinierbarem Alter, halb Frau, halb Kind, ist mit ihren Eltern nach Heartlake City gezogen, weil ihr Vater als Journalist zur »Heartlake Times«[13] geht. Jetzt sieht Olivia »voller Freude all dem Spaß und den Vergnügungen entgegen, die die Stadt verspricht«. »Heartlake City«, ist zu erfahren, sei ein wunderbarer Ort, mit »vielen unterschiedlichen Formen von schönen Häusern«. Auf dem Bild dazu sieht man ein Sammelsurium an Altbauten mit grünen Dächern und modernen Bürohäusern mit Spiegelglasfassaden. Olivia, ist weiter zu lesen, will später Wissenschaftlerin, Erfinderin oder Ingenieurin werden, und baut in ihrer Freizeit Roboter. So weit scheint die Emanzipation bis in die fiktive Stadt Heartlake vorgedrungen zu sein. Beide Eltern, so das Heft, arbeiten hart, auch Olivias Mutter, eine Ärztin. Ihr neues Zuhause liegt in einem besseren Vorort der Stadt, es hat ein rosafarbenes Dach und »eine große Küche, ein gemütliches Wohnzimmer und Olivias Kinderzimmer«[14] sowie einen Vorgarten und einen Gemüsegarten. Auf dem Bild zu dieser suburbanen Idealvision sieht man den Vater, der eine Keule auf den Grill packt, während die Mutter den Rasen mäht.

Was für ein Ideal von Stadt, von Wohnen, von Zusammenleben wird hier in die Kinderzimmer gebracht?

Olivia gibt sich ausschließlich mit Mädchen ab; ihre Freundinnen sind Emma, Stephanie, Andrea und Mia. Andrea – eine afroamerikanisch aussehende Spielfigur – muss allerdings »als Bedienung Geld im City Park Café« verdienen, wo sie »Cupcakes und Hamburger zubereitet, abwäscht und den Boden wischt«. Auf eine deprimierend realistische Weise wird auch in Heartlake City das in Amerika herrschende Verhältnis von ethnischer Herkunft und Jobqualifizierung perpetuiert: Für die afroamerikanische Andrea ist eine Karriere als Showstar offenbar der einzige Ausweg aus ihrer sozialen Situation.

Das öffentliche Leben der fünf Freundinnen in Heartlake City besteht darin, »coole Accessoires«[15] zu kaufen, während die fünfte Freundin, Stephanie, eine Perfektionistin, die »geborene Partyplanerin ist«, herrliche Cupcakes bäckt, Gartenfeste veranstaltet und außerdem – man will nicht das Bild einer typischen Vorstadt-Hausfrau aufkommen lassen – Flugstunden nimmt. Stephanie ist dem Suburbia-Ideal der reinlichen Hausfrau deutlich näher: Sie putzt ihr Auto gern und »hört dabei Songs auf ihrem MP3 Player« und lernt so, »dass Autowaschen Spaß machen kann«, während Andrea im Café den Boden schrubbt.

Es gehört zu den Merkwürdigkeiten der fiktiven Idealstadt Heartlake City, dass sie unschöne Realitäten im heitersten Ton präsentiert. Während die weißen Mädchen aus der Mittelschicht in Heartlake Heights große Villen bewohnen, Pferde und Cabriolets besitzen und ihre Abende mit Gartenparties verbringen, muss das afroamerikanische Mädchen sein Geld in einem Café verdienen. Die seltsamen Kindfrauen, die in der Lego Friends-Welt geschminkt im Café der putzenden Afroamerikanerin zuschauen, Beautyprodukte und Kleider kaufen, scheinen auf ihre Männer warten, die irgendwann von der Arbeit kommen – Heartlake ist eher ein betoniertes Abbild aktueller sozioökonomischer Verhältnisse in amerikanischen Vorstädten als eine spielerische Utopie, in der, wie es früher bei Lego war, alles umgebaut werden kann.

»Baut Flugzeuge, Tiere, Häuser, Städte!« hieß es in einem Lego-Katalog von 1959. 2001 erzählt der Katalog für Legos »Bionicle«-Serie, worum es beim Spiel mit den Bionicle-Figuren geht, nämlich darum, »die Macht zu brechen, die die infizierten Masken über die Rahdi haben«. Erst danach würde das magische Licht von Mata Nui wieder hell erstrahlen können.

Die Welt eines Kindes sei unermesslich wie seine Phantasie, hat Lego-Gründer Ole Kirk Christiansen einmal geschrieben, »lass dem Schaffensdrang des Kindes freien Lauf, und es wird eine Welt bauen, die reicher und phantasievoller ist, als es sich ein Erwachsener überhaupt vorstellen kann.« Man kann angesichts der neuen Geschlechtertrennung, die Lego in die Kinderzimmer trägt, angesichts der extraterrestrischen Biomonster und Rebellenhochburgen auf der einen und der rosafarbenen Cafés, in denen die Schwarzen putzen und die Weißen sich vom Pferdestriegeln erholen, nur hoffen, dass das stimmt.

Im Schlafzimmer

Kann man sich ein Wohnhaus ohne Schlafzimmer vorstellen? Man kann an einem Haus viel weglassen, die Flure, die Fenster – aber auch die Möglichkeit, sich zum Schlafen in einen Schutzraum zurückzuziehen?

Tatsächlich haben alle heute bekannten historischen Wohnbauten Schlafstätten, selbst das Rampenhaus von Claude Parent; das eigens fürs Schlafen abgetrennte Zimmer mit einem Einzel- oder Doppelbett, in dem andere als die Benutzer dieser Betten in der Regel nichts zu suchen haben, ist aber eine kulturell relativ neue Erfindung.

Glaubt man historischen Berichten, dann war das, was uns heute als Bild einer Orgie erschiene, im Mittelalter Normalzustand: Es sei durchaus üblich gewesen, dass im selben Bett »sich Eltern, Onkel, Tanten, Vettern, Basen, Kinder, Sklaven und Diener drängten, und, sehr zum Missfallen der Kirche, häufig mehr als zehn Personen splitternackt und kunterbunt durcheinander schliefen«, schreibt Pascal Dibie in seiner »Geschichte des Schlafzimmers.«[16] Dabei gibt es abtrennbare Schlafräume schon lange: Auf Drucken aus dem 15. Jahrhundert trägt die Hausherrin den Schlüssel dafür am Gürtel.[17] Das Schlafzimmer war mit dem Wohnraum durch eine verschließ- oder verriegelbare Tür verbunden und der einzige

Ort, der nicht zugänglich war für den Gast, während der Wohnraum oft eher Teil der Straße war.

Aber nicht jeder, der so ein Schlafzimmer hatte, definierte es als Rückzugsort: Madame du Maine ließ während ihrer Schwangerschaft in ihrem Schlafzimmer Maskenbälle veranstalten, so dass »man schon fürchtete, sagt der Herzog, dass sie von einem Kind in einer Karnevalsmaske entbunden würde«;[18] Franz I. erwies seinem General die allerhöchste Ehre, indem er mit ihm ein Bett teilte, und noch um 1600 ehrte Henri IV. den Philosophen Montaigne auf die gleiche Weise. Auch Ludwig XIV machte das Schlafzimmer zum öffentlichen Ort, Posten wie die des Großbrotabschneiders, Halsbindenbewahrers oder Nachtstuhlaufsehers wurden für hunderttausend Francs an Adlige verkauft.[19]

Erst im 19. Jahrhundert entwickelte sich ein breiter Konsens über Schamfragen, die je nach sozialem Stand variierten.

1849 sucht der spätere Fürst Bismarck eine Wohnung in Berlin und übersendet seiner Frau den Grundriss einer Wohnung in der Wilhelmstraße. In Raum zwei, schreibt ihr der Fürst zur Erläuterung der Zeichnung, »kommt ein Schlafsopha für mich, und Du kannst nach Belieben Dein Bett zu mir stellen, wo dann die punktierte Linie mittels Schirm würde abgesperrt werden, oder schläfst in dem großen Zimmer 3 beim Baby, jeden Tag wie es Dir gefällt.«[20]

Die punktierten Linien hielten sich lange im Schlafzimmer. Wenn die Deutschen in den fünfziger Jahren über das ideale Schlafzimmer nachdachten, dann schlugen sie ein dickes Buch auf. Es trug den Titel »Die kleine Etikette« und stammte von Erica Pappritz, der Protokollchefin von Konrad Adenauer: Doppelbetten seien »zwar hübsch anzusehen«, aber unzweckmäßig, schrieb die Anstandsdame des Kanzlers streng, »zwei Einzelbetten – in einem gewissen Abstand voneinander aufgestellt – werden zweckmäßiger sein. Sie haben den Vorzug, in Krankheitsfällen die notwendige räumliche Trennung zu ermöglichen.«[21] Das Schlafzimmer wurde vom Krankheitsfall, nicht von der Lust her gedacht. Es war eher eine Schlafvollzugsanstalt, in der man sich vor Dreck und Krankheit zu schützen hatte. Deshalb wurde damals auch Linoleumfußboden empfohlen, mattbunt, abwaschbar und keimfrei.

Wenn Keuschheit ein Möbelstück wäre, müsste man es sich als Bett aus den fünfziger Jahren vorstellen. Wenn man sich heute die Bettenreklame aus den fünfziger Jahren anschaut, fragt man sich, ob die Deutschen damals überhaupt in Betten geschlafen haben: Menschen sind darin nicht zu sehen. Still stehen die abgedeckten Betten da, sauber und unberührt, als verhüllten die Laken einen Doppelsarkophag. Eine Anleitung für die

glückliche Ehe lieferten die Einrichtungshäuser gleich mit. »Nach sieben Jahren – und noch keine Ehekrise«, warb Musterring: »Sie ist auch nicht zu befürchten. Denn wenn ›er‹ so aufmerksam und charmant ist, dass er ›ihr‹ sogar gelegentlich das Frühstück ans Bett bringt (nicht täglich – das versteht sich von selbst), dann ist eine Ehe gut geraten.« Der Zusatz »nicht täglich« verstand sich von selbst; man wollte ja keinen Mann, der nur Eier kochen kann. Ein guter Mann verließ frühmorgens das Schlafzimmer, die Frau wienerte tagsüber den Schlafzimmerboden. Die ästhetische Ausdifferenzierung in männliche und weibliche Räume beginnt allerdings schon früher. Schon im 19. Jahrhundert werden Herrenzimmer eingerichtet; sie sind »das Areal für Gehörne und Geweihe... hier formulierten sich Werte und Normen heraus«, die wesentlich zur männlichen Identitätsbildung beitrugen, »ähnlich wie die an sich verbotene, aber gleichwohl gelegentlich noch praktizierte Satisfaktion in Form von Duellen. Da man die im Duell Getöteten schlecht an die Wand hängen konnte, blieb es bei den Gehörnen und Geweihen«, schreibt die Kulturhistorikerin Adelheid von Saldern.[22] In der Folge dieser Aufteilung des Hauses in männliche und weibliche Bereiche[23] wird vor allem das Schlafzimmer zum ästhetischen Kampfplatz der Geschlechter. In Filmen wie »Bettgeflüster« von 1959 sind die Schlafzimmer der Hauptdarsteller Rock Hudson und Doris Day Formpsychogramme diversester Klischees von Männlichkeit und Weiblichkeit: Doris Day, die eine Innenarchitektin spielt, liegt in einer Pastellhölle aus weiß-rosa-cremefarbenen Kissen und Steppbettgiebeln, er wohnt mit zackig-düsteren Expressionistengemälden in einer mit erdigen, grünbräunlichen Whiskeytrinkertönen eingerichteten Wohnung und schläft in einem schwarzen Bett mit roten Kissen.

Als sie sich später an ihm rächen will, richtet sie seine Wohnung in »weiblichen« Farbtönen ein, eine Art Kastration der Männerwohnung, die in der Wahrnehmung der damaligen Zuschauer ihre rauchig-dunkle Virilität verliert.

Die Ästhetik des Schlafzimmers änderte sich erst, als Ende der fünfziger Jahre französische Bettenhersteller wie Treca auf den internationalen Markt drängten. Plötzlich wurden Betten farbig, plötzlich zeigte die Reklame moderne Frauen – und seitdem ist die Bettenreklame ein zuverlässiger Indikator für die gesellschaftlichen Mikrobewegungen, ein Spiegel der Wohnideologien.

Die Bettenreklame der sechziger Jahre propagierte ein anderes Schlafgefühl. Nicht mehr die Erholung vom anstrengenden Alltag, sondern das Abenteuer und der Hedonismus standen jetzt im Zentrum der Argumentation. Über den Kissen des unvernünftig breiten Doppelbetts lag plötzlich ein Hauch des dekadenten Lebens, von dem die Geliebte des Playboys Porfirio Rubirosa, Zsa Zsa Gabor, zu jener Zeit ein paar Seiten

vor den Bettenreklamen berichtete:»Wir schlafen bis elf Uhr, dann fahren wir mit Rubis Mercedes auf die Champs-Élysées und essen Austern. Nach dem Polo fahren wir dann nach Hause, um ein paar Stunden miteinander zu schlafen.«[24]

Solche Sprüche trafen die Bettendesigner und ihre Auftraggeber ins Mark – ein paar Jahre später waren die Betten nicht mehr wiederzuerkennen.

Sean Connery rückte als Geheimagent 007 das Schlafzimmer in den Fokus der Öffentlichkeit: Unter dem Bett lag eine schussbereite Walter PPK; neben dem Bett eine Flasche 53er Dom Pérignon; im Bett eine überbelichtete Blondine, die Jil oder Goodnight heißen musste. Die Firma Ruf international machte im Zuge dieses Trends die einst muffige Schlafstätte der frühen Fünfziger zur Raumstation: Das Gesamtkunstwerk Schlafzimmer wirkte wie eine gigantische gelbweiße Honigwabe, die man aus fernen Galaxien herbeigebeamt hatte.

Es gab ein gläsernes Telefon, gelbweiße Tapeten, kugelförmige Fernseher und weiße Ledersessel, der Bewohner dieser Schlaftraumwelten sah aus wie eine Mischung aus wild gewordenem Zahnarzt, Major Tom und Traumschiffkapitän. All das wirkte auf den ersten Blick sehr aufregend und modern, zugleich aber waren die hellen Schlafwelten, die so taten, als gäbe es nie mehr eine Nacht, nur die logische Weiterentwicklung der Tendenz, die Frau Pappritz eingeleitet hatte: Das Schlafzimmer wurde zum öffentlichen Ort. Das Bett der sechziger Jahre war die Motorhaube des Hauses – und es ist kein Zufall, dass zur gleichen Zeit in der Werbung halb nackte Frauen auf den grellen Betten und den langen Motorhauben der neuen Sportwagen auftauchten; die Minimode trug die Entkleidung auf die Straße, die Blechhüften der Autos erotisierten das Straßenbild: Der Sex verließ das Schlafzimmer und betrat den öffentlichen Raum.

Das Bett ersetzte das Wohnzimmer. Der ideologische Höhepunkt des Traumes vom Leben im Wohnbett war John Lennons und Yoko Onos Doppelaktion »*Hair peace, bed peace*« und die wohl folgenreichste Revolution in der Geschichte der neueren Innenarchitektur. Make love, not war: Draußen, in den Büros, auf den Straßen und im Fernen Osten war Krieg, also ging man nur raus, um gegen ihn zu demonstrieren. Drinnen dagegen herrschte Liebe, und Liebe hatte etwas mit Liegen zu tun.

Es gab nur Matratzen, auf denen gefeiert, geschlafen, gegessen und Liebe gemacht wurde: Alles wurde zum Schlafzimmer. Wer sich ein Einzelbett leistete, wurde so böse und mitleidig angeschaut, als hätte er soeben erklärt: Ich steige aus eurer Sozial- und Sexutopie aus und möchte wie ein ordentlicher Bürger schlafen. In der Werbung verwandeln Pflanzen die Schlafzimmer in einen Paradiesgarten, ausgewilderte Fici Benjamini geben dem Schlafraum ein wenig von dem Geheimnis zurück, das er als Ort verbotener Dinge einmal hatte.

Doch leider tauchten bald ein paar bösartige Menschen im Dschungel der Yuccapalmen auf und trieben die stolzen Nur-Bett-Bewohner ins Bermudadreieck der Ideologiekritik. Sie wiesen mit dem Finger auf die Matratzenlager sowie auf die leeren Stellen, wo ganz früher einmal die Couchecke stand und riefen: »Wie bürgerlich! Euer Matratzenlager ist nichts anderes als ein ganz alter, die Arbeiterklasse verhöhnender Dandyismus!« Tatsächlich gehörte es bei Bohemiens, Denkern und anderen Nicht-Arbeitern schon immer zum guten Ton, so exzessiv im Bett zu leben wie die Aussteiger der siebziger Jahre, die das fälschlicherweise für etwas völlig Neues hielten. René Descartes lag täglich 16 Stunden im Bett und richtete sich nur auf, um etwas aufzuschreiben, der Philosoph Thomas Hobbes trieb im Bett mathematische Studien und notierte der Bequemlichkeit halber seine

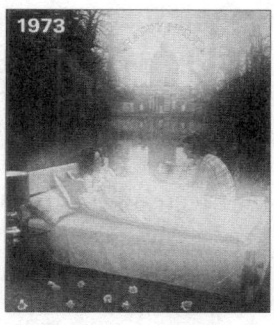

Ideen aufs Bettlaken, Egon Friedell erklärte, Sitzen sei »ein ungesunder und unnatürlicher Unfug«.

Das nahm man ernst – und machte fortan alles im Liegen. Die Werbeindustrie bediente die neue Freizügigkeit gern und präsentierte noch das spießigste Schlafzimmer als Softporno-Phantasie: Zum ersten Mal in der Geschichte der deutschen Bettenwerbung räkelt sich 1972 eine spärlich bekleidete Blonde auf einem gruseligen Messingbett – und muss zur Verdeutlichung der Eskapaden, die darin möglich sind, auch noch an einer Banane knabbern.

Bei Ikea hießen die Sitzgruppen wie zur Entschuldigung »Revolt«, die Betten waren aus unbehandeltem Kiefernholz: Bastelte man sie nach den Anweisungen der beigelegten Baupläne zusammen, dann hatte man nach vier Stunden fünf blaue Fingernägel, einen kaputten Schraubenzieher und ein Bett, das aussah, als wäre man persönlich in den Wald gegangen und hätte sich die nötigen Bretter selbst zurechtgesägt. Natürlich war das Kiefernholzbett auch ein Stück Ideologie: eine Kriegserklärung ans Eichenfurnier der frühen Jahre. Kiefer, selbst genagelt, stand für Studenten-WGs, Apo und Dosenravioli, FKK und Sommerurlaub in Skandinavien. In der Schlafzimmerwerbung tauchen statt dekorativer Frauen plötzlich bärtige Väter im Fidel-Castro-Look auf, die von nicht repressiv erzogenen Kindern mit Kissen beworfen werden.

Wo war die Mutter geblieben? Vielleicht in der K-Gruppe, vielleicht abgehauen. Allerdings wurde das Aussteigeridyll bald vom Mainstream eingeholt. Wencke Myrrhes Lied »Ein Sonntag im Bett / ist gemütlich und nett« lockte mit dem existentialistischen Refrain »Und wer das nicht versteht / hat sein Leben nicht gelebt…« auch die arbeitende Bevölkerung in die Kissen.

In den achtziger Jahren war, wenn man der Bettenreklame glauben darf, Schluss damit: Die linksliberalen Ideale wurden vom neokonservativen Wirtschaftspragmatismus abgelöst – und wieder zeigte sich der ideologische Wandel nirgendwo deutlicher als im deutschen Schlafzimmer. Das Mainstream-Bett der konservativen Revolution war der Futon, der die Menschen aus den zerknautschten Kissen auf den harten Boden der Tatsachen zurückholte. Der Futon machte Schlafen zum Kampfsport. Keine quietschenden Federn. Kein barockes Wippen der Matratzen und der Hüften. Der Futon war hart und die Körper darauf waren es auch: gestählt im Fitnesscenter, geformt von Leistungswillen. Der Futon musste düster sein wie die Musik von Depeche Mode.

Die Hippie-Mädchen waren aus diesen Betten genauso verschwunden wie die netten Che-Guevara-Papas mit ihren nackten Kinderchen: Die Frauen, die in der Bettenwerbung der Achtziger posieren, sind keine lasziv hingeräkelten Verführerinnen, sondern zusammengekauerte nackte Wesen, denen offensichtlich ziemlich kalt ist. Schlimmer als Futons war nur noch das Designerbett Mitte der Achtziger. Es war das Herzstück im Fegefeuer-der-Eitelkeiten-Schlafzimmer, eine Designhölle aus Edelholz und Stahl, angefüllt mit schwarzem Leder, roten Kissen und Zebradecken, ein ästhetisches Konzentrat vom Übelsten, was die Dekade zu bieten hatte. Man musste Broker sein in diesen Tagen, man musste ein Loft in Manhattan bewohnen und aus dem Stahl-und-

Buchenholz-Designbett auf die leuchtende Sky-
line von New York gucken – oder zumindest ein
Skyline-Poster an die Wand kleben, das dem
Partner zeigte, wo es einmal hingehen soll.

Ganz anders kommen schließlich die Betten
der Gegenwart daher. Es sind Betten für Leute,
die am liebsten nie mehr aufstehen wollen, weil
sie Angst vor dem haben, was da draußen auf sie
wartet: Angesichts der drohenden Gefahren dieser Welt will man es zu Hause mindestens so gemütlich haben wie in einer Anzeige von Ralph
Lauren. Erstaunlicherweise erinnern das funze-
lige Licht und das Meer der Kissen im prototypi-
schen Schlafzimmer der jüngsten Vergangenheit doch sehr an den ästhetischen Nullpunkt,
an dem die Geschichte des Nachkriegsbettes ihren Ausgang nahm.

Seit kurzem taucht auch das Wandbett wieder auf; in dem Haus, das sich die Autorin und
Schauspielerin Miranda July von dem japanischen Architekten Yoshiharu Tsukamoto bauen ließ, gibt es kein eigenes Schlafzimmer, sondern
Wandbetten – eine der ältesten Formen des Bettes. Lange fand man gerade in bäuerlichen Regionen, etwa in den niederdeutschen Hallen-
häusern, zur Verwunderung vieler Bauhistoriker in den Inventarlisten
zwar Tische, Hocker und Truhen, aber keine Betten. Wo schliefen diese
Leute? Die Antwort war überraschend – nämlich »in Wandbetten, die
an der Längswand der Diele eingelassen waren,«[25] weswegen sie nicht
als Mobiliar galten: Das Bett war integraler Bestandteil des Hauses, ein
untrennbarer Teil der Architektur.

In Julys Haus erhöht das Wandbett das Gefühl von Geborgenheit und
Höhlenhaftigkeit und spart Raum; das Haus wird sozusagen atmosphärisch radikalisiert: Statt Arbeiten, Zusammensitzen und Schlafen in ungefähr gleich großen Räumen unterzubringen, wird der Wohnraum in
eine offene Loggia auf dem Dach erweitert, so dass man, wann immer

das Wetter es zulässt, unter einem Sonnenschutz im Freien lebt, während das Schlafzimmer zu einem geborgenen Winkelversteck schrumpft.

In den Einrichtungshäusern herrscht währenddessen ein seltsamer Stilpluralismus, der Beziehungen gefährlich werden kann. Wie sollen wir uns betten, in der Kammer eines Landhauses oder in der Popgrotte einer Raumstation? Erstickt man unter Patchworkdecken? Erfriert man in Stahlrohr-Konstruktionen? Er findet die bunte Kuscheldecke kitschig

und schmeißt die süßen kleinen Seidenkissen raus. Sie denkt: So einer ist er also. So soll ich mein Leben verbringen? In diesem kalten, klinikweißen Designerleben? Hier also soll ich jeden Morgen mit diesem Stahlkanten-Terroristen aufwachen? So einer bringt mir nie das Frühstück ans Bett, schon weil er den ganzen Tag mit dem Laptop auf dem Schoß darauf sitzt.

Krisen des Privaten. Die neuesten Werbungen und Fernsehserien werden von Menschen bevölkert, für die das Bett nicht mehr der Ort ist, an dem man von der Arbeit ausruht oder Spaß hat, sondern der Arbeitsplatz selbst: Von hier aus wird gemailt, verkauft, telefoniert, gegoogelt, das Bett ist eine Art weicher Schreibtisch, das Intimste zum Ort der öffentlichen Kommunikation geworden. Was bedeutet das für eine Idee von Privatsphäre? Früher waren die Dinge räumlich klar aufgeteilt. Geschäfte wurden im Büro, auf der Straße, im öffentlichen Raum gemacht, das war das Draußen, die öffentliche Sphäre. Das Haus, und darin vor allem das Schlafzimmer, waren Orte des Rückzugs, der Intimität, der Nicht-Kommunikation: das Innere. Die Revolution der Kommunikationstechnologie, aber auch die veränderte Rechtslage hat diese Ordnung auf eine Weise durcheinandergebracht, dass die Begriffe in ihren Konturen bröseln. Was ist das Private hier? Was heißt privat und öffentlich sein: Was tut jemand, der in seinem privaten Zimmer sieben Stunden lang Mails und SMS verschickt, geskypt und telefoniert hat, wenn er ohne Smartphone auf die Straße geht? Geht er dann aus dem privaten in den öffentlichen Raum, oder ist es nicht eher umgekehrt? Die Begriffe zur Beschreibung von innen und außen, privat und öffentlich erodieren. Was bedeutet das für das Haus, den Platz, die Stadt?

Welche Formen kann, sollte Architektur für das Wohnen in einer Zeit annehmen, in der die Idee der Privatsphäre sich einerseits durch die Virtualisierung des Öffentlichen und die Vernetzung in sozialen Netzwerken, andererseits durch die gesteigerte Ausspähbarkeit via Datenauswertungen und technischer Überwachungs- und Erfassungsmöglichkeiten radikal verändert – und in der die Begriffe privat und öffentlich vielleicht überhaupt als binomisches Gegensatzpaar ihre Beschreibungskraft verloren haben?

Schon in den achtziger Jahren führte die technologische Entwicklung leistungsfähiger Richtmikrofone und Wärmebildkameras dazu, dass Wände akustisch und optisch perforiert werden können und so zumindest ihre wenn nicht emotionale, dann doch physische Funktion als Schutzraum vor Ausspähung verlieren. Die im Grundgesetz in Artikel 13 verankerte »Unverletzlichkeit der Wohnung«, die immer auch eine Unverletzlichkeit des Schlafzimmers war, ist ausgehebelt; nach einer Entscheidung des Bundestages von 1997 ist es erlaubt, grundsätzlich jeden Verdächtigen auch in seinem Bett mit Richtmikrofonen und Kameras auszuspähen.

Damit fallen, trotz des eigens vom Bundesverfassungsgericht konstruierten Sonderrechts auf Informationelle Selbstbestimmung, die letzten Hüllen des Privaten. So dick die Kissen und Mauern auch sind, der Staat kommt immer durch. Vielleicht ist die neue Gemütlichkeit, die seither in den deutschen Bettenreklamen verbreitet wird, auch eine ästhetische Abwehrreaktion. In den achtziger Jahren gab es noch eine breite Protestbewegung gegen die Volkszählung; das Volk reagierte allergisch auf das Informationsbedürfnis des Staates, die Geschichte der Geheimdienste totalitärer Systeme prägte noch den Umgang mit demokratischen Regierungen. Ernst Bloch schrieb bereits 1959, das weite Panoramafenster verlange nach einem »Draußen voll anziehender Fremdlinge, nicht voll Nazis; die Glastüre bis zum Boden setzt wirklich Sonnenschein voraus, der hereinblickt und eindringt, keine Gestapo«.[26] Bis zum NSA-Abhörskandal war dieses Misstrauen weitgehend verschwunden;

der Staat wurde nicht als Eindringling, sondern als Beschützer erlebt und sollte vor Anschlägen, Attacken und Epidemien schützen; eine Mehrheit der Bevölkerung hatte nichts gegen die Sammlung privater Daten einzuwenden, wenn es der Sicherheit des Landes diente. Diesem Sicherheitsbedürfnis im realen Raum stand die völlige Selbstpreisgabe im virtuellen Raum gegenüber: Securitate- und Stasi-Agenten würden sich ungläubig die Augen reiben angesichts des Ausmaßes intimster Informationen, die die Bürger allein in sozialen Netzwerken wie Facebook über sich verbreiten. Erst die Erkenntnisse aus dem Spähskandal der NSA und die allmählich in ihren Ausmaßen bekannt werdenden kommerziellen und staatlichen Informations- und Datenbeschaffungsmaßnahmen, mit denen das Verhalten von Bürgern vorausberechnet werden soll, lassen diese Gelassenheit allmählich schwinden – und es ist noch nicht grundlegend erforscht worden, was die Aufgabe der Unausspähbarkeit, die Wandlung des Intimen im Haus, für das Wohnen bedeutet.

Kapitel 4

Andere Häuser

Tokio, Wohnhaus (Ryue Nishizawa)

Die Sprachkrise des Architekten

Entwerfen hat viel mit Sprache zu tun: mit den Begriffen, in denen Architektur nicht nur beschrieben, sondern gedacht wird. Der Arbeit an der Form muss eine Arbeit am Begriff vorausgehen (oder eine intuitive Fähigkeit, im Gestalten den Begriff zu umgehen, der das Entwerfen konditioniert. Die Freiheit der Gestaltung setzt die Fähigkeit voraus, eine als gesetzt geltende, nicht hinterfragte Kategorie auszuhebeln und neu zu formulieren. Doch die Begriffe, mit denen Architekten und Planer agieren, sind seltsam unscharf. Was bedeutet die Entwertung der Wand, die Reduktion des Hauses auf einen Schutz vor physischen Unbilden wie Sturm oder Überfällen? Ob zuhause gearbeitet wird, ob ein Schlafzimmer auch als Büro genutzt wird, ist für die Frage, wie gewohnt und gebaut werden soll, nicht gleichgültig. Mit hemdsärmeligen Definitionen (»Drinnen ist da, wo es nicht reinregnet«) kommt man nicht sehr weit. All die technologischen Entwicklungen, die klare Trennlinien zwischen Innen und Außen, privatem und öffentlichem Raum zerlaufen lassen, verschärfen die Sprachkrise der Architektur. Was heißt Schutz, was »innen«, wann ist man »draußen«, was ist »öffentlich«, und wo ist man es, und in welchen Formen kann man »chez soi« sein, wie »zuhause sein« im Französischen heißt: bei sich? Was könnte ein Dach noch sein? Kann man in einer Wand wohnen? Wie sähe eine Architektur aus, die keines der Elemente aufweist, aus denen ein Haus normalerweise besteht (Wand, Tür, Fenster, Zimmer) und die dennoch bewohnbar ist?

Ein Beispiel für ein architektonisches Denken jenseits der konventionellen Begriffe der Architektur kommt aus Japan.

Bauen jenseits architektonischer Kategorien
Fujimotos Haus NA

»Man sollte lernen, mehr in den
Treppenhäusern zu leben. Aber wie?«
Georges Perec, *Träume von Räumen*

In einer ruhigen Seitenstraße von Tokyo steht ein ungewöhnliches
Haus. Es hat scheinbar keine Wände, auch keine Etagen. Man sieht
kaum Möbel, und wo welche auftauchen, stehen sie herum, wie Touristen, die sich verlaufen haben. Das Haus steht in der Straße wie eine Idee,
die gerade erst dabei ist, sich zu materialisieren – und dabei die her-
kömmliche Idee von einem Haus aufzulösen. Das Bauwerk erinnert auf
den ersten, schockhaften Blick an ein Haus, das seine Kleider verloren
hat: Keine Wand, wohin man schaut.

Das Haus NA ersetzt das Haus, wie wir es kennen – nämlich als eine
Abfolge zwei bis vier Meter hoher, durch Treppen oder Fahrstühle verbundener, gleich großer gestapelter Kisten –, durch eine kunstvoll un-
regelmäßige Abfolge treppenhaft ansteigender Plateaus; wo früher vier
Etagen waren, sind hier zwanzig Ebenen, die sich komplex vernetzen.
Das Haus ist wie ein Kletterfelsen, in dem Nischen entstehen, in denen
die Kinder spielen, Erwachsene in der Sonne sitzen und einen Tee trinken können; wie ein Baum, in dessen Geäst man sich entlanghangelt. Wo
Wände waren, ist Glas: Das Haus besteht eigentlich nur aus Fensterrah-
men. Für Intimität sorgen Vorhänge, es gibt geborgene Nischen und offene Ebenen, auf denen man so exponiert wie
auf einem Felsvorsprung über dem Meer sitzt.

Viele Entwürfe des 1971 geborenen Japaners
Sou Fujimoto wirken so leicht und klar und
filigran, als habe die Schwerkraft nachgelassen;
die Teile des Hauses schweben im Raum, als sei-
en sie ein Standbild der Slowmotion-Explosion
am Ende von »Zabriskie Point«. Auch das Haus
NA sieht mit seinen dünnbeinigen Streben un-

wahrscheinlich aus. Seine Eleganz liegt auch in der Unmöglichkeit, überhaupt da zu sein: Die Träger wirken viel zu filigran; schon realisiert, sieht das Haus NA immer noch aus wie eine Computeranimation, eine gebaute Augentäuschung. Es holt den Zauber des Entwurfs, der immer eleganter und leichter aussieht als seine Umsetzung in die Schwere von Beton, Stahl und Glas, in die Realität – und gleichzeitig scheint es einen utopischen Schwebezustand zwischen Gedachtem und gerade Form Gewordenen, Entwurf und Bau zu halten.

Wenn man von einem »Haus« hört, denkt man an Wände, Türen, Möbel. Wenn man ein dreigeschossiges Haus zu entwerfen hat, denkt man an die Stapelung von drei Kisten mit etwa 2,7 Meter Deckenhöhe. Fujimoto geht, wie Haus NA zeigt, anders vor. Er dekonstruiert den Begriff des Geschosses und der Etage und zeigt, was auf einer Höhe von drei »Etagen« noch entstehen, wie man diesen Raum noch inszenieren könnte: etwa als zwanzig Ebenen.

Fujimotos stellt der Arbeit an der Form eine Arbeit an den Begriffen voran. Es ist ein architektonisches Denken, das jenseits begrifflicher Kategorien funktioniert, in denen Architektur normalerweise beschrieben und gedacht wird, und in diesem Denken liegt die Freiheit dieser neuen Form von Architektur.

In der japanischen Gegenwartsarchitektur gibt es zahlreiche Beispiele für ein solches Formdenken jenseits von Raumbegriffen, und Fujimoto ist einer ihrer wichtigsten Exponenten. Sein »House before House« stapelt kaum zimmergroße Wohnkuben zu einem künstlichen Felsen, setzt Bäume dazwischen und lässt die Bewohner wie durch die Äste eines Baums klettern: Das Haus intensiviert die Sinneswahrnehmung: Es holt die Natur in die Stadt, macht das Haus zur Wohnlandschaft in einem sehr wörtlichen Sinne.

Auch Fujimotos Final Wooden House, das er 2008 in den Wäldern von Kumamoto errichtete, ist eine Art Denkgebäude – ein Kubus auf nur acht Quadratmeter Fläche, der aus 35 Zentimeter dicken, kunstvoll gestapelten Balken zusam-

House before House (Sou Fujimoto)

mengesetzt ist, so dass eine von hereinragenden Holzelementen umstellte Spirale entsteht. In dieser Spirale kann man auf verschiedenen Ebenen liegen, sitzen, schlafen, fernsehen – also all das tun, was man »wohnen« nennt. Aber es gibt keine Möbel, keine Wände, keine Türen: Das gesamte Arsenal der Objekte und Begriffe, die man zum Wohnen benutzt und mit denen man es beschreibt, wird hier nutzlos. Die hervorstehenden Balken ersetzen das Mobiliar: Sie sind mal Tisch, mal, mit Kissen belegt, Sofa, mal, mit Matten überdeckt, Bett. Das Haus hinterfragt die Begriffe, die zur Beschreibung von Architektur verwendet werden – und die, in denen Architektur gedacht wird. Wer ein Haus plant, zeichnet automatisch Tür, Wände, Zimmer, Platz für Möbel. Fujimoto zeigt, dass es auch anders geht. Das Haus hat nichts von dem, was ein Haus auszeichnet, und ist dennoch bewohnbar. Es ist wie ein Schwamm, in dessen Poren sich Leben einnistet. Fujimoto befreit die Architektur aus dem Korsett von Begriffen, die ihren möglichen Reichtum, ihre Neuerfindung behindern.

Das gleiche gilt für Fujimotos House N in Oita, das wie eine russische Babuschka-Puppe aus mehreren kunstvoll ineinandergeschachtelten, durchfensterten Gebäudehüllen besteht, die teils offen, teils verglast sind.

House N ist kein hermetisches Objekt, eher eine Bühne. Es nimmt nicht nur klassische Elemente einer traditionellen japanischen Architektur wie die Idee des Engawa auf, jener erhöhten, überdachten Zwischenzone, die das traditionelle japanische Haus umgibt und mit Schiebeelementen dem Innen- oder dem Außenraum zugeordnet wird, oder auch den Effekt der klassischen japanischen Raumteiler, der Shōji, mit denen das Haus verschiedenen Nutzungsbedürfnissen angepasst wer-

den und die Grenzen zwischen Innen- und Außenraum vom Bewohner immer neu bestimmt werden konnten.

Das traditionelle japanische Haus kennt, anders als europäische Häuser, die einfache Trennung von Innen und Außen durch eine gemauerte Wand, in der sich eine Tür befindet, und die Aufteilung von Wohnen, Essen und Schlafen in eigene Zimmer nicht. Es gibt oft keine festgelegten Schlaf- und Wohnzimmer. Betten sind nicht zu sehen; sie werden über den Tag im Oshiire, einer Art Schrank, aufbewahrt. Zwischen Straße und privaten Räumen gibt es nicht nur ein oder zwei Türen, sondern ein Labyrinth an Schwellen: Ein Stück halböffentlichen Raum, etwa ein gepflasterter Vorbereich, dann eine Pforte, durch die man zum Genkan gelangt, eine Art Eingangsraum, in dem die Schuhe abgestellt werden, dann, erst eine Stufe hinauf auf das Wohnniveau, kommt das eigentliche Haus. Der Engawa und die Gänge können mit Schiebeelementen geschlossen und so dem Haus oder der Terrasse zugeschlagen werden. Es folgen die Shoji und die Fusuma, eine Art Schiebetüren, um den Raum zu unterteilen.

Die neuen japanischen Häuser stehen aber auch in einer Tradition von Rauminversionen, in denen Räume als reine Innenräume scheitern und durch eine flexible Denkbewegung in erfolgreiche Außenräume umgewandelt werden. Eines der berühmtesten Beispiele für einen solchen Raum in Europa ist die Piazza Jacopo della Quercia in Siena. Nachdem man mehrfach bei dem Versuch gescheitert war, das neue Schiff des Sieneser Doms, dessen Wände schon standen, zu überdachen, hatte man sich kurzerhand entschieden, die drei Innenwände als Außenwände umzudefinieren und das Innere des Querschiffs als Platz:

So steht der Raum jetzt wie eine architektonische Wendejacke da, das Innen wurde zum Außen, der gescheiterte Raum zu einer Chance eines neuen Raumerlebnisses.

In der Tradition dieser Hinterfragung von Kategorien wie »Außenfassade« oder »Vorderseite« steht auch Fujimoto.

In einer theoretischen Schrift hat er zehn Motive einer neuen Raumkunst aufgelistet – darunter neben dem Nest, dem Wald, der Grotte auch das »Guru-Guru«, die Spirale. Fujimoto entwirft eine Bautypologie, die verschiedene Ansätze, Raum zu schaffen, vorstellen will. Die gebauten »Wälder« wirken wie die Verästelungen von Baumkronen, in denen sich Bewohner einnisten. Gezeigt werden elementare Gesten des Bauens: Vier Mauern werden um einen Baum errichtet; der Baum ist jetzt Insasse eines Raums, eines *hortus conclusus*, die Natur wird Garten, Privates. Fujimoto zeigt, wie Architektur nach den Prinzipien von Wald, Nest oder Höhle funktioniert: Er entwirft Modelle für Häuser, die aus sich verdichtenden Holzstäben entstehen, Häuser, die aus gestapeltem Holz aufgetürmt werden – das Final Wooden House etwa –, und Häuser, die entstehen, indem man in einen Block etwas hineingräbt.

Fujimoto nimmt gewissermaßen die Elemente der Architektur auseinander und setzt sie lockerer, freier wieder zusammen, als Landschaft, als Bühne, nicht als hermetische Skulptur; seine Häuser sind bis zur Formlosigkeit flexibel, eher Rahmen, die auf Bespielung warten, als Gemälde. Sie erinnern an die Fähigkeiten eines Schwammes, Umwelt aufzusaugen, sich zu verdichten, flexibel auf Veränderungen von Außen einzugehen, offen zu sein; ihre Stärke liegt in der schwachen Form.

In einer Zeit, in der das Verhältnis zum öffentlichen Raum vor allem von hysterischen Sicherheitsbemühungen geprägt ist, setzt sich Fujimotos Architektur zum Außen in ein anderes Verhältnis: Seine Bauten sind offener, labyrinthischer, poröser, verflochtener. Die Schwelle zwischen Innen und Außen ist hier eher ein räumlich tiefes Labyrinth, in dem das Verhältnis von beidem spielerischer austariert werden kann.

Spätestens seit dem feinen, klaren, völlig ornamentfreien Sukiya-Stil des 17. Jahrhunderts, den man vor allem von den klassischen Teehäusern kennt, wird in Japan Reduktion nicht als Versagen, sondern als Befreiung von überflüssigem Ballast aufgefasst. Die Raumausnutzungswunder von Fujimoto stehen auch in dieser Tradition; sie zeigen, dass Verdichtung nicht zu Klaustrophobie und zwanghafter Einschränkung führen muss, sondern – als Kunst der Konzentration – ganz neue Freiheiten schafft, und wenn es nur die ist, dass mehr Geld für das Leben jenseits des Wohnens übrig ist.

Inklusivität
Jenseits von Innen und Außen

Jede Grenze ist effektiver, wenn der Eindringling die Übersicht verliert: Das Labyrinth, der vielschichtige Filter, ist die bessere Grenzziehung als die Mauer, die, einmal überwunden, den Eindringling ins Innerste lässt. Diese Auflösung der Grenze im Tiefenraum kann zu viel effektiverem Schutz eines Inneren führen als pathetisch dicke Wände und Türen. In den traditionellen Ladenhäusern Nordafrikas bilden die in Kisten dicht gestellten Waren, zwischen denen nur enge Gänge ins Lager führen, einen ersten Filter: Das Lager selbst ist ein tiefes Labyrinth, das manchmal in eine Küche führt. Zwischen diesem privaten Raum und der Straße gibt es keine einzige Tür. Dennoch ist das Innere viel effektiver geschützt als durch eine schnell aufzubrechende Tür.

Diese Lehre findet sich auch im Haus N. Die räumliche Tiefe der Filterzone ermöglicht erst das Gefühl einer nicht-klaustrophobischen Geborgenheit. Das Verhältnis von Öffentlichkeit und Privatsphäre lässt sich hier steuern: Für jede Wetterlage, für jede Stimmungslage gibt es einen Raum, offen, halb offen, oder vollkommen geschlossen.

In der traditionellen japanischen Architektur war der Engawa ein solcher Ort, ein flexibler Zwischenraum, der beides sein kann, je nachdem, wie man die Schiebeelemente zwischen Straße, Garten und Innenraum öffnete oder schloss. Diesen Raumreichtum findet man auch in den meisten von Fujimotos Bauten.

Dem Bewohner fällt eine aktive Rolle zu: Der Raum muss erobert, in Besitz genommen werden. In seinen theoretischen Schriften unterscheidet Fujimoto zwischen Nest und Höhle als grundsätzlichen Typologien von Behausung. Das Nest war vorher nicht da, es wird nach rationalen Gesichtspunkten als Antwort auf ein präzises Wohnbedürfnis errichtet. Die Höhle aber ist schon vor ihrem Bewohner da. Die Leistung des Bewohners, der architektonische Akt ist es, die vorhandene Höhle als *bewohnbar* zu erkennen und sich in ihr einzurichten. Dieser Akt der Einrichtung, des sich Einlassens ist vom Akt des »Errichtens« fundamental verschieden, und man kann argumentieren, dass Fujimoto – darin ist er vielleicht ein zeitgenössischer Manierist – ein großes Talent hat, Häuser zu bauen, die man sich immer wieder jeden Tag neu, wie eine Höhle, wie vorgefundene Natur erobert, spielerischer und freier als man sonst wohnt.

Eine solche Architektur, die eher eine abstrahierte Landschaft ist, die auf immer neue Formen von temporärer Besiedlung wartet, ist auch Fujimotos getreppte Sitzlandschaft, die er für die Biennale 2010 entwarf. Sie wirkte wie ein Echo der experimentellen Wohnlandschaften des französischen Architekten Claude Parent. Parents wie Fujimotos Wohnlandschaften sind Beispiele für den Glauben daran, dass Architektur soziale Beziehungen beeinflussen, bestimmte Verhaltensweisen ermutigen oder verhindern kann.

Wo von der aktuellen japanischen Architektur die Rede ist, heißt es immer, sie löse die Grenzen von Innen und Außen auf, als sei dies eine nicht weiter begründungsbedürftige Qualität. Es ist zu einer seltsamen Modeerscheinung unter Architekten, Architekturstudenten und Architekturkritikern geworden, das Verwischen der Grenzen von Innen und Außen zu einem Hauptmerkmal architektonischer Qualität zu erklären. So betonen Architekten, dass der Boden ihres Pavillons »als in den Garten hinauslaufende Platte konzipiert, die Grenze zwischen Innen und Außen weiter auflöst«,[1] ein Glashersteller betont, die Glasfläche gleite »zur Seite und löst die Grenzen zwischen innen und außen auf. Die perfekte Verbindung zwischen innen und außen«,[2] »völlig aufgehoben« ist bei Tadao Ando »die Grenze zwischen innen und außen«,[3] während die Zeitschrift Arch+ die Qualität japanischer Minihäuser darin sieht, dass es »keine Eindeutigkeit der Grenze zwischen Innen und Außen mehr gibt«[4] – und so weiter.

Aber warum ist die »Auflösung von innen und außen« per se eine Qualität? Der Steinzeitmensch hätte sich über eine Auflösung von Innen und Außen durch Bären oder feindliche Horden sicherlich nicht gefreut.

Auf welche Weise, zu welchem Zweck und mit welchem Ergebnis wird hier also etwas aufgelöst? Ein genauerer Blick auf die japanische Gegenwartsarchitektur bringt mindestens drei völlig unterschiedliche Typologien zum Vorschein – und drei Gründe, Häuser anders zu bauen.

Theorie der Schwelle: Was ist innen, was außen?
Zur Ästhetik des neuen japanischen Hauses

Hiroshi Nakamuras »Optical Glass Brick House«

Hiroshi Nakamuras »Optical Glass Brick House« steht mitten im Stadtzentrum von Hiroshima an einer viel befahrenen Straße. Der Auftraggeber wollte einen Bau, der den Lärm abschirmt, aber das Licht hereinlässt. Nakamura entwarf eine Wand aus sechstausend Glasbausteinen, die auf einem Sockel sitzt, in dem sich der schmale Eingang befindet. Betritt man das Haus, steigt man zu einem Garten empor, der durch die haushohe Glaswand von der Straße getrennt wird. Ein japanischer Ahorn wächst dort gleich neben dem Couchtisch, ein Wasserbassin wirft Spiegelungen des Lichts an die Decke. Das Wohnzimmer lässt sich über Schiebefenster komplett zu diesem Garten öffnen, Garten und Zimmer bilden dann eine Einheit. Die eigentliche Wand ist die Glasbarriere, die das Innere von der Stadt abschirmt; Autos und Menschen, alles, was an Bewegung draußen stattfindet, bildet sich auf dem monumentalen Screen nur als abstraktes, buntes, grobpixeliges Schattenspiel in den Glasbausteinen ab: Die Stadt draußen wird zum unscharfen Film, sie ist nur ein Hintergrundbild für einen fast klösterlichen Raum, in dem Licht und Ruhe dominieren.

Die Auflösung von »Innen« und »Außen« betrifft hier nur das Innenverhältnis von Wohnräumen und Garten: Wenn die Witterung es zulässt, wird der von der Glassteinwand abgeschirmte Garten zu einem großen Naturzimmer; so kann in der Stadt, in der die Wälder fern sind, das Gefühl von Naturnähe entstehen, der Bewohner kann den Wind in den Ästen hören, die Reflexe des Wassers in den Blättern sehen und die langsamen Verfärbungen des Laubs im Herbst verfolgen. Die Auflösung der Grenzen von Innen- und Außenraum zielt hier auf ein paradoxes Gefühl: Draußen und dennoch vor der Welt geschützt zu sein, die zu einem fernen, unscharfen Rauschen verschwimmt. Das Haus steht damit in einer Tradition von Bauten, die in hochverdichteten Wohngebieten den Wohnraum durch einen Hortus Conclusus erweitern: Schon das antike römische »Domus« war nach außen meist fensterlos und wurde von innen durch Atrien, Höfe und Peristyle belichtet.

Ryue Nishizawas grüner Wohnturm

Das fünfgeschossige Haus, das Ryue Nishizawa in Tokyo auf einem nur vier Meter breiten Grundstück gebaut hat, ist eine Art Miniaturhochhaus. Auf jeder Etage befindet sich ein Zimmer. Diese mit einer steilen Wendetreppe verbundenen Zimmer öffnen sich zur Straße hin mit Schiebetüren zu tiefen Balkonen, die fast die Hälfte der Etage einnehmen und an die kleinen Tsuboniwas denken lassen, die nur 3,3 Quadratmeter großen, oasenartigen Kleinstgärten, mit denen man in Japan in dichtbesiedelten Regionen ein wenig Natur in den Innenhof holt. Diese Balkone sind zum Teil so dicht bepflanzt, dass sich ein grüner Vorhang bildet. Die Vegetation ersetzt hier die Wand. Zusätzlich können leichte Vorhänge zugezogen werden. Was den Bewohner dieser Außensitze von der Stadt abschirmt, ist also etwas, was vor der Architektur da war – Gebüsch, Bäume, wuchernde Blätter – und das, was nachträglich zum Sichtschutz an Gebäude angebracht wird, nämlich Gardinen. Das Haus, in dem Stoff und Pflanzen der einzige Schutz zu sein scheinen, ist Gebüsch und Zelt zugleich – und damit eine Art Anti-Architektur, ein vertikaler Garten. Während die Außenwelt in Nakamuras Glashaus ausgeblendet wird, rieselt sie hier in die Außenräume ein; wie aus einem Nest schaut man durchs Blätterdickicht auf die Straße. »Die Bewohner können den Wind spüren und in einem Raum leben, der zwar ein Außenraum ist, aber vollkommen intim«, erklärt Nishizawa den Entwurf.

Das Haus hat ein berühmtes Vorbild in Shigeru Bans 1995 fertiggestelltem Curtain Wall House, in dem die Fassade durch einen Vorhang ersetzt ist und nur die intimsten Räume dahinter von einer faltbaren Glaselementfassade geschützt werden. Das Curtain Wall House war auch ein ironischer Kommentar auf die moderne Idee der Vorhangfassade, die mit der Konstruktion von Häusern als Betonregalen möglich wurde. Seither, daran erinnert Ban, braucht ein Haus keine Fassade mehr, um ein Haus zu sein.

Wohnen in der Wand
Fujimotos LA Small House

Wie lange ist eine Wand eine Wand; was wäre, wenn sie so tief wie hoch und breit wäre, wenn man im Fenster sitzen oder liegen könnte; wäre das noch eine tiefe Wand – oder schon ein Raum? Was, wenn die Wand gerade so dick wird, dass man sich in ihren Öffnungen einnisten kann, dass sie, die Räume trennt, selbst in sich Räume ausbildet?

 Ein Beispiel für dieses Paradox liefern die meisten alten Burgen, in denen die Mauern oft mehrere Meter dick sind, so tief, dass die Fensteröffnungen darin selbst wieder Räume bilden.

Aber was wäre es, wenn zehn mit Öffnungen versehene Wände zu einem Labyrinth angeordnet werden? Eine Superwand? Ein Haus aus Wänden?

Haus N in Oita

Was bedeutete es für das Wohnen, wenn man sich nicht eindeutig drinnen oder eindeutig draußen, sondern in einem unentscheidbaren Dazwischen aufhielte? Wenn man ein Haus nicht definierte als leeren Raum, der mit vier Wänden von einem Außen abgegrenzt wird – sondern als eine Verdichtung von Zellen, als Schwammstruktur, in der sich Nutzungen einnisten?

Was also, wenn man in der Wand selbst wohnen könnte, wenn sie nicht ein Innen vom Außen trennte, sondern diese Trennung selbst das Wohnen beherbergte? Sou Fujimoto hat ein solches Wandhaus entworfen. In einem hügeligen Teil von Los Angeles, auf einem als unbebaubar geltenden, weil angeblich zu schmalen Grundstück plante er eine mehrgeschossige, in ihrem Grundriss leicht dreieckige Wandscheibe, die aus Feldsteinen besteht, die mit Stahlstangen fixiert werden – eine Art monumentaler Feldsteinmauer, in deren Zwischenräumen sich das Wohnen abspielt: Man klettert wie in einer Grotte, oder wie über die Vorsprünge und Ausbuchtungen einer steilen Felswand am Meer durch das poröse Labyrinth der Raum gewordenen Wand.

Man könnte in diesen Bauten – Häusern wie das Geäst von Bäumen, Häusern wie Höhlen – Nachfolger der künstlichen Grotten des Barock sehen und sie als eskapistische Rückzugsorte, sogar als romantisch-essentialistische Rückführung des Wohnens auf archetypische Raumformen wie Nest und Höhle kritisieren. Aber man kann sie auch als spekulative Modelle begreifen für ein Wohnen, das nicht mehr auf die alten Rahmungen des Wohnens angewiesen ist und neue Freiheiten einräumt, neue Daseinsformen ermutigt. Und was wäre, wenn man sich dieses Haus als Modell für eine ganze Stadt vorstellte?

Los Angeles, LA Small House, Entwurf (Sou Fujimoto)   **147**

Die Stadt als Haus, Zimmer als Häuser

Was, wenn das Haus eine kleine Stadt aus Zimmern wird? Was, wenn eine mit einer Stadtmauer von der Landschaft getrennte Stadt wie Monteriggioni wie ein großes Haus, die Häuser darin wie Zimmer, die Straßen wie Flure wirken? Welche Bedeutung hätte dieser Effekt für das Gefühl von Öffentlichkeit und Privatheit?

Die interessantesten neuen japanischen Bauten sind, so kunstvoll sie mit Innen- und Außenräumen auch spielen, im Kern alles Einfamilienhäuser. Die Auflösung von Innen und Außenräumen zielt hier vor allem darauf, enge Räume größer und komplexer erscheinen zu lassen, Klaustrophobie zu vermeiden und in engen Ballungsräumen die Natur und ein Gefühl von Weite und Stille ins Haus zu holen.

Das Versprechen des neuen japanischen Hauses erinnert an jene Traumsequenz in Maurice Sendaks Kinderbuch »Wo die Wilden Kerle wohnen«, in der sich das Zimmer auflöst und eine endlose Landschaft wird, in der, als letzte Erinnerung ans Domestische, noch ein paar verdutzte Möbel wie Tiere herumstehen, die sich verlaufen haben. Was wäre, wenn man diesen Entwurf fürs Private auf die Größe einer Stadt überträgt; wenn man eine Stadt baute aus solchen Häusern? Was passiert, wenn man die Kategorien, in denen öffentliche Plätze und Städte beschrieben und gedacht werden, ähnlich auseinandernimmt, wie es Fujimoto mit den Begriffen der *domestic architecture* getan hat?

Was passiert, wenn man die Idee des offenen Hauses, das Privatheit und Öffentliches neu sortiert, auf einen größeren Maßstab, den Maßstab eines ganzen Stadtviertels überträgt; wie sähe eine Architektur der *hospitality* aus?

2012 hat Sou Fujimoto den »Energy Forest« vorgestellt, der im Kern eine begrünte Rampe mit zahlreichen kreisförmigen Öffnungen ist. Der »Energy Forest« ist die freundliche Antwort auf die japanischen

Metabolisten, die in den sechziger Jahren Hochhäuser wie abstrakte Bäume entwarfen, deren
aus Wohnzellen bestehende Äste weit über die
Tokyo Bay ragen sollten und auf die sich Fujimoto mit seinen »Tree Skyscrapers« bezieht.
Auf dem Rampensystem seines »Energy Forest«
siedeln sich Cafés, Sportanlagen, Felder und
Plätze, Menschen und Tiere an; das Bauwerk
wäre die Schnittmenge aus einem Hochhaus,
einer Agrarlandschaft und einem Wald.

Auch dieses Modell wirft die Frage auf, was
wäre, wenn man sich Fujimotos leichten, offenen, labyrinthischen, jenseits aller Kategorien
des Bewohnens bewohnbaren architektonischen Landschaften nicht im Maßstab eines
Hauses, sondern vergrößert, im Maßstab einer
Stadt vorstellt: Wie sähe ein Stadtviertel aus, das den gleichen formalen
Gesetzen folgt wie die Wohnfelsen, Höhlen und Nester seiner Wohnhäuser?

Wo aber gibt es Gegenmodelle zur klassischen, um das Ideal der
Kleinfamilie herumgebauten Behausung?

Wer etwas über die mögliche Zukunft des Wohnens erfahren will,
muss sich die Geschichte des Einfamilienhauses genauer anschauen –
und die seiner Gegenentwürfe.

Kapitel 5

Von der Höhle zum Eigenheim

Eine kurze Geschichte des Einfamilienhauses

*Das 19. Jahrhundert war wie
kein anderes wohnsüchtig.*[1]
Walter Benjamin

*Ein Bär greift Steinzeitmenschen an
(Pierre Pelot, Au Temps de la préhistoire, französisches Kinderbuch)*

Wie der Neandertaler ins Einfamilienhaus kommt
Die Biologisierung der Wohngeschichte

In einem Kinderbuch über die Urgeschichte der Menschheit findet sich eine Illustration, die einen dramatischen Moment zeigt:[2] Riesenadler kreisen über einem Wasserfall, in der Ferne leuchtet ein Gletscher kalt über die Wälder, der graue Himmel bringt Schnee. Eng gedrängt stehen Mammuts, ein Säbelzahntiger und ein Nashorn beieinander, eine Herde Mufflons zieht durch das Tal, ein Bach fräst seinen Lauf in schroffe Gesteinsschichten. Dahinter stürzt sich ein Bär auf einen halb nackten, fellbekleideten Mann, der am Eingang einer Höhle steht und mit der Rechten ausholt, um mit einem Hammer auf das Raubtier einzudreschen. Zusammengekauert im Eingang der Höhle hockt, ein Kind an sich pressend, eine blonde Frau, die die Szene ängstlich beobachtet.

Das Buch soll Kindern erklären, wie die Menschen des Mittel- und Jungpaläolithikums lebten, und besonders dieses Bild prägt sich ein, weil es den Klischees jüngerer Zeiten so deutlich entspricht: Der Mann steht draußen im Leben und geht seinen heroischen Verrichtungen nach, er verteidigt und geht jagen, während die Frau passiv daheim sitzt, Dinge hin- und hersortiert und sich um ihr Kind kümmert.

Nach allem, was die Paläoanthropologie heute weiß, zeigt das Bild eine Welt, wie es sie zu Zeiten von Homo Sapiens und Neandertaler nie gegeben hat: Menschen lebten zumeist in Horden, nicht als Kernfamilien, und sie wohnten nicht in der Tiefe der viel zu feuchten Höhlen, sondern suchten dort allenfalls vorübergehend Schutz. Auch setzte sich die Ernährung des steinzeitlichen Menschen »wahrscheinlich aus Beeren, Pflanzen, Knollen und Eiern zusammen, aus Hasen, Eidechsen oder Vögeln, die auch mit Fallen gejagt wurden. Wer jagte, musste auf dem Weg auch sammeln, um sich zu ernähren; wer sammelte, hat dabei auch kleinere Tiere gejagt«[3] – es gibt also keinen Grund anzunehmen, dass Frauen ausschließlich sammelten und das Jagen den Männer überließen.

Mann jagt, Frau macht den Haushalt
Vom Ursprung eines Rollenbildes

Die Illustration, deren Held in seiner Pose eher an einen der Heroen auf Davids Gemälde »Schwur der Horatier« erinnert als an einen Urmenschen, der sich gerade einen Bären vom Leib halten muss, verrät etwas anderes. Sie ist die Rückprojektion gesellschaftlicher Ideale aus der Zeit des Zeichners in die Steinzeit: Der Steinzeitmensch lebt, wie der Mensch seiner Gegenwart leben soll; der Mann arbeitet und kämpft, die Frau sitzt zuhause – im Einfamilienhaus.

Wer sich die Bilder genau ansieht, die von der frühen Paläoanthropologie verbreitet wurden und die bis heute durch Schulbücher geistern, muss den Eindruck gewinnen, dass auch sie Teil einer Werbung für das Lebensmodell Einfamilienhaus mit klarer Rollenteilung sind. Denn woher sollen wir wissen, was die Männer und die Frauen der Steinzeit genau taten? Warum sollen Männer, die jagen gingen, nicht auch Früchte, Kräuter und Pilze gesammelt, und Frauen nicht bei der Einkesselung von Tieren geholfen haben? Jede Antwort darauf ist spekulativ. Die Neandertaler und Urzeitmenschen haben bekanntlich keine schriftlichen Quellen hinterlassen, nur Zeichnungen, deren Deutung nicht einfach ist, und Überreste, die auf gemeinsame Essen schließen lassen. Die eindeutigen Bilder, die die Zeichner vor allem im 19. Jahrhundert vom Familienleben der Steinzeit anfertigten, deuten eher darauf hin, dass damals gerade diskutierte Wohnformen des 19. Jahrhunderts in die Steinzeit zurückprojiziert wurden: Was im Langhaar-Fell-Kostüm aus der Höhle schaut, sind die Hausbewohner des 19. Jahrhunderts.

Nun ist das Einfamilienhaus keine Erfindung des 19. Jahrhunderts. Häuser, in denen nur eine Familie wohnt – Vater, Mutter und ein oder mehrere Kinder – hat es immer gegeben, schon im antiken Ostia wohnte man bis zum Beginn der großen Bauprogramme zu Beginn des 2. Jahrhunderts nach Christus im Domus, einem Privathaus, das in der Regel nicht mehr als zwei Stockwerke besaß und von nur einer Familie bewohnt wurde.[4]

Aber diese Häuser waren ein Wohnmodell unter vielen, und der Normalfall waren sie nicht: Es dominierte das sogenannte »Ganze Haus«, in dem Großfamilienverbände wohnten. Auf Gehöften lebten Bauern, Knechte, Mägde, Alte und Kinder auf engem Raum zusammen, in Burgen und Schlössern oft einige Dutzend Menschen in einem Gebäude. Erst im Moment der Ausdifferenzierung einer bürgerlichen Lebenswelt beginnt die kampagnenartige, moralisch und biologisch argumentierende Idealisierung des Einfamilienhauses und der darin lebenden Kleinfamilie zur einzigen dem Menschen angemessenen Wohn- und Lebensform.[5]

Jürgen Habermas hat die Schrumpfung des »Ganzen Hauses« im »Strukturwandel der Öffentlichkeit« beschrieben – »Die großfamiliale ›Öffentlichkeit‹ der Wohnhalle, in der die Frau des Hauses an der Seite des Hausherrn vor Gesinde und Nachbarschaft repräsentiert, weicht der kleinfamilialen des Wohnzimmers, wo die Ehegatten mit ihren unmündigen Kindern sich vom Personal absondern. Hausfeste werden zu Gesellschaftsabenden«.[6]

Die frühen Darstellungen der Urzeit liefern ab Mitte des 19. Jahrhunderts die Biologisierung dieses politisch gewollten kleinfamiliären Lebensentwurfs, der dem Mann die Rolle des arbeitenden Ernährers und der Frau die Rolle der Hüterin des Heims zudenkt.

Es sei nun mal biologisch so, lautet das Gegenargument, dass ein Mann und eine Frau ein Kind bekommen, daher sei dies eben doch die Keimzelle. Was aber kein Argument für die Form ist, in der die Dreierkonstellation dann leben muss – im Gegenteil: Warum soll diese biologische Tatsache ein Grund dagegen sein, dass das Kind in einem großen Garten mit anderen Kindern aufwächst, deren Eltern mit ihren Freunden die Wohneinheiten nebenan bewohnen? Warum soll man in den Städten nicht genau solche neuen Dörfer bauen, offene Strukturen, Wohnlandschaften, Gehöfte? Schon gegen Kindertagesstätten wurde mit ähnlich biologistischen Argumenten gewettert. Aber ob eine Kita ein freudiger Ort für gemeinsame Abenteuer oder ein öder Raum voller gelangweilter, neonlichtbestrahlter kleiner Menschen ist, die auf müffelnden Stofftieren sitzen, hängt von den Erzieherinnen und Erziehern und den Arbeitsbedingungen ab, die man ihnen einräumt.

Das Einfamilienhaus und die Bilder vom Höhlenmenschen, die zur gleichen Zeit entstanden, sind Teil einer Bildargumentation, die Geschichte zu Natur macht. Eine Folge ist der Glaube, dass das Leben als Familie in einem Haus oder einem Apartment die natürliche Form des Wohnens sei.

Es ist aber eine relativ junge historische Entwicklung, Menschen in Gruppen von isolierten Kleinfamilien zu organisieren und sie als angebliche Keimzelle der Gesellschaft unter den besonderen Schutz des Gesetzes zu stellen und in Wohnungen und Einfamilienhäuser zu stecken, die der Mann verlässt, um zu arbeiten, während zuhause eine Person allein für Kinderbetreuung und Haushalt verantwortlich ist – die Frau. Vor der Industrialisierung war der Regelfall die Großfamilie, die Dorfgemeinschaft, noch früher die Horde, deren Existenz man sich, wenn man Paläoanthropologen glauben darf, auch nicht als ein Leben in unförmigen Reihenhaushöhlen mit Grillfeuern im Vorgarten vorstellen sollte.

Es ist vielleicht kein Zufall, dass die Vorstellung vom Leben in der Steinzeit, von jagenden Männern und sammelnden und höhlenhütenden Frauen, zur gleichen Zeit entsteht wie die erste große Welle von Einfamilienhäusern, die im Zuge der Industrialisierung gebaut werden.

Diese Häuser waren nicht sonderlich beliebt; die Arbeiter zogen das Leben in der Großfamilie vor, die auf Krankheitsfälle und Verdienstausfall, Kinderbetreuung und Nahrungsversorgungsfragen besser vorbereitet war. Dass sich das Einfamilienhaus trotzdem durchsetzte, war auch das Werk von William Cobbett.

»Cottage Economy« und die Folgen
Die Ideologiegeschichte des kleinfamiliären Wohnens

Cobbett wurde 1763 im britischen Farnham als Sohn eines Farmers und Gastwirts geboren. Er siedelte 1792 in die Vereinigten Staaten über, wo er Schmähschriften gegen andere Engländer verfasste, die auf die Seite der französischen Revolution wechselten, was ihm die Sympathien der britischen Vertreter einbrachte, die ihm sogar Geld anboten, um weitere Polemiken unters Volk zu bringen. Cobbett lehnte ab, hängte aber aus Freude an der Provokation ein Porträt des britischen Königs Georg III. ins Fenster, geriet mit Kritikern der Monarchie aneinander und musste schließlich fünftausend Dollar Strafe zahlen, kehrte nach England zurück, wo er das konservative »Political Register« herausgab und gegen den Friedensvertrag von Amiens polterte, bis er wegen obrigkeitsbeleidigender Äußerungen ins Gefängnis gesteckt wurde. Ein paar Jahre später setzte er sich für eine Parlamentsreform und ausgeweitete Rechte für die Arbeiterklasse ein, und damit die sich mit seinen Thesen auch beschäftigen konnten, verkaufte er seine Zeitung statt für zehn für bloß zwei Cent, verkaufte daraufhin rund 40 000 Exemplare und galt nun als Sprachrohr der Arbeiterklasse, was ihn zu einer erneuten Flucht nötigte – wieder nach Amerika. Cobbett war bis zu seinem Tod 1835 eine widersprüchliche Figur: Auf der einen Seite ein protosozialistischer Sozialreformer, der uneingeschränktes Wahlrecht, Gedankenfreiheit und ausreichenden Lohn für alle Arbeiter fordert, auf der anderen Seite ein nussknackerhaft grimmiger Konservativer, dem alles als Übel erschien, was vom vorindustriellen Lebensmodell abwich, und der ausufernd gegen »falsche Vornehmheit« und Wohnzimmer, die in »Salon« umgetauft und mit Klavieren bestückt wurden, polemisieren konnte. Von der Lohnarbeit und ihren Folgen sah Cobbett vor allem das patriarchalische Familienmodell bedroht: »Frauen sollten nicht unabhängig handeln und auch nicht wählen können, denn die ›Natur ihres Geschlechts‹ macht die Ausübung dieses Rechts unvereinbar mit der Harmonie und dem Glück der Gesellschaft.‹«

Eine der für die Geschichte des Wohnens in der Moderne einfluss-
reichsten Schriften ist dabei William Cobbetts 1822 erschienenes Pam-
phlet »Cottage Economy«. In ihm erklärt er unter anderem, wie man

Bier braut, in der Hoffnung, dass selbstgebrau-
tes Bier Männer veranlasse, zuhause zu trinken
und nicht in den Wirtshäusern zu politisieren.
Cobbetts Ideal ist, wie die Historikerin Catherine Hall schreibt,[7] der »Arbeiter, der an einem
kalten Winterabend nach des Tages Müh und
Plage mit Frau und Kindern um ein lustig knis-
terndes Feuer sitzt, während der Wind im Kamin heult und der Regen aufs Dach prasselt.«[8]
Solche Bilder finden sich wenig später auch in den Illustrationen zur Frühgeschichte des Menschen: Der Vater kommt müde von der Jagd, die Frau
hat die Höhle gefegt, nun sitzt die Kleinfamilie am Feuer; die frühe Ikono-
graphie der Urzeitforschung lieferte mit der suggestiven Rückprojektion
eines gesellschaftlichen Entwurfs in urvordenkliche Zeiten das biolo-
gistische Bildmaterial zur Rechtfertigung von Cobbetts Thesen nach.

Diese Rückprojektion eines aktuellen Lebensentwurfs in Steinzeit-
Kulissen wurde aber nicht als Kuriosum, sondern als Bestätigung wahrgenommen, dass es schon immer so war: die politische Ansicht, eine
Gesellschaft habe in nukleare Kernfamilien sortiert zu werden, die in
Einfamilienhäusern wohnen, wurde in suggestiven Bildern zu unhinterfragbaren, überzeitlich gültigen Wahrheiten des Menschseins ver-
klärt.

Die Kleinfamilie in der Höhle ist ein Fall jener Mythologisierungen,
die Roland Barthes in den »Mythen des Alltags« beschrieb, wo er My-
thenbildung definiert als bewussten »Verlust der historischen Eigenschaft der Dinge«: indem man »von der Geschichte zur Natur« überge-
he, schaffe man die »Komplexität der menschlichen Handlungen ab
und leiht ihnen die Einfachheit der Essenzen«.[9] Der Mythos »entzieht
dem Objekt, von dem er spricht, jede Geschichte«,[10] schreibt Barthes; so
konnte das Einfamilienhaus und die damit verbundene Aufteilung der
Geschlechterrollen, die im 19. Jahrhundert von konservativen Sozial-

reformern und Industriellen erwünscht wird, als bloß zeitgemäße Ausformung eines menschheitsgeschichtlichen Wunsches erscheinen.

Mit Verweis auf Evolutionstheorie und die junge Paläoanthropologie wird das Bild vom Mann, der Mammuts oder Geld jagt, während die Frau daheim bleibt und die Höhle dekoriert, zur anthropologischen Konstante erklärt. Von solchen Biologisierungen war der Architekturdiskurs nie frei – und ist es heute noch nicht.

»Das Ideal von männlichem Auskommen und weiblicher Abhängigkeit, das in der Kultur des Mittelstands längst eingebürgert war«, schreibt Catherine Hall, sollte nun »auch in die Lebensgewohnheiten der Arbeiter Eingang finden«. Staat, Mittelstand und Arbeiterklasse verständigten sich, Frauen »auf Hauswesen, Ehepflicht und Mutterschaft zu vereidigen«[11] – und der Verweis in die Steinzeit, wo es angeblich auch schon so gewesen sei, war eine willkommene Abkürzung aller weiteren Diskussionen.

Auf ähnliche Weise werden in der Literatur des ausgehenden 18. und frühen 19. Jahrhunderts aktuelle Gesellschaftsmodelle in menschheitsgeschichtliche Konstanten verwandelt – am bekanntesten ist Schillers »Glocke«, wo es heißt, der Mann müsse »hinaus ins feindliche Leben«. Die Trennung der Handlungsfelder in eine öffentliche und eine private Sphäre geht bei Schiller einher mit einer sehr deutlichen Zuweisung, wer sich wo aufzuhalten habe; der Knabe »stürmt ins Leben wild hinaus«, drinnen »waltet die züchtige Hausfrau«.

Noch heute projizieren Kinderbücher über die Steinzeit und die Neandertaler aktuelle Rollenmodelle in die frühe Entwicklungsphase des Menschen zurück: In Jean-Laurent Monniers Kinderbuch »Die Menschen der Vorgeschichte« von 2002 wird das Leben einer Gruppe von Homini erecti an der heutigen Cote d'Azur beschrieben.[12] Nackte, bärtige Männer fischen mit Speeren, in einem hüttenartigen Unterschlupf aus Holz rösten die Mädchen den Fisch über einem Feuer; in Marylène Patou-Mathis' Buch über die Urgeschichte[13] kommt der Mann vom

Fischejagen, die Frau trägt Beeren in der Schürze; die Männer führen Verhandlungen, während die Frauen ängstlich hinter einem Fellvorhang hervorlugen, der den Höhleneingang versperrt.[14] Bei genauerer Betrachtung sind es unlogische Bilder – warum soll die Frau nicht ebenfalls im Bach mit dem Speer Fische jagen, warum sollte der Mann auf seinem Heimweg von der Mammutjagd die Beeren stehen lassen? Dass die frühen Menschen überhaupt in Höhlen hausten, wird mittlerweile ebenfalls bezweifelt, denn zum Wohnen sind sie zu feucht und kalt: Vermutlich zog man sich nur vorübergehend, zum Schutz vor Gewittern oder, wie in Lascaux, zu rituellen Zeremonien dorthin zurück.

Aber gegen welches Lebensmodell richtete sich die Kampagne für das Einfamilienhaus im 19. Jahrhundert, die auch mit Verweis auf die Natur des Menschen und seine Vorgeschichte geführt wurde?

Nun ist auch die Festlegung der Frau auf eine Rolle als Hüterin des Hauses keine Erfindung des 19. Jahrhunderts. Das antike Athen hielt den Straßenraum für eine ausschließlich Männern vorbehaltene Zone, Frauen durften allenfalls einkaufen gehen und hatten danach wieder in den Innenhöfen zu verschwinden. Xenophon schreibt in seinem Buch über den Haushalt (*oikonomikos 7,30*): »Für die Frau ist es besser, im Haus zu bleiben, als auf das Feld gehen, für den Mann ist im Haus zu bleiben dagegen schimpflicher als sich um die Arbeit draußen zu kümmern«.[15] Aber dennoch arbeiteten im vormodernen Haus, in der Bäckerei oder auf dem Bauernhof, Frauen und Männer in engem Kontakt zusammen. Diese Nähe fiel erst mit der Lohnarbeit, dem Arbeiten außer Hauses weg. Der Mann ging jetzt, die Frau blieb. Die zeitgenössische Urgeschichts-Bildproduktion bestätigte diesen neuen Zustand als biologische Gegebenheit.

Das kleinere, bescheidene Einfamilienhaus, mit dem sich die Kernfamilie konstituiert und konsolidiert, war dabei auch – vor allem bei konservativen Sozialreformern wie Cobbett – eine Kampfansage an eine verschwenderisch auftretende neue Machtkaste, die sich mit Klavierunterricht und der Umbenennung des Wohnzimmers in Salon den Wohnformen des Adels anzupassen versuchte.

Das Einfamilienhaus ist also zunächst vor allem ein moralisches Projekt gewesen. Es wird zum architektonischen Signet jenes Bürgertums, dessen Definition noch Ende des 18. Jahrhunderts nur *ex negativo* gelang – im Preußischen Landrecht von 1794 umfasst der Bürgerstand alle diejenigen, die »weder zum Adel noch zum Bauernstande gerechnet werden können«.[16] Eine solche unscharf umrissene Gruppe brauchte klare Symbole, und das Einfamilienhaus wächst in den folgenden Jahrzehnten zum Epizentrum bürgerlicher Lebensführung heran.

»Neben vielen anderen Elementen der bürgerlichen Kultur war eine ›Erfindung‹ für den Lebensalltag der Menschen von besonders entscheidender Bedeutung: die sich durchsetzende Vorstellung, dass ein ›trautes Heim‹ die emotionale Lebensmitte der Familie sein solle – eine Insel vollständiger Privatheit und Geborgenheit«, schreibt Jürgen Reulecke. »Als erstrebenswertes Ziel begann dieses Leitbild immer mehr Menschen zu beherrschen, und zwar ausdrücklich klassen- und schichtenübergreifend.«[17]

Das Einfamilienhaus wurde in der Folge, was heute jenseits des Zuhauses der Yogakurs ist: eine Einrichtung, die gleichzeitig Ort der Erholung vom beschleunigten Arbeitsleben und der inneren Stählung für dasselbe zu sein hat. »Um sich in der Welt zu erhalten und dort seine Aufgaben erfüllen zu können, braucht der Mensch einen Raum der Geborgenheit und des Friedens, in den er sich zurückziehen, in dem er sich entspannen und wieder zu sich kommen kann, wenn er sich im Kampf mit der Außenwelt aufgerieben hat«, schreibt Otto Friedrich Bollnow[18] noch im Jahr 1963.

In dieser Beschreibung aus dem 20. Jahrhundert offenbart sich ein grundlegender Wandel der Erwartung an das Wohnen. Das Haus als Rückzugsraum aus dem Arbeitsalltag und als Insel des Friedens zu definieren, wurde erst möglich, nachdem die Funktionstrennung von Arbeits- und Schlafplatz vollzogen war – und das Arbeiten als etwas Entfremdetes definiert wurde, von dem man sich zu erholen und getröstet zu werden hatte.

Ein Bauer oder ein Schreiner, der seine Werkstatt in einem Haus hatte, wo Wohnen und Arbeiten ineinander übergingen und auch keine Ladenschlusszeiten galten, dürfte Probleme mit dieser bürgerlichen

Sicht auf Arbeit und Wohnen haben; das Arbeiten war für ihn Teil des Wohnens im althochdeutschen Sinn des Worts als *wuan,* was nicht nur »da bleiben«, sondern auch »zufrieden sein« heißt.

Nach der gescheiterten Revolution von 1848 findet ein Rückzug des Bürgertums ins Innere statt. » Das traute Heim wurde zu einer großartig inszenierten Ersatzwelt für die nicht erreichte soziale Harmonie und den nicht erreichten sozialen Frieden hochstilisiert«; der Mikrokosmos der bürgerlichen Wohnung sei gleichzeitig mehr als nur eine Welt depressiver Immersion gewesen – nämlich ein »Modell, das seinerseits auf das Zusammenleben der Menschen in der Gesellschaft einwirken solle«.[19]

Kollektives Wohnen oder Einzelhaus?
Zur Vorgeschichte einer Debatte

Mit der Industrialisierung spitzte sich das Problem zu, die Arbeiter unterzubringen – auch damit sie nicht revoltierten. Cobbetts Hüttentheorie zielte unter anderem auf Strategien, soziale Unruhen zu vermeiden. Das Argument, ein eigenes Haus halte den Arbeiter mit kleinen Freuden und Sorgen beschäftigt, zieht sich als roter Faden durch die Argumente seiner Verfechter. In seiner Untersuchung über den Beginn des systematischen Einfamilienhausbaus im Frankreich des 19. Jahrhunderts zitiert Roger Henri Guerand den Ingenieur Émile Cheysson: »Ein kleines Häuschen mit Garten macht aus dem Arbeiter das Familienoberhaupt, das diesen Namen wirklich verdient, einen moralischen und umsichtigen Mann, der Wurzeln geschlagen hat und Autorität über die seinen besitzt. Bald ist es er, der vom Haus ›besessen‹ wird: es versittlicht ihn, lässt ihn sesshaft werden und macht einen anderen Menschen aus ihm.«[20] Auch der katholische Sozialpolitiker Armand de Melun (1807–1877) argumentiert, der Besitz eines Einfamilienhauses mache den Arbeiter »ordentlicher und fleißiger, hält ihn von üblen Zerstreuungen fern und bindet ihn an den häuslichen Herd, wo er seine Mußestunden nützlich im Schoße seiner Familie« verbringe.[21] In Deutschland fordert Alfred Krupp 1877 seine Arbeiter ganz in diesem Sinne unverhohlen deutlich auf, zuhause zu bleiben: » Das Politisieren in der Kneipe ist nebenbei sehr theuer, dafür kann man im Hause Besseres haben. Nach gethaner Arbeit verbleibt im Kreise der Eurigen, bei der Frau, den Eltern und den Kindern. Da sucht Eure Erholung, sinnt über den Haushalt und Erziehung. Das und Eure Arbeit sei zunächst und vor allem Eure Politik. Daher werdet ihr frohe Stunden haben.«[22]

Philanthropisch veranlagte Fabrikbesitzer hatten schon um 1840 in Europa erste Formen von Werkswohnungen errichten lassen. In Büdelsdorf bei Rendsburg wurden für die Firma Carlshütte kleine, im Schnitt dreißig Quadratmeter große Werkswohnungen in kleinen Häusern mit Küche, Stube und Kammer, Dachgeschoss und Nutzgarten errichtet. Das Gegenmodell zu dieser Siedlungsform waren Kollektivbauten: Im holsteinischen Gutsbezirk Schönweide wurde für die Landarbeiterfamilien eine Vierwohnungskate errichtet – ein neun Meter breites und zwanzig Meter langes Gebäude, in dem zwanzig bis dreißig Menschen in vier Wohnungen à 45 Quadratmetern untergebracht waren.[23]

Zentral in der ideologischen Debatte um Wohnformen für die Massen im 19. Jahrhundert ist der frühsozialistische Gesellschaftstheoretiker Charles Fourier. 1772 als Sohn eines wohlhabenden Tuchhändlers geboren, verlor er während der französischen Revolution sein Vermögen und wurde unter anderem mit Veröffentlichungen zur »Universalen Harmonie« sowie einer »Berechnung der sozialen und erotischen Anziehungen« bekannt: Fourier galt als schrullig, er lebte in Wohnungen, die er mit Zimmerpflanzen in eine Art begehbaren Dschungel verwandelte und wartete täglich auf das Eintreffen eines Gönners, der ihm die Arbeit an seinem Hauptwerk, dem Phalanstère[24] ermöglichte. Dieses sogenannte Phalansterium war eine Art Volkspalast, eine Wohnanlage für 1620 Menschen auf dem Grundriss des Schlosses von Versailles. Im zentralen Flügel sollten der kollektive Speisesaal und eine Bibliothek eingerichtet werden sowie ein Wintergarten (Fourier war besessen von der Idee, die Jahreszeiten auszuhebeln und jederzeit draußen zu sein, auch wenn man drinnen war; seine Wohnungen waren ein Beweis für diese Obsession). In den Seitenflügeln sollten sich Produktionsstätten und Wohnungen finden.

Der Einfluss dieser Idee einer Kollektivwohnanlage findet sich noch in den utopischen Kommunen des 20. Jahrhunderts, etwa auf dem Monte Verità, in verschiedenen Kibbuz-Bauten und sogar im Bauhaus in Dessau: Auch dort ist das Zentrum der Anlage nicht, wie in Kunst- und Architekturschulen sonst üblich, der Zeichensaal, sondern der Speisesaal, die Mensa und eine Aula. Die Fiktionalisierung des Lebens, das Öffentliche als Bühne und eine kollektive Speisehalle stellen wie in einem Phalansterium das Zentrum des Bauhauses dar; der Werkstättentrakt und die Wohnzellen des Atelierhauses sind in den anderen Armen des Baus untergebracht.

Die Architektur für das Kollektiv beschränkt sich bei Fourier nicht auf formale Maßnahmen. Nicht nur die Produktionsmittel, sondern auch die Körper sollten in Fouriers wüstem Architekturtraum dem Zugriff der Privatisierung entzogen werden: Ein zentraler Bestandteil seiner Theorie ist die freie Liebe. Was an Berichten über Ausschweifungen und Orgien am Hofe Ludwigs kolportiert wurde, sollte bei Fourier Grundlage einer neuen Gemeinschaft werden. Das Phalansterium war Versailles fürs Volk – inklusive der Ausschweifungen.

Fouriers zentrales Feindbild war also nicht der Absolutismus des Ancien Régime, sondern die nach seiner Abschaffung einsetzende bürgerliche Privatgesellschaft. Alles, was das sich formierende Bürgertum an Formen und Werten hervorbrachte, erzürnte ihn, das Privateigentum, die Unterdrückung der sexuellen Triebe, aber wenig konnte ihn so erbosen wie das »Tohuwabohu von Häuschen, die einander an Schmutz und Hässlichkeit überbieten«, die »Anhäufung scheußlicher Hütten«[25] – und die Lebensentwürfe, die darin gelebt wurden. »Harmonie entsteht nicht«, schreibt Fourier in »Aus der Neuen Liebeswelt«, »wenn wir die Dummheit begehen, die Frauen auf Küche und Kochtopf zu beschränken. Die Natur hat beide Geschlechter gleichermaßen mit der Fähigkeit zu Wissenschaft und Kunst ausgestattet.«[26] Wobei auch Fourier sein Gesellschaftsmodell mit Verweisen auf die Frühgeschichte des Menschen verankert – in »Die falsche Industrie« fordert er eine Art bedingungsloses Grundeinkommen für alle Bürger mit dem Argument, dass die Selbstversorgung ein menschliches Grundrecht sei, das »erste Naturrecht« auf Jagen und Sammeln in der Zivilisation aber verlorengegangen sei und von ihren Institutionen übernommen werden müsse.[27]

Der linksgerichtete Politiker und Utopist Victor Considerant (1808– 1893) greift Fouriers Ideen noch zu dessen Lebzeiten auf:[28] Considerant setzt sich energisch für den Bau von Phalansterien ein, die bis zu 3500 Menschen aufnehmen können – mit fließend warmem Wasser in jeder Wohnung, bezahlbaren Mieten und Zentralheizung. Ein Gemeinschaftsrestaurant soll preiswerte Mahlzeiten anbieten, die durch Großeinkäufe möglich werden.[29] Im April 1849 bringt Considerant als Abgeordneter einen Gesetzesentwurf in die Nationalversammlung ein, der den französischen Staat zum Bau einer Versuchskommune für fünfhundert Bewohner bei Paris verpflichten sollte, sein Vorstoß wurde aber schon im Vorfeld ebenso abgelehnt wie sein Engagement für ein Frauenwahlrecht.

Ein erstes Projekt mit Gemeinschaftsküche für fünfzehn Familien, von dem sich Fourier schnell distanziert, entsteht 1832 in Condé-sur-Vesgre, das Phalansterium *Colonie Sociétaire*, das nach nur vier Jahren vorerst wieder aufgelöst wird. Erfolgreicher ist schließlich der Industrielle Jean Baptiste André Godin, der in Guise im Département Aisne eine hochprofitable Fabrik für Öfen und Herde betrieb und sich als Philanthrop in den 1840er Jahren den Phalansterianern anschließt. 1853 investiert er einhunderttausend Francs, etwa ein Drittel seines damaligen Vermögens, um Considerant zu unterstützen, der nach dem gescheiterten Aufstand gegen Napoleon III. in die Vereinigten Staaten geflohen war und bei Dallas in Texas ein Phalansterium mit dem Namen »La Reunion« gründen wollte.[30] Das Projekt scheiterte dramatisch: Die angeworbenen Kolonisten kannten sich mit Landwirtschaft kaum aus, die Böden waren schlecht, nach einer Heuschreckenplage, die große Teile der Ernte vernichtete, löste sich die Kolonie nach nur einem Jahr auf.[31] Godin glaubt weiterhin an die Phalansterien. 1858 kauft er ein 18 Hektar großes Grundstück neben seiner Fabrik und entwirft selbst ein Phalansterium, das er »Familistère« tauft, 1865 ist der Bau fertig – und wird als Sensation gefeiert. Der Schriftsteller Eugène Sue setzt Godin in dem Roman »Le juif errant« ein Denkmal – dort errichtet der Industrielle Francois Hardy vor Paris ein Gemeinschaftshaus für verschiedene Lebensentwürfe, mit Einzimmerwohnungen für Alleinstehende und Dreizimmerwohnungen für Familien. Im realen Familistère gibt es überglaste Innenhöfe und in jeder Etage Wasser, eine Wäscherei, ein großes Schwimmbad mit beweglichem Boden, damit auch Kinder es benutzen konnten und einen Müllschlucker – eine Erfindung Godins.[32] Ein kollektiver Putzdienst sollte die Frauen von der Hausarbeit entlasten, eine Kinderkrippe sollte es Müttern ermöglichen zu arbeiten. Es gab kostenlose Medikamente und für einen Beitrag von ein bis zweieinhalb Francs im Monat eine medizinische Grundversorgung. Es gab eine kollektive Küche und eine Kooperative, die Lebensmittel günstig einkaufte – Godin versuchte damit, das System von Zwischenhändlern, die am Weiter-verkauf von Obst, Fleisch, Brot und Gemüse verdienten, auszuhebeln.

Den französischen Liberalen ist diese schöne neue Welt nicht geheu-er: Wie Roger Henri Guerrand in seiner Studie zum Familistère zeigt, fällt der Protest heftig aus. 1866 bemängelt Jules Moureau, dass die Ar-beiter nicht mehr »um ihren Erwerb kämpfen« müssen. Die Kinder-krippe bringe »die Arbeiterfrau um ihre schönsten Erfahrungen als Mutter«;[33] Fernand Duval kritisiert noch 1905, dass derartige Einrich-tungen »die Eigeninitiative lähmen«.[34] Auch Emile Zola besucht das Fa-milistère. In den Notizen für seinen Roman »Travail«, der 1901 erscheint, bemerkt er, es gebe in dem »Haus aus Glas« kein »Alleinsein, keine Frei-heit«, man finde, so zitiert Guerrand, zwar »Ordnung, Regeln, Komfort ja; aber der Wunsch nach Abenteuer, nach Gefahren, nach einem freien, ungebundenen Leben?«[35]

Selten prallte der aus einer ökonomisch gut abgesicherten Situation geäußerte Wunsch nach Selbstbestimmung, Gefahr und Abenteuer als zentralen Elementen eines Lebens auf die Vision eines angstfreien Le-bens im Kollektiv, selten das Beharren auf *privacy* und Selbstbestim-mung so deutlich auf die Idee einer solidarischen Kommune: Zwischen Godin und Zola verläuft die Linie, die bis heute den radikalliberalen vom kommunitaristischen Lebensentwurf trennt.

Das Gegenmodell zu Godins Familistère ist das Arbeiterdorf. Der Schokoladenfabrikant Émile Justin Menier baute 1874 für seine 1700 Ar-beiter eine Siedlung, die beides zu versöhnen versuchte: Es gab Gemein-schaftseinrichtungen, kollektive Speisesäle für die Arbeiter, Schulen, Kindertagesstätten, eine kostenlose Apotheke und Krankengeld für die Arbeiter – die hier allerdings in Zweifamilienhäusern untergebracht wurden. Auch dieser Siedlung wurde ein literarisches Werk gewidmet, der Roman »En Famille« des Erfolgsschriftstellers Hector Malot, der 1893 erschien.

Noch früher setzte sich in Deutschland die Skepsis gegen übergroße Kollektivbauten und Volkspaläste durch. 1845 schreibt der Herausgeber der »Zeitschrift für practische Baukunst«, Johann Andreas Romberg, »dass die unteren Klassen zu teuer und zu schlecht wohnten«, »aber das

Vorbild der »Casernen« tauge nicht, weil zu viele Konflikte zwischen den Parteien drohten, »speziell zwischen den Frauen bei der Nutzung von Waschräumen«, dazu sittliche Gefahren, denn man könne die Kinder beiderlei Geschlechts nicht mehr richtig beaufsichtigen; drittens verbreiteten sich in solchen Häusern ansteckende Krankheiten.[36]

Romberg schwebten stattdessen mittelgroße Bauten mit fünf bis sechs Wohneinheiten vor. »Diese kompromisshafte Idee«, schreibt der Architekturhistoriker Clemens Zimmermann, »tauchte auch später in der Baupublizistik auf, so 1873 beim Ingenieur Dittmar, der meinte, das Einfamilienhaus sei zwar das Ideal, aber aus Kostengründen sei man dazu gezwungen, Doppelhäuser oder Vierfamilienhäuser zu bauen.«[37]

Auch in der Literatur erscheint das Einzelhaus für die Kleinfamilie nun als Ideal. 1879 veröffentlicht Jules Verne einen seiner unbekannteren Romane, »Les Cinq-cent millions de la Begum«. In diesem Werk müssen sich ein französischer Arzt und ein deutscher Industrieller eine Erbschaft teilen. Beide legen das ererbte Geld an, um in Oregon – damals noch Teil des wilderen und äußersten Westens der Vereinigten Staaten, in dem noch kaum urbanisierten Bundesstaat am Pazifik – jeweils eine Idealstadt zu errichten. Der kriegstreiberische Deutsche, ein Mann namens Schultze aus Jena, lässt eine monströse Industrieanlage bauen, in der vor allem Kanonen und Kriegsgerät hergestellt werden. Die Arbeiter der Waffenfabrik leben in der »Stahlstadt, der deutschen Stadt«, über der feurige Blitze durch den Ascheregen zucken; ihre Häuser sind »winzig, einförmig und grau, aus vorfabrizierten Elementen, von einer Holzfirma aus Chicago geliefert«.[38] Friedlicher geht es in Dr. Octave Sarrasins »France-Ville« mit seinen »koketten, blendend weißen« Häusern zu;[39] jede Familie hat ein eigenes Haus, jedes Haus einen Vorgarten, die asphaltgedeckten Flachdächer werden als Terrassen genutzt, es gibt aus Hygienegründen keine Teppiche, das größte Zimmer ist das Schlafzimmer, alle Bewohner treiben Sport.[40]

Ökonomische Gründe für den Siegeszug des Einfamilienhauses

Ein erster Versuch, das Wohnungsproblem über kollektive Selbsthilfe zu lösen, waren in Deutschland die Baugenossenschaften des 19. Jahrhunderts. Wohnbaugenossenschaften erwarben in Hamburg um 1862, in Karlsruhe um 1870 gemeinschaftlich Grund und verkauften die darauf gebauten Häuser an ihre Mitglieder. Bis 1873 gab es 52 Baugenossenschaften. Seit 1889, mit der Novelle des Genossenschaftsgesetzes, wurde die Haftung auf 100 Mark limitiert, und die Mitglieder konnten günstige Kredite der Landesversicherungsanstalten in Anspruch nehmen, mit denen »dauernd gesunde und billige Wohnungen« gefördert werden sollten.[41]

Für Investoren war das Gegenmodell des Einfamilienhauses interessanter. Der Fabrikant Jean Zuber legte der Société Industrielle de Mulhouse schon 1832 ein Thesenpapier zu einem Musterhaus für Arbeiter vor. Man lehnte Kollektivwohnanlagen prinzipiell ab: »Die Unterbringung zahlreicher einander unbekannter Familien unter einem Dach« könne zu »ernsthaften Spannungen« führen. Am 30. November 1853 wurde, mit einem Startkapital von 300 000 Francs, die Société Mulhousienne des Cités Ouvrières gegründet; zehn Jahre später waren 560 Häuser mit Küche und Wohnzimmer im Erdgeschoss sowie drei Schlafzimmern und Toilette im ersten Stock entstanden, von denen 488 zu Preisen zwischen 1850 bis 2800 Francs verkauft worden waren. 1867 waren es schon sechshundert Häuser, 1895 wohnten zehn Prozent der Stadtbevölkerung in den dann 1240 Häusern, an denen die Investoren gut verdienten.[42] Es gab, als letztes Überbleibsel phalansteristischer Ideen, ein öffentliches Restaurant, wobei verheirateten Arbeitern »nachdrücklich vom Besuch« desselben und den »eitlen Zerstreuungen der Gemeinschaftstafel« abgeraten wurde;[43] die Idee des privaten Daseins im Einfamilienhaus dominierte.

Schon hier zeigte sich ein grundlegendes Problem des Einfamilienhauses. Während Investoren der Société Mulhousienne des Cités Ouvrières an den Häusern ebenso wie die Bauunternehmen gutes Geld mit den Arbeiterhäusern verdienten, mussten die Frauen und Kinder der Arbeiter oft für die monatlichen Rückzahlungen mitarbeiten, da die Gehälter allein nicht gereicht hätten.[44]

Die neuen Einfamilienhäuser der einfachen Leute, die Zola in seinem Roman »Travail« literarisch idealisiert, waren im realen Leben mit großen Opfern erkauft: Die unbesorgte Kindheit, die ihre Gärten versprachen, wurde vom Albdruck jener überhöhten monatlichen Kosten zerstört, in denen sich auch das Profitstreben der Baugesellschaften niederschlug; wer hier einzog, dem dürfte der von Zola eingeforderte Sinn für Abenteuer, Gefahren und ein freies, ungebundenes Leben gründlich vergangen sein.

Mit Sprengstoff gegen das Kollektiv
»The Fountainhead« und die Verteidigung des Einfamilienhauses

1949 verfilmte King Vidor Ayn Rands Architektenroman »The Fountainhead« mit Gary Cooper in der Rolle des unbeugsamen Architekten Howard Roark. In dem Film, der in Deutschland unter dem Titel »Ein Mann wie Sprengstoff« in den Kinos lief, kommt es zu einer der längsten Verteidigungsplädoyers der Filmgeschichte: Howard Roark hat zusammen mit seiner Geliebten, der Architekturkritikerin Dominique Francon, eine Sozialbausiedlung in die Luft gesprengt, weil sie nicht seinem ursprünglichen Entwurf entsprach. In seiner Verteidigungsrede hält er ein flammendes Plädoyer gegen den dumpfen Kollektivismus und für die Souveränität des Individuums; kulturelle Höchstleistungen seien nie das Ergebnis von Kollektiven, sondern von brillanten Einzelgenies, die das Recht hätten, ihre Brillanz gegen die einebnende Wirkung kollektiver Entscheidungen zu verteidigen.

Es gehört zu einer im Kern ähnlichen Rhetorik des Kalten Krieges, die endlosen Einfamilienhaussiedlungen, die nach 1945 in den westlichen Industrienationen entstanden, als Sinnbild einer demokratischen Grundordnung den dystopischen Plattenbaumonstren gegenüberzustellen, die die sozialistischen Regimes in den Ländern jenseits des eisernen Vorhangs hinterlassen haben. Der Kampf der Phalansterianer gegen die Einfamilienhausbauer, der utopischen Kollektivisten gegen die Vertreter einer in nuklearen Kernfamilien organisierten bürgerlichen Gesellschaft, fand hier seine dystopische Fortsetzung: In den unmenschlichen Betonregalen des Ostens und der sozialen Vereinsamung des Suburbia-Bewohners in den pendlerstaugeplagten Agglomerationen der westlichen Länder.

Freiheit oder Sozialismus war eine Gleichung, die sich, zumindest in westlicher Sicht, auch in der bevorzugten Wohnarchitektur der Großmächte niederzuschlagen schien. Entsprechend kritisch fallen die Reaktionen noch heute auf alle Ideen kollektiven Wohnens aus; zu lebendig ist auch das Bild hippiesker Wohnkommunen der siebziger Jahre, in denen sich oft mehr als ein Dutzend Bewohner in heruntergekommenen Altbauwohnungen eine Küche und eine Toilette teilten. Umso interessanter ist es, dass seit einiger Zeit, vor allem in Japan, Architekten auftreten, die jenseits dieser ideologischen Gräben eine neue Form von kollektiver Wohnutopie entwerfen, die, anders als früher, auch das Recht auf Privatheit, Rückzug, das Eigene mitbedenkt.

Kapitel 6

Nach dem Haus,
jenseits der Kleinfamilie

Die neuen Kollektive

Tokio, Moriyama House (Ryue Nishizawa, Büro SANAA)

Manifeste für das postfamiliäre Wohnen
Tsukamoto und Yamamoto

Ein Mensch geht zur Schule, lernt einen Beruf, sucht sich einen Partner, bekommt zwei Kinder, baut ein Haus für vier Personen, aus dem er irgendwann tot wieder herausgetragen wird: Dies war der Lebensentwurf, der die Siedlungsarchitekturen der Vorstädte des 20. Jahrhunderts geprägt hat. Es war der eigentliche Entwurf hinter der Doppelhaushälfte: das Bild einer Gesellschaft, die sich aus isolierten drei- bis fünfköpfigen Kleinfamilienzellen zusammensetzt. Es war der Plan, um den herum die Vorstadt organisiert wurde, bis es schließlich schien, als sei das Leben mit Partner und Kind und Großraumlimousine im 160-Quadratmeter-Haus eine Naturgegebenheit und keine soziologisch und bauhistorisch relativ junge Wohnform, die angesichts der ökologisch, ökonomisch und demographisch angespannten Situation an ein baldiges Ende zu kommen droht.

Heute stellen Familien längst nicht mehr die Mehrheit der Bevölkerung: Nach Erhebungen des Statistischen Bundesamtes wird der Anteil der kleinen Haushalte mit ein oder zwei Personen von heute etwa 74 Prozent auf 81 Prozent im Jahr 2030 steigen. Besonders in Städten stellen Singlehaushalte schon heute die Mehrheit – in Hamburg gehen die Statistiken von bald 55 Prozent aus, in Berlin sogar von 58 Prozent.[1] Nur: In der Baupolitik bildet sich diese gesellschaftliche Entwicklung kaum ab. Deshalb haben die Formen, die den Bewohnern einer Stadt angeboten werden, immer weniger mit dem Leben zu tun, das in ihnen stattfindet: Der Rentner vereinsamt in der zu großen Familienwohnung, die Alleinerziehende findet keinen angemessenen Ort, an dem sie ihre Kinder in einen Hof zu den anderen Kindern lassen kann, und nur allmählich wächst die Einsicht, dass man das Wohnen auch jenseits aneinandergepappter Kleinfamilienzellen organisieren könnte. Eine mögliche Wohnform hieß einmal Großfamilie, dann – mit ideologisch statt biologisch einander verbundener Besetzung – »Wohngemeinschaft«, beides hatte Nachteile in der repressiven sozialen Kontrolle, die diese Kollektive ausübten. Wäre eine andere Form von kollektivem Wohnen möglich?

Vor allem in Japan werden in einem erstaunlichen Takt Traktate gegen das Einfamiliendasein verfasst. Erst um 1920, mit dem Aufkommen der modernen Kleinfamilie, seien in Japan Einfamilienhaussiedlungen amerikanischer Prägung entstanden, schreibt der Architekt und Theoretiker Yoshiharu Tsukamoto, der das Architekturbüro Bow Wow betreibt. »Jede Familie kaufte sich eigene elektronische Geräte, Autos und Kleidung, die Zahl der Konsumenten wuchs schon allein durch die Notwendigkeit, alle diese Dinge jeweils einzeln zu kaufen.« Seither werde ein Großteil aller Gehälter für Miete oder Immobilienkredite, Autos und Einrichtung ausgegeben. Das Haus wurde außerdem »zunehmend zur Domäne der Kernfamilie und nach außen abgeschottet: Gäste wurden nicht mehr zu Hause empfangen«. Die Folgen, so Tsukamoto seien ökonomisch wie sozial fatal, weswegen »der Fokus des Wohnbaus auf gemeinschaftliche und kollektive Aspekte zurück« gelenkt werden müsse. Sein Traktat soll nicht weniger als ein Manifest sein für eine neue Form von Kollektivität. Aber zu welchen Formen soll das führen?

Tsukamoto schwebt ein grundlegender Umbau nicht nur der sozialen, sondern vor allem der architektonischen und urbanistischen Strukturen vor. Statt eine Stadt in Straßen, Plätze und Wohnungen zu unterteilen, sollen neue Zonen entstehen: Häuser wie kleine Städte, in denen acht Kinder aus vier Wohneinheiten in einer geschützten Hoflandschaft spielen können, Mikrodörfer, in denen der Rentner, die anderen Kinder, die alleinstehende Grafikerin eine Ersatzfamilie bilden für das Kind, dessen Vater von Montag bis Freitag in einer anderen Stadt arbeitet, den Witwer, den Besucher; Tsukamotos Stadt ist herumgebaut um eine neue Kultur der Gastlichkeit, der *Hospitality*.

Ein ähnliches Manifest verfasste der Architekt Riken Yamamoto. Sein »Community Area Model« wendet sich gegen die Ausrichtung des Massenwohnungsbaus auf die Unterbringung von Familien. »Die Standardisierung der Wohnungen«, schreibt Yamamoto, »führte zur Standardisierung der Familien, die sie bewohnen, oder, mit Foucault gesagt: Das Wohnen wurde zum Training und Diszplinierungswerkzeug zur Ausprägung einer Standardfamilie.«[2] Die Kleinfamilie wird durch die Häuser, die gebaut werden, zum Normalfall erklärt, abweichende Lebensmodelle zu Minderheitenphänomenen oder unnormalen Vorstellungen. Tatsächlich, so Yamamoto, widersprächen alle demographischen Daten dem »Eine Wohneinheit – ein Familie«-Konzept, die Baupolitik sei ein staatliches Versagen: In Tokio bestünde die Mehrheit der Haushalte aus maximal zwei, meist älteren Personen, denen die Isolation in Einfamilienhäusern oder Wohnungen zu schaffen mache. Im »Community Area Model« schlägt Yamamoto stattdessen offene Strukturen vor, in denen Wohneinheiten für Singles oder Paare eingefügt werden in eine Art Patchwork aus Arbeitsräumen, Büros, Tagesbetreuungseinrichtungen, restaurantartigen Kollektivküchen und loggienartigen halboffenen Räumen für mehrere Wohneinheiten, in denen man im Sommer gemeinsam grillen kann. In diesen neuen Clustern soll man in der Arbeitspause nach den Kindern oder den Eltern schauen oder Freunde auf parkartigen Dachlandschaften treffen können, die Gebäude passen sich den wechselnden Wohnbedürfnissen an: Die Trennung von Arbeiten und Wohnen ist so weit wie möglich aufgelöst, ein Raum kann zum Büro, zum Apartment für einen Freund, aber auch zur Werkstatt werden.

Was sich hier zeigt, ist das Gegenmodell zu den bekannten Versuchen, die Wohnungsfrage zu lösen. In sozialistischen, aber auch westlichen staatlichen Bauprogrammen wurde hauptsächlich Wohnraum geschaffen. Um diese Wohnregale herum stellte man dann Versorgungseinheiten auf: Eine Wäscherei, einen Einkaufsmarkt, Schulen, die Haltestellen, wo die Busse zur Arbeit abfuhren.[3] Die Unterbringung war gelöst, die Stadt, als Durcheinander von Arbeit, Wohnen, Konsum, Produktion, von ständigen Verdichtungen und Überlagerungen und Überschreibungen unterschiedlicher Tätigkeiten, als Kompression unterschiedlichster Lebensentwürfe war tot: auseinandersortiert in festgeschriebene Funktionen.

Yamamotos Urbanismus ist das Gegenmodell: Jedes seiner Kollektivhäuser enthält potentiell die ganze Komplexität der Stadt, alle Räume können anders genutzt werden, Läden können Wohnungen werden oder beides zugleich sein, ein Maß an Unkontrollierbarkeit und spontaner Wucherung ist nicht nur erlaubt, sondern gewünscht. Anders als

das kritisierte, weil in sich geschlossene, gegen die Außenwelt abgeschirmte »One House – one Family System« ist sein Modell ein offenes,
von den Bewohnern umnutzbares System, in dessen Verästelungen sich
immer neue Nutzungen einnisten können: Größere Familien können
mehrere Kuben zusammenlegen, die Räume dazwischen dienen als Be-
gegnungszonen, man kann Einzimmerapartments modular anfügen,
wenn Kinder oder Ältere dazukommen oder sich mehrere zu einer
Wohngemeinschaft zusammentun wollen. Auch können Werkstätten,
Kindergärten, Läden und Büros in den Boxen untergebracht werden –
oder auch unkonventionelle postfamiliäre Gruppen wie jenes Kombi-
nat von älteren, nonkonformistischen japanischen Damen, die in der
Politik oder als Künstlerinnen aktiv waren und beschlossen hatten, zusammen alt zu werden. Für sie baute die Architektin Moriko Kira eine
neuartige Mischung aus großem Einfamilienhaus und Apartmenthaus
mit zehn Wohnungen, die alle eine kleine Küche und ein kleines Bad
haben – und dazu ein gemeinsames Wohnzimmer, eine Großraumküche
und ein gemeinsames Bad.

Architekturen jenseits von Innen und Außen
Die Yokohama Apartments

In Japan führt das neue Interesse, das Private und das Öffentliche grundlegend neu zu organisieren, zu Räumen, die keiner Typologie zuzuord-
nen sind: Sie könnten ebenso Wohnzimmer wie Teil der Straße, ein
Platz mit einer Küche oder eine Küche ohne Wände sein. Das Architekturbüro On Design zeigt es mit seinen Yokohama-Apartments: Hier
führen mehrere Treppentürme aus einer zur Straße offenen Loggia zu
den Apartments hinauf, die mit Bad und Kochnische ausgestattet sind,
so dass die Bewohner in Momenten, in denen sie lieber niemanden sehen,
aber etwas essen möchten, nicht in der Gemeinschaftsküche erschei-

nen müssen. Die autonomen Kernzellen des Privaten, die es in WGs so nicht gab, hängen wie Baumkronen über einer offenen Ebene im Erdgeschoss, die der Ort des kollektiven Lebens ist. Hier finden Feste statt und Ausstellungen (mehrere Bewohner sind Künstler), es passiert etwas, was in den Denkkategorien europäischer Stadt- und Wohnvorstellungen allenfalls als surrealistischer Angsttraum denkbar war: Straße und Wohnraum werden eins, das Zimmer wächst in die Stadt. Man ist, aus einem Europa kommend, dessen populärer Diskurs über öffentliche Plätze sich auf die Frage beschränkt, wie man Gewaltakte und Vandalismus bekämpfen kann, erstaunt, dass diese Offenheit nicht missbraucht wird. Oft entsteht eine Feststimmung, eine gar nicht zwanghafte Idee von Kollektiv, die entfernt an die langen Gemeinschaftstafeln der Dorfgemeinschaften alter italienischer Bergdörfer erinnert – oder an die noch älteren Gelage der Antike, die Convivia, die eine öffentliche Angelegenheit waren und im zweiten und ersten Jahrhundert vor Christus immer ausuferndere Formen annahmen:[4] Plautus berichtet über herumlungernde Sklaven, die die Abwesenheit des Herren, der auswärtig speist, zu ihrem Vergnügen nutzen, Cicero berichtet von seinem Koch, dessen Leistungen er ausführlich preist.[5] Pompejis vornehme Privatküchen waren riesige Maschinen. »Es ging nicht darum, mit der Errichtung von Küchen einem gewachsenem Bedürfnis nach privater Abgeschiedenheit Rechnung zu tragen. Das gleichzeitige Nebeneinander von Küchen in den großen Domus und den über die gesamte Stadt verteilten Garküchen und kleinen Lokalen muss anders erklärt werden: Von den unterschiedlichen Einrichtungen wurde ein jeweils anderes Publikum bedient.«[6] Deshalb gab es in kleineren Häusern oft gar keine Küchen,

andererseits ist in Pompeji kein einziges luxuriöses Restaurant nachzu-
weisen; die führenden Familien bekochten sich gegenseitig in ihren
Häusern, die Armen trafen sich in den Garküchen.

Die Yokohama Apartments erfinden einen Gemeinschaftsraum jenseits solcher Zuordnungen: die Küche als tatsächliche halb öffentliche
Piazzetta.

Teilen
Die »Sharing Economy« und die neuen Wohnkollektive

Die Wohnungen werden leerer. Die Plattensammlung, das Adressbuch,
die Landkarten, die Fotoalben, die Kamera, die Spielesammlung ist auf
dem Smartphone verschwunden, die Aktenordner im Laptop, die Zeitschriften und Bücher auf dem E-Reader. Die Folgen dieser elektroni-
schen Entleerung für das Wohnen sind noch gar nicht angemessen analysiert worden. Dinge verschwinden aus dem Haus – nicht nur, weil sie
technologisch komprimiert, sondern auch weil sie nur noch geliehen
werden. In vielen Lebensbereichen entsteht eine neue Breitenkultur des
Teilens, die »Sharing Economy«.[7] Immer mehr Menschen verzichten
auf ein Auto und greifen auf Carsharing zurück: Das Mobiltelefon ma-
növriert den Carsharing-Abonnenten zu einem Leihwagen, der irgendwo in der Nähe parkt. Es gibt Leihfahrräder und Leihbörsen, bei denen
Bohrmaschinen und andere Haushaltsgeräte zu bekommen sind. Der
Zimmervermittler Airbnb, bei dem sich Privatpersonen listen lassen
können, die ihre Wohnung mit Fremden zu teilen bereit sind, hat die
Größe eines Hotelkonzerns angenommen: Sie verzeichnen 140 000 bis
200 000 vermittelte Übernachtungen täglich.[8]

Die Vorteile beim Teilen von Dingen sind eindeutig: Man zahlt nur, wenn man das Ding auch benutzt, was ökologisch und ökonomisch sinnvoll ist – Autos stehen meistens herum und produzieren Kosten, ein Carsharing-Auto ersetzt fünf Privatwagen.

Natürlich setzt das ein pragmatisches, kein ästhetisches Verhältnis zu den Dingen voraus. Interessant ist die Frage nach den Folgen der »Sharing Economy« dann, wenn man davon ausgeht, dass Identität auch über Objekte konstruiert wird; dass es ein Unterschied ist, ob man ein angestaubtes, schweres Fotoalbum, in das man vor Jahren Bilder einklebte, herausholt oder durch eine Facebook-Datei mit Fotos klickt, ob man am Wochenende mit einem albern beklebten Carsharing-Elektroauto zu einem nahen Badesee heraussirrt, oder mit dem eigenen Wagen, in dem noch der Staub des letzten Sommers auf dem Armaturenbrett liegt.

Was aber könnte die neue Kultur des Teilens für das Wohnen bedeuten? Die Frage, die dahinter steht, lautet, welche Form von Eigentum an Dingen und Raum für die Konstruktion von Identität wichtig ist, und welche Dinge und Räume der Welt des Sharing übereignet werden können – und so sogar mehr Raum für das eigentlich Wichtige lassen.

Kollektives Wohnen
Was ging schief?

Schon im 19. Jahrhundert, als sich das »Ganze Haus« allmählich auflöst und das Heim für die Kernfamilie zur herrschenden Wohnform wird, entstehen die ersten Wohngemeinschaften – womit alle Wohnverbände benannt werden, in denen sich Menschen, die keine Familie bilden, eine Wohnung teilen. In den Kriminalromanen von Arthur Conan Doyle leben Sherlock Holmes und Doktor Watson eher aus pragmatischen Gründen in einer Art WG zusammen. Im 20. Jahrhundert gibt es zwei grundsätzliche Formen von kollektivem Wohnen: Wohngemeinschaften, in denen sich Menschen zusammentun, deren Geld nicht für eine eigene

Wohnung reicht, und utopische Wohnexperimente, in denen sich Menschen zusammenfinden, die neue Formen des Zusammenlebens jenseits der dominierenden Kleinfamilienbehausungen ausprobieren wollen.

Dabei sind die Wohngemeinschaften der siebziger und achtziger Jahre den meisten, die sie erlebt haben, eher als Notlösung in Erinnerung, der man so bald wie möglich in Richtung einer eigenen Wohnung zu entkommen versuchte. Dass noch 2003 laut der 17. Sozialerhebung des Deutschen Studentenwerks fast ein Viertel aller Studenten in Wohngemeinschaften lebte, liegt vor allem an den für viele Studenten kaum bezahlbaren Preisen von Ein- und Zweizimmerapartments.

Die WG hat als Lebensform keinen guten Ruf: Abende in Küchen, in denen sich niemand für den langsam vor sich hinschimmelnden Abwasch interessierte, Wohnzimmer, in denen Arbeitsgruppen an obskuren systemkritischen Thesenpapieren arbeiteten, im Flur herumliegende Socken, die niemandem gehörten, Toiletten, die von acht Mitbewohnern benutzt, aber von niemandem gereinigt wurden – die meisten Wohngemeinschaften scheiterten am Schreckenspanorama von verklebten Töpfen, Haaren in der Wanne, verdreckten Toiletten und anderem Gemeinschaftsgut, für dessen Pflege sich keiner zuständig fühlte. Die Unbeliebtheit der klassischen WG ist für viele ein weiterer Beweis, dass sie ein ideologisch motivierter Irrweg der siebziger Jahre und die dem Menschen angemessene Wohnform das Einfamilienhaus oder die Einzelwohnung sei.

Scharfer Kritik waren auch die großen Reformwohnexperimente und Kollektivhäuser ausgesetzt, die vor dem Boom der Wohngemeinschaften an verschiedenen Orten zwischen dem Ersten und dem Zweiten Weltkrieg entstanden, zum Beispiel das Stockholmer Kollektivhuset.

Um zu verstehen, warum die meisten modernen Kollektivwohn-utopien scheiterten, und welches Potential gleichzeitig für eine neue öffentliche Baupolitik immer noch in ihnen steckt, lohnt sich ein genauerer Blick auf diese historische Kommunen.

Das Kollektivhuset

In Stockholm, in der John Ericsonsgatan Nummer 6 auf der Insel Kungsholmen, steht ein eigenartiges, rötlich gestrichenes Haus mit zellenartigen Balkonen. Entworfen hat es der schwedische Funktionalist Sven Markelius (1889–1972), eröffnet wurde es 1935, bewohnt von einer intellektuellen Elite von Psychoanalytikern und Pädagogen, Nobel-preisträgern wie dem berühmten Volkswirt-schaftler Gunnar Myrdal und seiner Frau, der Friedensaktivistin Alva Myrdal. Das Kollektiv-huset setzte Ideen um, die in den utopischen Gemeinschaftshäusern des 19. Jahrhunderts ihren Ursprung haben und in Schweden, wie Thomas Steinfeld in einem Essay zum Kollek-tivhaus bemerkt, einen direkten Vorläufer im Hemgarden fand – einem 1907 errichteten »Heimhof« auf dem Östermalm mit sechzig Wohnungen, die bereits über einen zentralen Reinigungsdienst sowie eine Gemeinschaftskü-che mit Essensaufzug verfügte.[9]

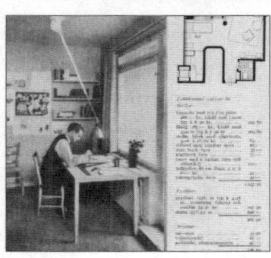

Das »Kollektivhuset« von 1935 sollte »eine Bastion der neuen Zeit innerhalb einer Gesell-schaft sein, die in ihren Konventionen gefangen war. Und wer immer darin wohnte, sollte in ei-nen großen, friedlichen und warmen Organismus aufgenommen werden, von dem er aufbrechen konnte, um einem neuen Menschen und einer gerechteren Gesellschaft den Weg zu bahnen«,[10] schreibt der 1937 geborene Staffan Lamm, der im Kollektivhaus seine Kindheit verbrachte. Markelius, der Architekt, plante 50 Kleinwohnungen, die auf das Notwendigste reduziert waren: Bett, Arbeitstisch, Schrank, ein, zwei Sessel, Bad, WC – ein luxuriöses Hotel eher als eine klassische Wohnung.[11] Im Erdgeschoss wurde ein zentraler Kinderhort, Reparatureinrichtungen, eine Wäscherei und eine kollektive Küche untergebracht, aus der Speiseaufzüge in die Wohnungen führten.

Die Idee war bestechend: Das Wohnen sollte von allen Ärgernissen, die vor allem die Frauen davon abhielten, berufstätig zu sein, freigehalten werden: Man musste nicht kochen, nicht Wäsche machen, man konnte sich, so das Versprechen, auf das Leben konzentrieren.

Viele Elemente, die auch die seit den zwanziger Jahren entstehenden klassischen Kibbuzim prägten – der zentrale Speisesaal, der »Chadar Ochel«, zentrale Wäschereien, die Auflösung der patriarchalisch organisierten Kleinfamilie, eigene Kinderhäuser – prägten auch den Entwurf des Stockholmer Kollektivhuset. Aber in Schweden scheiterte das Experiment: Autoren wie Staffan Lamm schreiben mit Bitterkeit von einer Kindheit unter ideologischem Reformdruck, viele Berichte über das Leben im Kollektivhuset lesen sich wie Schauerromane, nach deren Lektüre man sich postwendend in das heimelige rot-weiße Einfamilienholzhaus im Bullerbülstil fortsehnt. Die Kinder von hedonistisch kaltherzigen Eltern abgeschoben im Hort, die Bewohner gefangen in einem Irrenhaus aus marxistischen Dichtern, unduldsamen sexuellen Aufklärern und tyrannisch ideologisierten Pädagogen; die Freuden der Kindererziehung, das gemeinsame Kochen, das Leben in der großen Familienküche: Alles vorbei, stattdessen regiert ein beinharter Funktionalismus alle Lebensbereiche. Das Essen nur noch Nahrungsaufnahme, das Wohnen ein bloßes Warten auf den nächsten Arbeitseinsatz, die Möbel dürres Gerät aus Stahlrohr, in dem die Menschen wie in Klemmzwingen für ein durchrationalisiertes Leben unter dem Diktat der Effizienzsteigerung zurechtgebogen werden: Der Stahlrohrstuhl neben dem Schlafsofa, der dem einen als befreiende Konzentration aufs Wesentliche erscheint, ist dem anderen eine Erkaltung, der disziplinierende Einbruch einer herzlosen Welt von Rohren, Leitungen und Maschinen in die vormals gemütliche Reservatzone selig versackter Abende im nostalgischen Samtsofa. Die Rezeption des Kollektivhuset zeigt, wie ein und dieselbe architektonische Form je nach Blickwinkel wahlweise als Befreiung des Menschen aus einer Wohnform, die vor allem die Frau zur Sklavin des Haushalts machte, oder aber als Durchsetzung kapitalistischer Optimierungsprozesse im Reich des Privaten gedeutet werden kann. »Das tägliche Leben ist nach dem Vorbild der industriellen Produktion arbeitsteilig zu organisieren«,[12] erklärt die Kritik und stellt das Kollektivhuset in die Nähe faschistischer Ideologie, die ebenfalls die »absolute Verpflichtung jedes Einzelnen auf das Wohl der Gemeinschaft« verlange.[13]

Man muss die scharfe Generalkritik nicht in allen Punkten teilen, aber ein Blick auf zeitgenössische Fotos zeigt, dass das Kollektivhuset etwas seltsam Krankenhaushaftes, insgesamt Abwaschbares und Durchdesinfiziertes hat: Im kollektiven Restaurant mit seinen dürren Stühlen mag man sich keine langen gemeinsamen Abende vorstellen, die Gemeinschaftsküche ist kein Nachfolger der gemeinsamen Feuerstelle im Ganzen Haus, sondern eine Essensaufbereitungsanlage, das Mobiliar trägt die anämische Eleganz von Operationsbesteck zur Schau. Als Ort, an dem sich ein unerwartetes, turbulentes Leben ausbreiten könnte, ist alles hier zu aseptisch und zu pietistisch entsagungsvoll.

Die Fehler solcher und anderer Kollektivwohnanlagen sind offensichtlich: Das Leben ist durchrationalisiert, es gibt kaum Rückzugswinkel, die ein Maß an Fürsichsein und Geborgenheit bieten, keinen wirklich anziehenden Ort offener Gastfreundschaft, der dazu verleitet, sich in die Mikroöffentlichkeit des Hauses zu begeben. Auf anderer Ebene gilt das auch für die klassische WG: Wer für sich sein will, muss hoffen, dass keiner ins Zimmer hereinstolpert oder sich in der Hoffnung, vom diskutierenden Kollektiv in der Küche unentdeckt zu bleiben, davonstehlen.

Könnte es ein Kollektivhaus geben, das all diese Fehler vermeidet?

Die neuen Wohnkollektive
The Share

Eine Antwort versucht das Wohnprojekt »The Share« in Tokyo zu geben. Dort wurde ein Apartment-Gebäude von 1963 so umgebaut, dass die eigentlichen Apartments noch kleiner wurden als vorher. Sie erinnern nun eher an etwas komfortablere Klosterzellen. Die gewonnenen Freiflächen auf den verschiedenen Etagen wurden so umgebaut, dass man sich nicht in einem relativ günstigen Apartmentkomplex wähnt, sondern in einem luxuriösen Hotel oder in einem Club – wie das Projekt überhaupt einen Übergang vom Apartmenthaus zum hotelähnlichen Wohnen markiert. Der Eingang ähnelt einer Lobby, er ist großzügig verglast, es gibt einen Concierge. So wird das, was man als »Kultur des Hereinkommens« bezeichnen könnte und was aus Kostengründen in den Zweckbauten des vergangenen Jahrhunderts gern auf einen funzeligen Minimaleingang reduziert wurde, wiederbelebt. Im Erdgeschoss gibt es auch Läden, im sechsten Geschoss eine Art kollektives Wohnzimmer, das eine Mischung aus Club, Restaurant und einem künstlichen Wald mit Hängematten ist: Es gibt eine große Küche, einen Raum für Theater- und Filmvorführungen oder Lesungen, eine Bibliothek. Darüber liegt ein Dachgarten, auf dem sich die Bewohner treffen oder sonnen.

Spricht man mit den Betreibern, wird das Konzept hinter The Share schnell deutlich: Sie gehen davon aus, dass man, gerade in Tokio, viel zu viel Geld für ungenutzten Raum und ungenutzte Geräte und Möbel

ausgebe. Wer von der Arbeit komme, brauche einen Rückzugsraum. Wenn er niemanden sehen wolle, müsse er auf seinem Bett liegen und dösen oder fernsehen oder in Ruhe lesen können. Dafür gibt es die kleinen Apartments. Wer aber ein wenig auf- und abgehen, vielleicht kurz mit einem Nachbarn plaudern wolle, könne auf die Dachterrasse oder ins riesige Gemeinschaftswohnzimmer kommen, dort essen oder einfach mit seiner Zeitung in der Hängematte liegen – und so Räume nutzen, die sich in Tokyo allenfalls ein Multimillionär leisten könne. Diese Räume erinnern an Wohnlandschaften: Hier und da sitzt einer unter einem Baum, manchmal trifft man sich, ansonsten geht jeder seiner Wege. Von der deprimierenden Klaustrophobie mancher WGs ist hier nichts zu spüren – obwohl es kollektive Bäder gibt, weswegen man The Share eher als räumlich intelligentere Weiterentwicklung des Studentenheims sehen muss denn als ein Modell, das sich eins zu eins überall nachbauen ließe. Interessant ist das japanische Projekt aus zwei Gründen. Zum einen zeigt es, wie die trostlosen Zweckbauten der Moderne umgenutzt und ein Abriss vermieden werden kann. Zum anderen führt es vor, wie durch räumliche Organisation der Zwangscharakter von Gemeinschaftswohnanlagen vermieden wird. Jeder kann in seiner Zelle für sich sein, und sie über den Fahrstuhl ungesehen verlassen: Weil die Gemeinschaftszone über den Wohn- und Büroetagen liegt, ist sie, anders als die WG-Küche oder der klassische Dorfplatz, keine soziale Kontrollschleuse. Essen, auf Sofas herumlungern und Filme schauen findet in der Welt des Teilens statt. So entsteht über den Dächern von Tokio ein Raum, der die Balance hält: Er bietet Gemeinschaft an, zwingt aber niemanden hinein. Das Versprechen der Anonymität, das eine Qualität von Großstadt war und ist, bleibt gewahrt, gleichzeitig schafft es The Share, eine an alte Dorfplätze erinnernde Atmosphäre gelassenen Zusammenseins in einem Raum für die imaginäre Großfamilie der Bewohner der Anlage zu schaffen.

Dass The Share so erfolgreich ist, dass man weitere ähnliche Häuser plant, zeigt, wie groß offenbar ein Bedürfnis nach einer Neusortierung des Intimen und des Gemeinschaftlichen ist; die interessantesten Beispiele für eine Architektur, die dies versucht, stehen ebenfalls in Tokio.

Das Moriyama Haus

Eines der bekanntesten ist das Haus von Herrn Moriyama – wobei das Wort Haus das Gebäude schlecht beschreibt. Als wir ihn im Süden von Tokio in Ota-Ku treffen, sitzt er gerade in der Sonne unter einem Khakibaum, der zwischen den zehn gerade mal hotelsuitegroßen weißen Kuben wächst, aus denen sein »Haus« besteht, und hält seinen deutschen Spitz auf dem Schoß, einen Hund namens Shinozuka – benannt, erklärt Herr Moriyama, nach einem berühmten japanischen Baseballspieler der Yomiuri Giants. Herr Moriyama hat früher im Sake-Laden
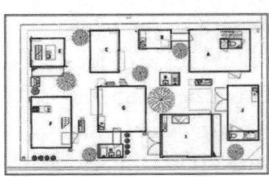 seiner Eltern gearbeitet. Der Laden befand sich, ebenso wie das Haus, in dem er geboren wurde, auf dem Grundstück, auf dem er später, als der Sake-Laden nicht mehr lief und er sich eine neue Einkommensquelle suchen musste, alles abreißen und dieses Haus bauen ließ. Wobei, erzählt Moriyama, er eigentlich nur ein Haus für sich und eines zum Vermieten haben wollte – aber der Architekt Ryue Nishizawa überzeugte ihn, etwas anderes zu machen: Nishizawa baute ihm eine Miniaturstadt aus zehn jeweils ein- bis dreigeschossigen Wohnkuben, die eher an frei stehende Zimmer erinnern. Den größten bewohnt Moriyama selbst, die anderen vermietet er. Nishizawa plante zwei Jahre lang: erst ein Haus mit Korridoren, die unter freiem Himmel verliefen, dann wurden sie zu kleinen Gärten, und die Zimmer rückten auseinander und wurden zu kleinen Häusern. Moriyama wandert durch seine Kuben wie durch eine Landschaft: Klettert eine Leiter ins Teezimmer hinauf, wenn es am Nachmittag zu dunkel wird im Wohnzimmer, und wenn es in den drückend heißen Tokioter Sommertagen unaushaltbar warm wird im obersten Geschoss, geht er ins Tiefgeschoss, wo sich unter einem »Pierrot le Fou«-Plakat Tausende von CDs stapeln, darunter eine der Band »Die tödliche Doris«. Das Haus braucht keine Klimaanlage; es bietet genug Winkel für jede Wetter- und Gemütslage. Die Korridore zwischen den Minihäusern haben kein Dach, sondern sind eine Art labyrinthischer Garten; zwischen den Boxen wachsen

Bäume. Ein Mieter zahlt 800 Dollar für ein suitengroßes Minihaus mit Dachterrasse mitten in Tokio – dafür bekommt man dort sonst kaum ein dunkles Zimmer. Was ist das hier: Eine neuartige Wohnlandschaft, ein Bühnenbild, ein Haus, dessen Flure nicht überdacht sind? Oder eine kleine Stadt mit nur zimmergroßen Häusern?

Man sitzt, zum ersten Mal, in einer Wohngemeinschaft, einer Kommune, die funktioniert – weil sie nicht in die falsche architektonische Form gezwungen wurde. Das Problem der meisten Kommunen und WGs ist neben dem ideologischen Überbau die Architektur: Wenn man zehn Menschen in einer ehemals repräsentativen, aber um einen kleinfamiliären Lebensentwurf herum konzipierten Wohnung mit nur einer Küche und einer Toilette zusammenpfercht, entsteht zwangsläufig eine klaustrophobische Grundstimmung, divergente Hygienevorstellungen kollidieren. Im Moriyama House ist das anders. Hier wohnen jenseits eines Familienverbandes unterschiedlichste Menschen auf engstem Raum zusammen, ohne sich wie in einer WG auf die Nerven zu gehen, weil dieses Patchwork aus Freunden und disparaten Menschen eben nicht in eine Altbauwohnung mit nur einer Küche gezwungen wird. Jeder hat ein Mikrohaus mit Bad und Kochplatte. Wer nicht will, nutzt den Gemeinschaftsraum nicht und verlässt die Agglomeration, ohne durch das soziale Labyrinth zu spazieren – das auch eine Wiederbelebung der verlorengegangenen japanischen Kultur des

Engawa, des als Kommunikationszone genutzten Zwischenraums von innen und außen, ist.

Natürlich hat auch das Moriyama House viele baugeschichtliche Vorbilder: In der Idee des kollektiven Lebens am Bauhaus etwa oder im japanischen Metabolismus, dessen Gebäudezellen sich dem Wandel von Biographien und sozialen Strukturen quasiorganisch anpassen sollten. Neu ist aber, wie hier eine Form von entideologisiertem Kommunitarismus zu Architektur wird – und einen Lebensentwurf vorführt, der den Zwang zum abgeschotteten Privathaus klassischer Prägung in Frage stellt. Wenn der »My home is my castle«-Traum, für den sich Präsidenten und Millionen Amerikaner in Schulden stürzten, die bauliche Manifestation eines spätkapitalistischen Defensivindividualismus ist, der sich mitsamt seinen Insassen gerade selbst zerstört hat, scheint hier eine neue Möglichkeit für das Leben nach dem Kollaps einer westlichen Wohlstandsgesellschaft auf, die hartnäckig und gegen alle ökonomische wie ökologische Vernunft von einem Grundrecht auf repräsentative Einfamilienhäuser ausging.

Auf dem Dach der Wohnboxen, auf die eine kleine Leiter führt, frühstückt man in der Morgensonne, trifft die anderen Bewohner, diskutiert mit ihnen – so entstand eine Utopie jenseits eines Familienverbandes.

Kommunitarismus und liberales Wohnideal

Bisher hatte man sich zu entscheiden zwischen der Vision eines angstfreien, aber vom Wohlfahrtsstaat gesteuerten, tendenziell entmündigten Lebens im Kollektiv und dem liberalen Ideal eines abenteuerlichen, gefährlichen Beharrens auf *privacy* und Selbstbestimmung: Zwischen Godins »Familistère« und Zolas Lob des Einfamilienhaus-Abenteurers verläuft die Linie, die bis heute den radikalliberalen vom kommunitaristischen Lebensentwurf trennt. Das Moriyama House schafft eine Mischform, die die Vorteile beider Modelle verbindet und hat in Japan binnen kürzester Zeit nicht nur ästhetisch, sondern auch als Lebensmodell Schule gemacht.

Ob das neue Haus eins des Architekten Yoshichika Takagi, das er aus Boxen direkt neben einem Parkplatz in Akita zusammengesetzt hat, oder das Hiroshima-Haus des Suppose Design Office, eine aus Wohnkuben zusammengestapelte Wohnlandschaft; ob der Debütbau »House of 33 Years« der 1977 geborenen Architektin Megumi Matsubara, ob Takeshi Hosakas programmatisch so genanntes »Inside-Out-House«, das »House before House«, das Sou Fujimoto wie einen Felsen aus Wohnboxen zusammengetürmt hat, oder das 2012 im Tokyoter Stadtteil Steagaya fertiggestellte Soshigaya House von Be Fun Design und Eana, das vier Wohneinheiten um einen Hof, eine Art offenes Wohnzimmer, herum gruppiert: Hier ist fast nicht mehr zu entscheiden, was »öffentlich« und was »privat« ist. Das Private wird nicht durch eine massive Wand von der Straße abgeschirmt, sondern permeabel, porös – und das ist auch ein soziales Versprechen. Ein moderner Kibbuz, eine von aller Klaustrophobie befreite WG, eine neue architektonische Lösung dafür, veränderten, postfamiliären Lebensentwürfen eine Form zu geben.[14]

Aufhebung des Dorfs

Man kann bei vielen dieser Bauten von dekonstruierten Dörfern reden: Die Formen von Gemeinschaftsbildung, die man jenseits von Familiengrenzen in alten Dörfern fand und im Süden Italiens und Spaniens teilweise noch heute findet – gemeinsames Kochen, lange Esstische; Plätze, auf denen man sich zufällig trifft und für ein Gespräch niederlassen kann – gibt es in diesen neuen Anlagen auch. Aber (darin liegt der dekonstruktive Akt, der die alte Struktur in einer neuen, offeneren, weniger repressiven Weise zusammensetzt) sie schaffen es – anders als die neue Ruralisierungsboheme – dieser dörflichen Idee von Gemeinschaft das Klaustrophobische zu nehmen und es mit dem großstädtischen Versprechen einer befreienden Anonymität zu verbinden. Das Dorf wird in diesen Entwürfen im doppelten Sinn des Worts aufgehoben: in ihrer Gemeinschaftsstruktur bewahrt, in ihrer oft muffigen Enge aufgelöst.

So entstehen offene Gemeinschaften, die flexibler auf veränderte Lebensbedingungen reagieren können: Eine Mutter von zwei Kindern, die wieder arbeiten muss, kann die Kinder im geschützten Gemeinschaftsgarten bei den Nachbarn lassen, statt sie mit dem Auto zu Freunden oder in einen Hort bringen zu müssen. Ein Rentner, dessen Frau starb, kann hier wohnen bleiben, weil sich die Nachbarn mit um ihn kümmern. Für Kinder, deren Eltern sich trennen, oder für Kinder, deren Mutter oder Vater unter der Woche in einer anderen Stadt arbeiten muss, bricht im klassischen Einfamilienhaus die Welt zusammen, es entsteht der Eindruck von Leere und Einsamkeit: In der Kollektivwohnanlage mit ihren vernetzten Gärten, in der zehn, zwölf Kinder wohnen, sind sie aufgehoben in der erweiterten Familie des Dorfs. Diese postfamiliäre Qualität der neuen Wohnkollektive ist vielleicht auch ein Grund für ihren Erfolg.

Kollektivarchitektur in Amerika
Von Habitat 67 zu den Star Apartments

Einen frühen Vorläufer findet das Moriyama-Prinzip in einem hellsichtigen Experimentalbau, der 1967 in Montreal errichtet wurde. Der 1938 in Haifa geborene Architekt Moshe Safdie baute dort zur Expo 67 einen Wohncluster aus versetzt gestapelten Einheiten: In den 354 treppenförmig übereinandergestapelten Kisten waren 158 Wohneinheiten für bis zu 700 Bewohner untergebracht. Ähnlich wie beim Moriyama House ist bei Habitat 67 offen, ob man es mit aufgetürmten Privathäusern oder auseinandergezogenen Mietwohnhäusern, ob man es noch mit Terrassen oder schon mit schwebenden Gärten oder Plätzen für die *Neighborhood* zu tun hat.

Der Entwurf war seiner Zeit zu weit voraus; es gab den ökonomischen und ökologischen Verdichtungsdruck nicht, der ihn zum Erfolg gemacht hätte. Heute, wo nach kostengünstigen, raum- und ressourcensparenden, sozial flexiblen, erweiterbaren Wohnformen gesucht wird, könnte hier angeknüpft werden.

Montreal, Habitat 67 (Moshe Safdie) **193**

Einer, der versucht, Habitat 67 und die Grundideen der yamamoto-schen Kollektivhaustheorie umzusetzen, ist der 1959 auf Long Island geborene amerikanische Architekt Michael Maltzan. Für den Skid Row

Housing Trust baut er in Downtown Los Angeles die Star Apartments, einen Komplex von 102 Wohneinheiten mit einer Gemeinschaftsküche, Basketballfeld, Fitnessstudio, Bücherei und Gemeinschaftsgärten. Der Bau, der mit vorgefertigten Elementen auf ein bestehendes einstöckiges Gebäude aufgesetzt wird, soll Obdachlose und Menschen aufnehmen, die ihre Häuser verloren haben.

Sharing Space
Kollektivhäuser in Europa

Das neue kollektive Wohnen beschränkt sich nicht auf Japan oder Amerika. Auch in Europa gibt es verschiedene Beispiele, vor allem von Baugruppen – verschiedenen Menschen, die sich zusammentun, um ohne Generalunternehmer und Immobilienentwickler Gemeinschaftshäuser zu bauen, die günstiger und besser sind, weil das Geld für gute Materialien ausgegeben oder gespart werden kann, während der Immobilienentwickler bei den Details nur das Nötigste investiert, um seinen Gewinn nicht zu schmälern, was einer der Gründe ist, warum minimalistisch moderne Luxuswohnanlagen sich in den Details etwa der Treppenhäuser erstaunlich wenig vom sozialen Wohnungsbau und seiner Spartristesse unterscheiden.

Auch in Europa gibt es eine Renaissance des gemeinschaftlichen Bauens und Wohnens – mit sehr unterschiedlichen Zielen und Lebensvorstellungen.

Es gibt Projekte wie die von Zanderroth Architekten entworfene Wohnanlage »BIGyard ZE5« in Berlin, für die sich 72 Gesellschafter zu einer Baugemeinschaft zusammengeschlossen haben. Die Anlage steht auf einem nach Norden orientierten, von 22 Meter hohen Brandschutzwänden umstellten Grundstück. Hinter der Fassade aus Betonfertigteilen und großen Holz- und Fensterelementen liegen drei Wohnungstypen, die auf zwei Zeilen verteilt wurden. Zur Straße hin liegen 23 kaum vier Meter breite viergeschossige Reihenhäuser. Jedes hat eine begrünte, von Mauern umgebene Dachterrasse; der Garten, den ein ähnlich großes Vorstadthaus zwischen den Carport des Nachbarn und die Geräteschuppen des eigenen Grundstücks zwängen würde, liegt hier sichtgeschützt hoch über dem Straßenniveau. Eine 4,20 Meter hohe Wohnküche öffnet sich zu einem Gemeinschaftsgarten, der zwischen den beiden Häuserzeilen liegt – und auch wenn die Ausführung etwas arg reduktionistisch aussieht, ist die Grundidee klug: Die Küche geht in einen von der Stadt abgeschirmten, geschützten Gemeinschaftsraum über, in dem Kinder unbeaufsichtigt herumrennen und auf Abenteuererkundungen gehen können. Dazu kommt auf der 250 Quadratmeter großen Dachterrasse eine gemeinschaftliche Sommerküche für gemeinsame Feste und Grillabende. Eine Form von zwangloser Nachbarschaft entsteht, eine Art Straße, an der offene Küchen liegen, die Kinder können unbesorgt zu vielen in dem 1300 Quadratmeter großen, nicht parzellierten innerstädtischen Paradiesgarten spielen. Gegenüber, an der rückwärtigen Brandschutzmauer, liegen kostengünstige dreigeschossige Gartenhäuser, auf ihnen ebenfalls dreigeschossige Penthäuser, die sich eine gemeinsame Dachterrasse teilen. Die Anlage vereint in ihrem Entwurf die Vorteile eines Reihenhauses vor der Stadt mit einer städtischen Wohnlage am Park und einem Hochhaus mit Dachterrasse – und die Preise der Wohneinheiten liegen deutlich unter Marktniveau.

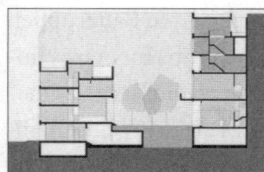  

Berlin, Baugemeinschaft Zelter Straße (Zanderroth Architekten) **195**
Berlin, Baugemeinschaft R 50 (ifau + Jesko Fezer/Heide & von Beckerath)

Während in der Zelterstraße die Bewohner eher ein lockeres, pragmatisches Kollektiv bilden und den Architekten die Details des Entwurfs überließen, waren bei dem Projekt R50 in Berlin-Kreuzberg die Baugruppenmitglieder enger in den Entwurfsprozess eingebunden.

Zusammen mit 19 Parteien einer Baugruppe haben die Architekten ifau, Jesco Fezer und Heide & von Beckerrath einen sechsgeschossigen Bau entworfen, bei dem die Idee der Gemeinschaftsräume im Mittelpunkt stand. Der Eingang befindet sich abgesenkt in einer Art Souterrain, von dem ein zweigeschossiger Gemeinschaftsraum abgeht, der als großes kollektives Kinderzimmer oder für Feste oder Gemeinschaftsversammlungen dient. Die Wohnungen befinden sich in einem klassischen Stahlbetonregal. Die Materialien sind bewusst einfach; es dominieren Beton und eine modulare Holzfassade, die an den amerikanischen Einfamilienhausbau erinnert. Auch hier gibt es eine kollektive Sommerküche auf der Dachterrasse und eine gemeinschaftliche Werkstatt im Souterrain.

Statt Balkonen gibt es einen durchgehenden Umlauf auf jeder Etage; die Bewohner können auf einem laubengangbreiten kollektiven Balkon an allen Räumen vorbeispazieren; jedes Fenster wird so zu einer Tür auf die hausinterne Straße; man will hier offenbar neuen Lebensentwürfen und neuen Zumutungen Raum geben. Ähnliches hatte Ricardo Bofill schon 1972 mit seinem Wohnungsbauprojekt Walden 7 bei Barcelona versucht, einer 446 Wohneinheiten umfassenden Hochhausanlage

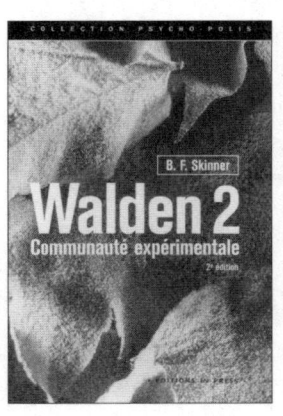

aus 18 Türmen, die nach B. F. Skinners Sciencefiction-Roman »Walden 2« benannt ist, in dem es um eine utopische Kommune geht. Auch hier sind die Türme mit gemeinsamen umlaufenden Balkonen, Patios und Brücken verbunden, auf denen das alltägliche Leben der Gemeinschaft stattfinden sollte.

Doch selbst bei den avanciertesten Baugruppen werden radikalere Entwürfe von einem psychologischen Grundhindernis vereitelt: vom Quadratmeterfetischismus der Parteien. Selbst namhafte Berliner Architekturwissenschaftler, die der Idee des Teilens und neuer Lebensformen theoretisch wohlgesonnen sind, wurden nervös, als die Architekten ihres Baugruppenprojekts etwas Radikales vorschlugen: Statt die zur Verfügung stehenden Quadratmeter unter allen acht Parteien restlos zu verteilen, wobei jeder eine Wohnung von 100 Quadratmetern bekäme, wollten sie die Größe der Wohnungen auf 60 bis 75 Quadratmeter beschränken. Die so freiwerdenden 40 – 25 Quadratmeter pro Partei sollten hängende, über mehrere Ebenen reichende Gärten, Terrassen und ein kollektiver Clubraum mit halb öffentlichem Freisitz im Erdgeschoss zugutekommen. Aus dem Entwurf wurde nichts, der Wunsch der Parteien nach maximalem Besitz schlug durch: Am Ende bestanden sie auf möglichst großen Wohnungen mit vorgehängten Balkonen, die wie halb offenstehende Schubladen einer Kommode aussehen, aus denen die Besitzer misstrauisch in den kollektiven Raum herauslugen. Dass ein kleines Apartment mit engeren, noch gemütlicheren Schlafkammern, also einer gesteigerten Schutzzone des Intimen, Privaten, und einem großen schwebenden Garten, einer entschlosseneren Form von Mikroöffentlichkeit, am Ende besser zu verkaufen wäre als die immergleiche Wohnschublade, bedachten sie nicht; der Quadratmeterfetisch war mächtiger als die architektonische Vorstellungskraft.

Ideologischer Dogmatismus der Baupolitik
Der Fall der gescheiterten Münchner Werkbundsiedlung

Warum wurde eine kollektive Architektur, für die es, wie gezeigt, etliche Beispiele gibt, noch nicht im Maßstab eines ganzen Stadtviertels versucht? Auch das hat seine Gründe in der Borniertheit klar benennbarer politischer Entscheidungsträger – zum Beispiel in München. Vor einigen Jahren entwickelte der dortige Werkbund die Idee für ein experimentelles Stadtviertel. Im Geist der von Mies van der Rohe und anderen 1927 erdachten, bahnbrechenden Stuttgarter Werkbundsiedlung am Weißenhof, wo Lebens- und Wohnformen für eine neue, demokratische Gesellschaft ausprobiert werden sollten, wollte man auf dem Areal der ehemaligen Luitpold-Kaserne die »Werkbundsiedlung Wiesenfeld« errichteten: Fünfhundert zur Hälfte frei finanzierte, zur Hälfte öffentlich geförderte Wohnungen, die zeigen sollen, wie die Stadt des 21. Jahrhunderts aussehen könnte. Eine Jury wählte den Entwurf des japanischen Architekten Kazunari Sakamoto aus.

Er entwarf ein asiatisches Verdichtungskunstwerk, einen Wald aus kleinen Türmen mit hängenden Gärten, Loggien und begrünten Dächern, ein modernes San Gimignano, ein Mini-Tokio für München: Da wurden Wege, kleine Plätze und uneinsehbare Privatgärten mit hohen Hecken zwischen die Häuser gewürfelt, es gab dörflich idyllische und großstädtisch weitläufige Ecken, studenten- und altengerechte Behausungen und Luxuslofts und öffentliche Dachgärten, die den Bewohnern Alpenblick versprechen – und als Zeichen dafür, dass Erziehung und Integration eine größere Rolle spielen sollten, war das Zentrum der Siedlung keine sogenannte »Piazza«, sondern ein Kindergarten mit Schwimmbad. Sakamoto wollte nicht von ungefähr einen Kindergarten, eine Abenteuerlandschaft ins Zentrum seiner Werkbundwelt stellen – einen Ort, an dem gemeinschaftliche Abenteuer stattfinden, Höhlen gebaut, Spiele gespielt werden, das gemeinsame Leben erprobt wird. Dem biologistischen Argument für das Leben der isolierten Kleinfamilie im überschuldeten Vororthaus steht dieses Bild der Stadt als Ort gemeinsamer Abenteuer entgegen.

Es wäre eine Sensation geworden – eine soziale, ästhetische und ökologische. Denn hätten Bauträger und Stadt gemeinsam an diesem Entwurf gearbeitet (und vielleicht noch Läden in die Erdgeschosse geplant), dann hätte die Siedlung gezeigt, dass das, was die Leute auf dem Land suchen, auch mit der Stadt vereinbar ist: ein eigener Garten, Ruhe, Intimität, der Blick in die Natur. Diese Attraktivität ist am Ende auch das einzige wirklich ökologische Argument: Nur eine bezahlbare, reizvolle Stadtarchitektur kann verhindern, dass sich täglich Pendlerströme aufs Land ergießen – so gesehen war das Argument der Grünen, die kleinen Türme seien wegen ihrer größeren Außenfläche unökologischer als die üblichen Riegel, dogmatischer Unsinn. Wenn hier etwas entstanden wäre, das die Leute davon abgehalten hätte, auf die suburbanisierten Dörfer zu ziehen, dann wäre das angesichts der Abgasmengen, die die Vorstadtpendler jährlich in die Luft blasen, auf jeden Fall ein ökologischer Gewinn gewesen. Unsinn war auch das Argument von SPD und Grünen, der Werkbundsiedlung fehle »ein schlüssiges soziales Konzept«. Das soziale Konzept bestand ganz einfach darin, dass die Wohnungen so vielseitig und so attraktiv gewesen wären, dass alle darin hätten wohnen wollen – reiche Selbständige, Familien mit geringeren Einkommen, Singles, Alte. Ein Fehler war es, schon mit dem Wettbewerb die Bauträger festzulegen, in diesem Fall erprobte, extrem konservative, ängstliche städtische Wohnbaugesellschaften, deren Vertreter sich noch nicht einmal vorstellen konnten, über einen allgemeinen Bereich Schlafzimmer zu erschließen, um so tote Flurfläche einzusparen.

Am Ende ging es um zehn Millionen Euro, die der Stadtrat als Zuschuss hätte bewilligen müssen und ablehnte – gut angelegtes Geld, wenn man etwa am Beispiel der Messestadt Riem sieht, in was für einem Desaster eine einfallslose Städtebaupolitik enden kann. Nach der Stilllegung des alten Flughafens wurde dort ein neuer Vorort geplant, der kaum städtebaulichen Zwängen unterlag. Das Ergebnis ist, trotz preisgekrönter Einzelbauten, erschütternd. Zahlreiche ostdeutsche Plattenbausiedlungen sehen heute aus wie Riem: Die grauen Plattenbauten wurden weiß verputzt und bekamen Balkone mit größeren Fenstern umgehängt. Mehr kann man aus den alten DDR-Siedlungen vielleicht auch nicht machen, aber dass ein komplett neu geplanter Stadtteil im reichen, mit hervorragenden Architekten gesegneten Bayern auch so aussieht, ist dann doch erstaunlich. Der schönste Raum in Riem ist der Platz vor der Aussegnungshalle des Architekten Andreas Meck – und es ist sicherlich kein gutes Zeichen, wenn der beste Ort einer neuen Wohnstadt ein Platz für die Toten ist.

Vielleicht hatte die Werkbundsiedlung von Anfang an ein paar Planungsfehler, aber eine an der Stadt interessierte Politik hätte diese Fehler ausgebügelt.

Leider ist in München Wohnraum so gefragt, dass die von monatelanger Suche zermürbten Leute resigniert jedes Loch zu jedem Preis beziehen und so auch Bauten, die aus humanitären Erwägungen heraus gesprengt gehörten, als schöner Erfolg dastehen. Aber wer sagt eigentlich, dass die angeblich zufriedenen Bewohner der neuen Trabantensiedlungen nicht viel lieber in Sakamotos Turmstadt leben würden und nur nicht gegen die ästhetischen und sozialen Umstände ihrer Unterbringung vor der Stadt meutern, weil sie es sich nicht anders vorstellen können: Weil es eine ganz andere Sozialarchitektur eben noch nie gab?

Japans Häuser als Strukturmodelle

Die neue japanische Architektur, deren Lehren in München mit Hinweis auf Wärmedämmkoeffizienten abgelehnt wurden, ist ein soziopolitisches Experiment, das zeigt, dass mit geringen finanziellen und räumlichen Ressourcen jene Privatsphäre und Heimeligkeit geboten werden kann, für die sich die Leute bisher immer in Schulden und endlose Pendlerstaus stürzten.

Der Bausparertraum, über den Präsident Wulff stürzte, ist nicht nur ein individuelles Drama: Man muss kein Apokalyptiker sein, um zu prophezeien, dass der bundesdeutsche Reichtum, der es der Erbengeneration der Babyboomer erlaubte, sich Häuser zu bauen, in der kommenden Generation versiegt.

Was folgt daraus? Natürlich nicht, dass jetzt alle in weiße japanische Kisten ziehen müssen; natürlich muss man auch das Moriyama House nicht sklavisch formal, sondern strukturell weiterdenken.

Die neue japanische Architektur liefert den Entwurf einer Architektur, die auch größere Freundeskreise und familienübergreifende Wohncluster, Singles und Familien, Rentner und Durchreisende beherbergen kann. Sie überwindet die festungsartige Isolation des Privaten, ohne eine Kernzone des Intimen aufzugeben. Sie kostet weniger. Sie macht freier. Sie lenkt – insofern ist sie eine politische Architektur – den Blick auf den öffentlichen Raum. Vor allem aber wird hier ein entspanntes kollektives Leben erprobt: Es gibt gemeinsames Frühstück der sechs Mieter, Film-Screenings, bei denen die Filme auf die Wände der Kuben projiziert werden, Grillabende. Ausgerechnet der zurückhaltende Herr Moriyama wird nun als Prophet der neuen Kollektivität verehrt, die in Japan erstaunliche Formen annimmt: Die Loggien der strengen Hochhäuser, die Riken Yamamoto für das Tokioter Shinonome-Canal-Court-Viertel baute, sind bei genauerem Hinsehen das, was mal der Dorfplatz war. Und Junya Ishigamis neues Altenheim wird kein seelenloser Betonriegel sein, sondern ein Dorf, das die Architektin aus recycelten Abrisshäusern aus ganz Japan zusammenstellt.

Das neue japanische Haus ist revolutionär, weil es zeigt, dass man nicht alles Geld ins Wohnen und dessen Begleitapparaturen (Möbel, Küchen, Zweitwagen) stecken muss – und weil es einer anderen Idee von Zusammenleben jenseits der biologischen Grenzen der Kleinfamilie Raum gibt und sogar den Druck auf die Kernfamilie, die im Eigenheim gleichzeitig die ganze Welt ist, verringert.

Man kennt es von Weihnachtsfesten: Während dem besinnlichen Beisammensein von Vater, Mutter, Kind und Oma schon bei geringsten Missstimmungen einzelner Beteiligter schnell etwas Betrüblich-Klaustrophobisches anhaftet, lassen große Familienfeste mit Freunden mehr Möglichkeiten, sich kurz abzusondern, sich aus der Gruppe zurückzuziehen, sich dem Rauschen und Lärmen und Funkeln zu überlassen. Das Treffen der Großfamilie mit ausreichend vielen Freunden schafft eine Atmosphäre, die der einer Stadt ähnelt – sie bietet Raum auch für

Anonymität, man hockt nicht stumm aufeinander, es gibt Lärm, Überraschungsgäste, herumtollende Kinder, die vom heiteren Chaos angestachelt herumspringen, im Idealfall entsteht eine Idee von Gastlichkeit, die den geschlossenen Raum der Familie aufbricht.

In den japanischen Kollektivbauten zeichnen sich Umrisse eines solchen Gesellschaftsbildes ab: Eine Neuordnung von Innen und Außen, die zeigt, dass eine virtuelle Großfamilie von zehn, zwanzig Menschen nicht in einer Psychokolchose enden muss. Sie richten sich nicht gegen die Idee der Kleinfamilie, geben aber auch denjenigen Raum, die nicht so leben.

Es wäre aber falsch, in diesen Entwürfen etwas nie Dagewesenes entdecken zu wollen: Obwohl formal verschieden, entdecken all diese Avantgarde-Architekturen eine alte Qualität von Stadt wieder, die erst im Zuge der Industrialisierung mit der Reduktion der Wohnarchitektur auf Kästen für die nukleare Kleinfamilie verlorenging. In den diversen neuen japanischen Bauten taucht ein Gemeinschaftsbegriff und eine Idee von *Hospitality* wieder auf, der die atomisierte Kleinfamilie überwindet: Von Plätzen, auf denen Kinder aus verschiedenen Familien gemeinsam spielen, auf denen die durchreisenden Fremden und die Wanderarbeiter bei den Ortsansässigen sitzen und zum gemeinschaftlichen Essen im Hof nicht Vater, Mutter, Kind und Oma, sondern oft zwanzig Menschen kommen.

Kapitel 7

Wandlungen des Privaten

Frau auf Bett mit Laptop

Wanderungen [...]

Das Offene und das Intime

Was »privat« und was »öffentlich« ist, schien lange klar zu sein. Das Einfamilienhaus, die Wohnung ist ein eher privater, der Platz vor dem Rathaus ein öffentlicher Raum. Das Private ist das, was niemanden sonst angeht, öffentlich ist das, was viele oder alle betrifft. Geht man einkaufen, sitzt man im Café, trifft man Kollegen oder Freunde auf der Straße, in einer Sphäre der Kommunikation, ist man in der Öffentlichkeit. Liegt man zuhause im Bett, ist man privat. Dabei belässt man es meistens; was privat und öffentlich meint, scheint hinreichend geklärt.

Wer vom Privaten und vom Öffentlichen redet, denkt in räumlichen Kategorien: Öffentlich ist der Platz, die Straße, mit Einschränkungen auch der Arbeitsplatz, das Restaurant, privat dagegen die Wohnung oder das Wohnhaus, das Schlafzimmer. Doch schon hier ist die Lage kompliziert.

Bei der Definition des Privaten reduzieren Juristen die Privatsphäre und die grundgesetzlich in Artikel 13 garantierte »Unverletzlichkeit der Wohnung« keineswegs auf die physische Wohnung. Ein vertrauliches Gespräch auf einem leeren Platz an einem Sonntagmorgen kann den gleichen rechtlichen Schutz genießen wie ein Wortwechsel im Schlafzimmer. Jemand, der sich seine Freunde nach Hause einlädt, wird von seinem Kind verlangen, nicht »vor allen Leuten« in der Nase zu bohren, die Versammlung der Freunde also ihm gegenüber als eine Form von Öffentlichkeit definieren, einem Kollegen aber erklären, man wolle heute Abend unter sich bleiben.

Demnach wäre Privatheit nicht in erster Linie an Räume, sondern an Situationen und Rückzugsbedürfnisse geknüpft. Doch was bedeutet der technologische Wandel für die vormals als »privat« angesehenen Räume, in denen wir wohnen? – Ist jemand »privater«, wenn er ohne Smartphone durch eine Straße läuft oder in einem überfüllten Restaurant sitzt, wo er bar bezahlt, oder wenn er zuhause im Internet surft und online einkauft?

Auch das Private und das Öffentliche sind keine anthropologischen

Grundkonstanten, sondern historisch entstandene Begriffe, die einem gesellschaftlichen und technologischen Wandel unterliegen.

Eines der grundlegenden Probleme der aktuellen Architektur und Stadtplanung ist die Unklarheit darüber, was heute überhaupt als privat, was als öffentlich bezeichnet werden kann, welche Formen von Zusammensein und Alleinseinwollen existieren – und welche Formen Gebäude und Städte dementsprechend annehmen könnten oder müssten. Die Architekturtheorie verweist hier erstaunlich häufig immer wieder auf die grundlegenden Studien der sechziger Jahre, auf Habermas' »Strukturwandel der Öffentlichkeit«, Sennetts »Tyrannei der Intimität« und Jane Jacobs »Tod und Leben großer amerikanischer Städte«.[1]

Die Bedeutung dessen, was »privat« ist, verändert sich mit dem sozialen und dem technologischem Wandel aber ebenso wie die Rituale, die das Wohnen prägen. Mit den neuen technologischen Kommunikationsmedien und den sozialen Netzwerken verändert sich die Idee des privaten Raums so, wie das Auftauchen des Fernsehers das Leben aus der Wohnküche, wo man sich abends lang gegenübersaß, in Richtung Couchtisch verlagerte, wo die Familienmitglieder fortan – ganz so, wie die Insassen im zeitgleich auftauchenden populären Massenautomobil, das sie in die Vorstadthäuser mit ihren Fernsehcouchen brachte – nicht mehr gegenüber, sondern nebeneinander in eine Richtung schauten.

Die Geschichte des Privaten und des Öffentlichen ist auch eine Geschichte der Kollision unterschiedlicher Vorstellungen von dem, was man in Gesellschaft zu tun und zu lassen hat; berühmt ist das drastische Beispiel aus der Zeit Henri IV., als beim Zusammentreffen des venezianischen Gesandten mit der französischen Königin diese unter ihrem weiten Rock »einem heftigen Durchfall freien Lauf ließ«, woraufhin sich der Gesandte übergeben musste: Noch »im 19. Jahrhundert standen sich Privatsphäre und öffentliche Sphäre keineswegs polar als jeweils voneinander abgeschlossene Bereiche gegenüber, auch wenn die damaligen Vorstellungen und Bilder über das Verhältnis von Wohnung und Öffentlichkeit anderes aussagen.« Wohnräume und Werkstatt hingen oft zusammen und waren für Kunden auch spätabends offen: »In frühindustriellen Jahrzehnten bestanden im Handwerk keine festen Regelungen über die Arbeitszeit. Gearbeitet wurde, solange es dem Meister aufgrund der Auftragslage notwendig erschien... Arbeiten und Wohnen gehörten eng zusammen. ›Wohnen‹ spielte sich, wie schon gesagt, häufig in der Werkstatt ab. Und die Werkstatt war offen gegenüber der Außenwelt, besonders natürlich gegenüber Kunden. Kunden waren jedoch oftmals Nachbarn und Bekannte« – was bedeutete, dass »die Öffnung gegenüber der Straße, die fürs handwerkliche ›Arbeitswohnen‹ charakteristisch ist, nicht nur während des langen Arbeitstags, sondern auch danach« stattfand.[2]

Das klassische Haus war keinesfalls ein »privater« Ort per se. Es kannte noch nicht die strenge Trennung von Arbeit und Wohnen, dem Privaten und dem Öffentlichen. Auch die großbürgerliche Wohnung war nicht eigentlich privat: In den Räumen waren Dienstboten, Erzieherinnen, Gouvernanten, Hauslehrer, Köche anwesend, die Salons, Herrenzimmer und die britischen *Drawing Rooms* (von »withdrawing«, zurückziehen), in die sich die Damen nach dem Ende des Essens zurückzogen, waren quasiöffentliche Orte. Handwerker, Arbeiter und Bauern lebten in ihren Häusern mit Schlafgängern, Gesellen, Lehrlingen, Knechten und Mägden. Diese Durchmischung von Arbeiten und Wohnen war jahrtausendelang ein Charakteristikum der allermeisten Wohnhäuser; nur die Burgen und Adelspaläste kannten das Privileg der Kemenate, eines mit einem Kamin (daher das Wort, das vom althochdeutschen cheminâta stammt, was dem französischen Cheminée entspricht) beheizten, eindeutig privat definierten Rückzugsraumes, der beides bot: Wärme und Abgeschiedenheit von allen anderen.

Erst die frühe Moderne entwickelt eine Abneigung gegen das Offene und Unbestimmte am traditionellen Haus. »Die gemischten Zimmer, wie er sich ausdrückte«, heißt es in Adalbert Stifters Roman »Nachsommer«, »die mehreres zugleich sein können, Schlafzimmer, Spielzimmer und dergleichen, konnte er nicht leiden. Jedes Ding und jeder Mensch, pflegte er zu sagen, könne nur eines sein, dieses aber muss er ganz sein.«[3]

Zur Vorgeschichte des privaten Wohnens

Die Entstehung der griechischen Stadt war eng mit der Situation der arbeitenden Bevölkerung und dem Aufstieg des Handwerks verbunden. Am Beginn des 5. Jahrhunderts vor Christus »bezog nur noch ein kleiner Kreis adliger Bürger Einkünfte aus den Gütern des attischen Umlands«;[4] das Leben in der Stadt prägten vor allem Handwerker, Gewerbetreibende, auch Künstler, die »zu Geld und gesellschaftlichem Ansehen«[5] gekommen waren.

Die Handwerksmeister siedelten sich in der Nähe der Agora an, eigentlich einer Wohngegend. Sie eröffneten ihre Werkstätten und Läden in den Räumen zwischen der Wohnung und der Straße; diese Geschäftsräume waren flexibel, sie konnten je nach Bedarf dem Wohnen oder dem Arbeiten zugeschlagen werden.

Man darf nicht davon ausgehen, dass antike Häuser, die von einer »Familie« bewohnt wurden, Einfamilienhäuser im heutigen Sinne waren. In der antiken Stadt Amarna am Nil bildeten die Kleinhäuser »Cluster, die auf erweiterte Familienverbände schließen lassen.«[6] Die öffentlichen Brunnen stellten Treffpunkte für die Bevölkerung dar. Amarna hatte etwa 20 000 Einwohner, die unter anderem in eingeschossigen Wohnungen mit 36–60 Quadratmetern Wohnraum lebten.

Unter den frühen griechischen Siedlungen des 8. Jahrhunderts vor Christus lassen sich zwei grundsätzlich unterschiedliche Typologien unterscheiden:[7] Einerseits Einzelhaussiedlungen wie die weit auseinander liegenden Häuser der Siedlung Emporio auf Chios oder die Siedlung Dystos auf Euböa, wo sich kleine Häuser am Hang eines Berges fanden. Andererseits Konglomeratsiedlungen oder Agglutinate, dicht an dicht stehende Häuser, die etwa auf Donousa Andros und auf Kreta entstanden. Unter den archaischen Siedlungen der Halbinsel Halikarnassos fanden sich Gehöfte, bei denen vier bis sechs Räume um einen Hof gruppiert sind.[8]

Auch in den Großhäusern der archaischen Zeit waren das Private und das Öffentliche ganz anders definiert: Man findet viele Zimmer um einen Hof gruppiert, sie verhalten sich wie Häuser zu einem Platz, und auch die soziale Mischung im Haus schien die Stadt im Kleinen abzubilden. »Mägde und Knechte wohnten – wahrscheinlich dicht gedrängt – unmittelbar neben dem Oikos, dem Hauptwohnraum.«[9] Im großen Saal fand ein öffentliches Leben statt; Gäste wurden empfangen, Dichter trugen Lieder vor. Glaubt man der Altertumsforschung, kannte das Haus der archaischen Zeit die spätere Segregation nach Geschlechtern noch nicht. Es gab noch kein Andron, den nur den Männern vorbehaltenen Raum. Frauen bewegten sich »ohne Scheu in der Gesellschaft der Männer.«[10] Erst Mitte des 7. Jahrhunderts vor Christus ließen auch Besitzer kleinerer Häuser Androne anbauen. »Wenn das aus Platzgründen nicht möglich war, schreckten die Hausbesitzer nicht davor zurück, einen Bankettraum in den *oikos* einzubauen. Das ging auf Kosten des Familienraums, für den eigentlich nur noch ein gewinkelter Rest übrig blieb.«[11] Erst jetzt wurden die Räume des Hauses in öffentlichere, nur den Männern zugängliche, und privatere Räume unterteilt. In den Androne fanden Symposien statt, bei denen die Männer speisten und tranken, sangen und diskutierten.[12]

Das »Private« und die »Öffentlichkeit« im Haus waren hier also nichts schon immer Dagewesenes, das sich auf irgendwelche anthropologischen Konstanten wie »Schutzbedürfnis« zurückführen lassen würde; sie waren das Ergebnis eines präzise benennbaren historischen Entwicklungsprozesses, hinter dem präzise benennbare Interessen einer bestimmten Gruppe von Menschen standen.

Was bedeutet demnach heute überhaupt die Aussage, etwas sei »privat« oder »öffentlich«, und wer hat Interesse daran, einen realen oder vermeintlichen Gegensatz von Privatheit und Öffentlichkeit sichtbar oder unsichtbar zu machen – und im Hinblick auf welche Werte und Lebensvorstellungen?

Erstaunlich, dass diese beiden Begriffe, die in den Diskussionen um Big-Data-Attacken und soziale Netzwerke eine so zentrale Rolle spielen, nicht viel präziser definiert werden, zumal sich in Soziologie und Philosophie die Stimmen mehren, die die Begriffe selbst für problematisch erachten. »So etwas wie *die* Unterscheidung von öffentlich/privat gibt es nicht, oder es ist zumindest ein erheblicher Fehler zu glauben, dass es hier eine einzige substanzielle Unterscheidung gibt, die man für eine wirklich philosophische oder politische Arbeit heranziehen kann«, schreibt etwa der Philosoph Raymond Geuss: »Wir müssen vielmehr zuerst fragen, wozu diese angebliche Unterscheidung dienen soll«, welche Zwecke und Wertvorstellungen damit verbunden seien.[13] Wer auf die Frage, warum man sich in dies oder jenes nicht einmischen solle, antworte, weil es privat sei, sage letztendlich nur in tautologischer Weise, dass man sich nicht einmischen solle, weil man glaube, dass man sich hier nicht einmischen solle. Offen bleibt das warum: Was genau meint zum Beispiel das Recht auf Privatheit? Die Unterscheidung von Privatem und Öffentlichem hat keinen anthropologischen Status.

Glaubt man Geuss, dann kann man den Moment, an dem erstmals von einem »Recht auf Privatheit« die Rede ist, genau datieren, nämlich auf das Jahr 1890. Damals veranstaltete die Gattin des amerikanischen Anwalts Samuel D. Warren, eine reiche Dame der Gesellschaft, in Boston aufwendige Feste, über die die Presse ausführlich und in aller Detailgenauigkeit berichtete, was Mrs. Warren erboste. Zusammen mit seinem Kanzleipartner Louis Brandeis machte sich ihr Ehemann schließlich daran, »einen Grund für die Einschränkung einer solchen Berichterstattung auszuhecken.«[14] In der Harvard Law Review veröffentlichten sie einen Artikel mit dem Titel »The Right to Privacy«, der den Begriff der Privatsphäre in den Vereinigten Staaten bis heute prägt.

In Geuss' Darstellung ist das »Recht auf Privatsphäre« erstmals im Rahmen eines erstaunlich aktuell wirkenden Medienskandals gefordert worden, als ein Abwehrrecht von Begüterten gegen die Neugierde einer Masse von weniger wohlhabenden Lesern. Damit wäre die Forderung nach Privatsphäre in einem erkennbaren sozialen Gefälle aufgetreten und damit eng an Besitz und dessen Abschirmung gekoppelt. Man könnte einwenden, dass Littré schon in seinem Dictionaire (1863–72) eine ähnliche Forderung erhebt: »Privates Leben braucht Wände um sich. Niemand darf ausspähen oder preisgeben, was in der Wohnung eines Privatmannes geschieht« heißt es dort. Interessant ist, dass das in Bürgertum und Liberalismus entwickelte »Recht auf Privates Leben«, egal ob man seine Definition auf 1820 oder 1890 legt, psychologische mit räumlichen Kategorien kurzschließt: *Intérieur*, bei sich sein, als Voraussetzung für Identität.

Das mag auch damit zusammenhängen, dass im Bürgertum eine Unsicherheit über die eigene Position – und Angst vor den unteren Klassen herrschte. Der Arzt Dr. Taxil schreibt, das Proletariat besitze »bis auf wenige rühmliche Ausnahmen die ganze Unwissenheit, den Aberglauben, die unedlen Gewohnheiten und verkommenen Sitten der Kinder des Waldes. Ihre Vulgarität, Ungehobeltheit, Kurzsichtigkeit und Verschwendungssucht, verbunden mit primitiven Freuden und der Gesundheit abträglichen Orgien sind – ich sage es ganz vorurteilslos – nicht zu beschreiben: Das Bild geriete allzu garstig.«[15]

Um die Mitte des 19. Jahrhunderts beobachten Soziologen wie Roger Henri Guérand einen zunehmenden Segregationsprozess: Das bürgerliche Milieu kapselt sich ab. Talleyrand wird die Aussage zugeschrieben: »Das Leben des Bürgers muss von einer Mauer umschlossen sein.«[16] Schon mit der Restauration setzte die soziale Differenzierung der Wohnviertel ein; die soziale Differenzierung im Haus (Mansarde arm, Belle Etage reich) löste sich in der Folge auf, weil die Bewohner der Belle Etage in die wohlhabenden neuen Viertel abwanderten.

Im Paris unter dem Stadtplaner Haussmann, aber auch in Berlin und London wurden die einfacheren Leute schließ-
lich an den Stadtrand gedrängt und dort als Proletarier ghettoisiert[17] – und kamen aus Sicht der verschreckten Bürger als bedrohliche, verdrängte Masse wieder zurück ins bereinigte Zentrum. Luise Mühlbach entwirft 1846 in ihrem »Roman in Berlin« ein Schauerbild des entfesselten Proletariats: Jeden Morgen zögen »ganze Herden räuberischen Gesindels durch das Hamburger Tor zur Stadt hinein und verbreiten sich wie die Pest über alle Teile derselben«.[18]

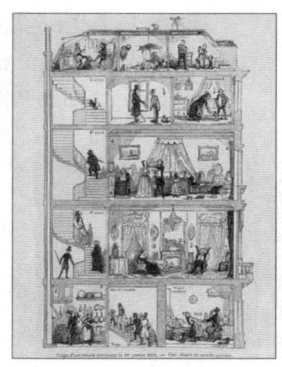

Dementsprechend führt das Großbürgertum in den neuen Sphären der öffentlichen Welt des 19. Jahrhunderts Kapseln des Privaten ein, die ein Unter-sich-sein aufrechterhalten sollen:

Schiffskabinen und Bahnabteile der ersten Klasse, private Bäder und Wintergärten. Im Theater die Privatloge.

Utopien der totalen Öffentlichkeit

Die klassische Utopie dagegen kennt das Private nicht. In den großen utopischen Romanen des 16. bis 19. Jahrhunderts, also Morus' »Utopia« von 1516, Vairasse d'Alais' »Geschichte der Sevaramben« von 1702 und Rétif de la Bretonnes »Entdeckung des Südens« von 1781, leben die Menschen in Kollektiven, die keinerlei Form von Privatheit erkennen lassen.

»Es gibt kein Haus, das nicht, genauso wie es ein Vordertor zur Straße hat, eine Hinterpforte zum Garten besitzt«, heißt es in Morus' »Utopia«. »Diese zweiflügligen Türen, die durch einen leichten Druck der Hand zu öffnen sind und sich darauf wieder von alleine schließen, lassen einen jeden ein: Es gibt keinerlei Privatbesitz. Denn sogar die Häuser wechseln sie alle zehn Jahre durch Auslosung.«[19] Ein Garten für Sport, Spiel und kulturelle Darbietungen soll alle Privatheit verhindern, es gibt Höfe und Gemeinschaftshallen.

Die Vollkommenheit einer Gesellschaft wird imaginiert als ein Zustand, der nichts Privates mehr notwendig werden lässt. Es wird zusammen gegessen, zusammen gefeiert, die Häuser in »Utopia« haben keine Fensterläden und keine Türen, niemand kann sich verbergen. Im »Nachtrag zu Bougeainvilles Reise« wird sogar der Geschlechtsverkehr unter Anfeuerung des Kollektivs im öffentlichen Raum vollzogen: »Die Transparenz der Herzen verwirklicht sich im

Häuser aus Thomas Morus' »Utopia«

öffentlichen Raum, der vom Staat markiert und kontrolliert wird«,[20] schreibt Jean Marie Goulemot und verweist auf die Nähe der Utopien zum Modell des absolutistischen Staates. »Der private Raum gilt nicht als Ort einer eroberten oder bewahrten Freiheit (so wie etwa die heimliche Liebesaffäre in Orwells 1984) sondern als Ort, an dem sich das Individuum von seinen Mitmenschen abgrenzt (…) In dem Wunsch nach Zurückgezogenheit erkannte man nicht Opposition gegen die allgegenwärtige Kontrolle durch die Obrigkeit, sondern moralische Verwirrung«.[21]

Noch Roland Barthes treibt diesen Gedanken 1977 in seiner Vorlesung am College de France, die unter dem Titel »Wie zusammen leben« veröffentlicht wurde, weiter zu einer Utopie eines Lebens im vollkommen offenen Raum: »Gibt es ein Gegenmodell zur Hütte«, fragt Barthes – und findet es bei Piranesi: » Die Carceri wären das Gegenbild zur Hütte (man beachte: sie sind weiträumig, keinerlei Zellen, dämonische Perspektive stürzender Linien). Piranesi: ›Aus der Angst heraus entspringt Vergnügen.‹ Diese dramatische, kritisierte Öffnung des Rückzugsorts, diese Verwerfung des Zimmers, des Inneren als Zufluchtsort und Genuss … dieser Ort leidenschaftlicher Erregung, diese dekorative und hysterische Transparenz: die *magnificenza*.«[22]

Die Erfahrungen mit realen Systemen, die ihren Bürgern kein Recht auf Geheimnisse und Alleingelassenwerden einräumten, führte vor allem nach 1945 dazu, dass die Rechtsprechung nicht nur das Recht auf Privatsphäre neu definierte; die Unverletzlichkeit der Wohnung ist ein in Art. 13 Grundgesetz geregeltes Grundrecht.

Recht und Architektur

Das Bundesverfassungsgericht erkennt einen »Bereich privater autonomer Lebensgestaltung« als unbedingt schützenswert an, »in dem der
Einzelne seine Individualität entwickeln und wahren kann«,[23] und kop-
pelt die Herausbildung von »Identität« damit an die Frage von Räumen;
das Grundgesetz kennt einen absolut geschützten, also unantastbaren
Kernbereich privater Lebensgestaltung, der sich aus der Menschenwürde-
garantie des Art. 1 Abs. 1 GG ableitet und der Öffentlichkeit, dem Staat
unter allen Umständen entzogen ist.[24] Aber wo ist dieser »Bereich« zu
verorten? Auch im Büro, oder nur in der Wohnung? Und dort überall?
Was gehört zu jenem »Kernbereich«, aus dem sich der Staat in jedem
Falle – sogar bei der Aufklärung eines Mordfalls – herauszuhalten hat:
auch im Wohnzimmer? Oder nur im Schlafzimmer? Oder ist dieser
»Kernbereich« gar nicht räumlich, sondern wieder nur situativ festzu-
machen?

Obwohl die Frage eine zentrale für das Selbstverständnis eines
Staatswesens im Verhältnis zu seinen Bürgern ist, bleibt bis heute letztendlich unklar, wie dieser »Kernbereich der privaten Lebensgestaltung«
räumlich oder situativ zu definieren und wie er verfassungsrechtlich zu
begründen wäre.

Unter Juristen wird dabei auch die Ansicht vertreten, dass es keinen
Bereich der menschlichen Freiheit gibt, der absolut geschützt wäre.[25]
Denn auch wenn im Urteil zum Großen Lauschangriff vom 3. März 2004
betont wird, dass »zur Unantastbarkeit der Menschenwürde die Aner-
kennung eines absolut geschützten Kernbereichs privater Lebensgestaltung« gehöre, wird der Große Lauschangriff als äußerstes Mittel der
Strafverfolgung für verfassungskonform erklärt. Er kann zur Abwehr
dringender Gefahren für die öffentliche Sicherheit angeordnet werden.

Wann das der Fall ist, müssen die Ermittler entscheiden; die absolute
Rechtsnorm eines »unantastbaren Bereichs« wird im Ermessensspiel-
raum der Polizei aufgelöst wie ein Stück Fleisch in Säure. Die Folgen,
die diese juristische Aufweichung der Mauern des Privaten für die Psy-

chologie des Wohnens und der Privatheit hat, sind noch überhaupt nicht abzusehen. Die Angst vor Gefahren hat auch hier über das Versprechen eines selbstbestimmten Lebens gesiegt.

Die juristische Diskussion um den Lauschangriff zeigt, wie schwer man sich mit dem geforderten Schutz eines »letzten unantastbaren Bereich des Privaten« tut. Wer eine Wohnung physisch betritt, um Abhöreinrichtungen zu installieren, verletzt juristisch gesehen die Privatsphäre der Wohnung; die Überwachung der Räume mit Richtmikrophonen und Wärmebildern von außen ist ebenfalls ein Eingriff,[26] das Abhören des Telefons und Online-Durchsuchungen aber nicht.[27]

Michel Foucault spricht von Panoptismus, wenn der Bürger überall mit der Anwesenheit eines spähenden Staats rechnen muss,[28] und sein Verhalten diesem Umstand anpasst; diese Verängstigung des Bürgers, argumentiert das Verfassungsgericht im sogenannten Volkszählungsurteil, beeinträchtige nicht nur die individuelle Selbstentfaltung, sondern in dramatischem Maß auch das öffentliche Leben. »Mit dem Recht auf informationelle Selbstbestimmung«, heißt es im Urteil, »wären eine Gesellschaftsordnung und eine diese ermöglichende Rechtsordnung nicht vereinbar, in der Bürger nicht mehr wissen können, wer was wann und bei welcher Gelegenheit über sie weiß. Wer unsicher ist, ob abweichende Verhaltensweisen jederzeit notiert und als Information dauerhaft gespeichert, verwendet oder weitergegeben werden, wird versuchen, nicht durch solche Verhaltensweisen aufzufallen.«[29]

Wo eine weltweite Ausspähung durch staatliche Institutionen, wie sie im Fall der NSA-Datenerhebungen stattfindet, zusammentrifft mit einer an privatwirtschaftlichen Interessen orientierten Datenerfassung, wie sie Amazon, Google und Facebook betreiben, potenziert sich der unsichtbare panoptische Terror. Wenn Algorithmen aufgrund der erhobenen Informationen das zukünftige Verhalten von Bürgern berechnen, um ihr Konsumverhalten, ihre Ängste, Bedürfnisse und Verhaltensweisen zu steuern, ist genau die »Denaturierung zum bloßen Informationsobjekt« erreicht, vor der das Recht auf »informationelle Selbstbestimmung« einmal schützen sollte.

Anders gesagt: Die vom Bundesverfassungsgericht befürchtete »Gefährdung der freiheitlichen Grundordnung durch vom Betroffenen unbeherrschte Datensammlungen unter den Bedingungen moderner Informationstechnik« ist längst da.

Die grundlegende Frage, die sich hier stellt, lautet, ob eine Gesellschaft Komfort und Sicherheit oder Freiheit und Selbstbestimmung als höheres Gut wahrnimmt: Ob sie in Kauf nehmen will, dass die Aufklärung einer Straftat misslingt, weil der Staat aus Achtung vor einer als unantastbar definierten intimen Sphäre nicht alle Möglichkeiten ausschöpft, die er besäße, um an Informationen zu kommen.

Man kann in den diversen Urteilen zur informationellen Selbstbestimmung Versuche erkennen, einen Schutzraum des Eigenen zu retten, der gar nicht einmal primär durch staatliche Lauschanstrengungen, sondern vor allem durch kommerziell motivierte, bei Bedarf dann auch durch staatliche Stellen auswertbare Datenerhebungen zu erodieren droht. Bewegungsprofile im Internet, die angeblich Komfort und Sicherheit dienenden Big Data-Erhebungen in Autos und Wohnungen, verraten als virtuelle Psychogeographie des Einzelnen, als Kartographie seiner Vorlieben, Gewohnheiten, Vorstellungen und Gemütszustände, deutlich mehr als das Gemurmel, das man mit Richtmikrophonen in einem Schlafzimmer aufzeichnen kann.

Christian Heller weist in seinem Buch zur »Post-Privacy«[30] darauf hin, dass im Internet jeder Wunsch, etwas geheim zu halten, an den Hochrechungsfähigkeiten von Algorithmen scheitern muss. Wer will, dass seine sexuellen Vorlieben privat bleiben, konnte sich früher in genügend blickdichte Räume zurückziehen, während heute am Massachusetts Institute of Technology ein Verfahren entwickelt wurde, »um die Homosexualität von Männern mit Facebook-Profil mit hoher Wahrscheinlichkeit zu ermitteln, selbst wenn sie weder Fotos einstellen noch Vorlieben, egal welcher Art verkünden. Alles, was man dafür braucht, ist eine Analyse ihres sozialen Umfelds auf Facebook: Dort ist man ja vor allem, um mit Freunden, Verwandten und Bekannten in Kontakt zu bleiben. Oft genug (es lässt sich abstellen, aber so besorgt sind nur wenige) führt man sie sogar in einer für alle Welt sichtbaren Freundesliste auf. Am MIT fand man nun heraus: Ob ein Student schwul ist, lässt sich näherungsweise vorhersagen über einen bestimmten Anteil von Männern unter seinen Facebook-Freunden, die sich auf ihren eigenen Profilen als schwul outen.«[31]

Was heißt das für die Wohnung als einen möglichen Raum des Privaten – was nützt die Tür, wenn Big Data einem ins Zimmer und auf allen Pfaden im Netz folgen kann?

In den vergangenen Jahren haben China, der Iran und diverse nordafrikanische Despotokratien in dem Moment, wo unzufriedene Untertanen sich über digitale Medien zu Protesten verabredeten wie in Kairo oder für die Regierung ungünstige Informationen über Korruption und Schlamperei ins Netz stellten wie in China, das Internet und die Mobilfunknetze abgeschaltet, um diese Form von Öffentlichkeit zu unterbinden, die eine noch bedrohlichere, die physische Besetzung der Plätze, nach sich zog.

Stadtguerrilla-Bewegungen, die nach dem Vorbild des »Kommenden Aufstands« – jener in Frankreich von einem »unsichtbaren Komitee« verfassten Anleitung zur Sabotage gesellschaftlich relevanter Institutionen[32] – nach Formen des Protests gegen einen panoptischen Staat suchen, gehen mehr und mehr dazu über, den Gebrauch von Mobiltelefonen und Computern so weit wie möglich einzustellen, um sich ihre Unsichtbarkeit und damit verbundene Unsteuerbarkeit zu erhalten. Diese Kollektive ohne Internet trauen dem vom Artikel 13 GG versprochenen Frieden nicht und streben ein Ideal von Spurenlosigkeit an, das an die Stadtguerillas der siebziger Jahre erinnert.

Das Geraubte und das Eigene
Pathologie des Privaten

Über das Private und das Öffentliche wird vor allem in Kategorien der Verteidigung eines Terrains gegen den Zugriff eines Kollektivs – sei es durch den Staat, sei es durch andere Menschen – gesprochen. Die Terminologie des Kampfes wird begriffsbestimmend für die Privatheit: Privat ist das, was gegen das Eindringen der Öffentlichkeit, des Staates verteidigt werden soll.

Im deutschen Recht ist von einem Abwehrrecht die Rede. Der Grund mag historisch in den Erfahrungen mit totalitären Systemen, die ihren Mitgliedern keinerlei Recht auf Alleinsein und keinen Rahmen für eine grundsätzlich unantastbare Handlungsautonomie boten, zu suchen sein. Aber auch die Sprache definiert einen negativ-defensiven Vorstellungsrahmen, in dem sich unser Bild von Privatheit konkretisiert.

Die Vorstellung, die wir in Westeuropa und Amerika vom Privatsein haben, ist geprägt von einem aggressiven Begriff: *privare* heißt im Lateinischen »berauben«. »In privato« zu sein, bedeutet demnach, sich in einem Raum zu befinden, den man vorher einem kollektiven Ganzen entrissen hat und den man fortan gegen die Zudringlichkeiten der Anderen verteidigen muss. Die Privatsphäre wird damit als Raub vorgestellt, die Herausbildung des Eigenen als aggressiver Akt gegen die Gemeinschaft: Man raubt etwas und macht es den anderen unzugänglich, dann erst kann man *apud se*, bei sich, zuhause sein.

Verstärkt wird dies durch die in der westlichen Philosophie herrschende Vorstellung, die Konstitution des Eigenen, des Selbst, sei ein Akt der Abgrenzung gegen die Welt. Das Private wird demnach als letztendlich aggressiver Akt der Inbesitznahme eines Teils von etwas gedeutet, der ursprünglich allen gehörte, so, wie man ein freies Stück Land parzelliert und dabei versucht, die größte oder beste Parzelle zu ergattern und in der Folge zu verteidigen. Das Private, das Alleinseindürfen und Ungestörtbleiben, das Recht auf Nichtbeachtung, das die Bostoner Anwälte 1890 einforderten, ist in dieser Vorstellung etwas, das erkämpft und gegen Andere durchgesetzt werden muss, und dafür findet man schon in der Baugeschichte des Altertums Beispiele: So entstand in der Stadt Vroulia an der Südspitze von Rhodos Ende des 8. Jahrhunderts vor Christus eine »rasterartige Reihenhaussiedlung, bei der – vielleicht zum ersten Mal im Mutterland – der private, zum Haus gehörige Hof von einer Mauer begrenzt ist. Die hier vollzogene genaue Definition des Privatraums der einzelnen Häuser entspricht einem gesellschaftlichen Wandel, der durch eine immer deutlichere Trennung der privaten von der öffentlichen Sphäre gekennzeichnet ist«,[33] während bei den Konglomeratssiedlungen noch, »wenn der Boden rechtlich noch nicht genau definiert war, für die Bewohner der dicht an dicht stehenden Häuser die Versuchung« bestand, »Anbauten auf Kosten von Straßen und anderen Freiräumen zu errichten.«[34]

Die Vorstellung von Privacy als einer Eigenschaft, die erkämpft und verteidigt werden muss, ist zwar verbreitet, aber begründungsbedürftig und keineswegs alternativlos. Sie setzt einen Ursprung des Menschen im Kollektiv voraus: Aus einer Masse von Menschen tritt dann einer hervor, zieht einen Kreis, baut vielleicht darin eine Behausung, sagt, hier darf niemand herein und verteidigt sein Eigenes, seine Zelle gegen die Anderen.

Die japanische Architektur weist in eine andere Richtung. In Fujimotos »house before house« driften die Zimmer auseinander, die Natur wächst in die Flure und bildet neue Mikroplätze zwischen den Wohnzellen. Das Haus wird auseinandergenommen – und mit ihm das Arsenal der Begriffe, in denen es gedacht wird.

Das Private, die Kapsel, in die man sich zurückzieht, ist hier nichts, das aus dem gemeinschaftlichen Raum abgetrennt wird, so, wie man in mittelalterlichen Dorfgemeinschaften vom Dorfanger mit Zäunen ein Stück abtrennte und für privat erklärte. Hier ist es umgekehrt: Individuelle Zellen werden zu einem Kollektivraum verdichtet, der nicht zur Auflösung dieser Zellen führt. Der »öffentliche Raum« entsteht zwischen diesen Zellen.

Darin liegt ein wichtiger theoretischer Unterschied. Denn der Begriff des »Privatums« selbst ist bereits eine Vorfestlegung des Verhältnisses von Individuum und Gemeinschaft. In einer Vorstellung, in der es zuerst ein Kollektiv, etwa gemeinsames Land, gibt, von dem dann einer etwas für sich abtrennt, das die anderen nicht mehr ohne seine Genehmigung betreten dürfen, haftet dem Privaten immer ein negativer Beiklang an; die Anderen werden im Akt der Privatisierung ausgeschlossen.

Eine andere Vorstellung wäre, dass am Anfang der Einzelne steht, der sich erst danach zu solidarischen Kollektiven zusammentut; dass das Private, Einzelne, Einsame also der Anfangszustand des sozialen Spiels ist, und der Einzelne sich mit seiner Zelle auf die Suche nach anderen Zellen begibt und Kollektive erst bildet. In dieser Vorstellung wäre das Private etwas, das in der Folge vielleicht auch hin und wieder verteidigt werden müsste, aber nichts primär aus einem aggressiven Akt gegen ein präexistentes kollektiv Entstandenes.

In dem einen Fall ist erst das Kollektiv da, gegen das das Individuum sich durch Wegnahme von Gemeinsamem definiert. Im zweiten Fall bildet das Individuum als in seinen Grenzen definiertes Wesen mit Anderen eine Gemeinschaft. Im ersten Fall haben wir es mit einem Akt des Verschließens, im zweiten mit einem des Öffnens zu tun. Es wäre interessant zu erforschen, was diese Perspektivverstellung für eine Theorie des Eigenen bedeuten würde.

Das traditionelle japanische Haus kennt die scharfe Trennung des Öffentlichen vom Privaten nicht. Es hat keine gemauerten, oft fensterlosen Wände mit massiven Holztüren wie im antiken Athen, sondern vergleichsweise fragile Schiebeelemente und einen terrassenartigen Engawa, die überdachte Zwischenzone zwischen dem mit Tatami-Matten ausgelegten Innenraum und dem Außenraum, die über die Shoji, die leichten Schiebeelemente, entweder dem einen oder dem anderen zugeordnet werden kann. Als Schutzraum schirmt das Haus den Bewohner nicht horizontal vom Straßenraum und anderen Menschen ab, sondern, durch sein großes, weit auskragendes Dach, vertikal von den Naturgewalten, von starker Son-

Traditionelles japanisches Haus mit großem Dachüberstand

neneinstrahlung, Schlagregen und Schnee. Einen direkt mit dem euro-amerikanischen Konzept der »Privacy« vergleichbaren Begriff gibt es im Japanischen nicht; erst spät, parallel zur Übernahme westlicher Bau- und Lebensformen kommt das Lehnwort »Puraibashi« in Japan an.

Die Definition von etwas Individuellem, »Privatem«, ist in der japanischen Zellenarchitektur also kein Akt der »Beraubung« des kollektiven Raums, sondern seine Voraussetzung für diesen: Anders als in der klassischen Wohngemeinschaft, wo eine einzige große Wohnung in private Räume aufgeteilt wird, sind die neuen japanischen Wohngemeinschaften aus Clustern bereits als »privat« definierter Zellen zusammengesetzt – die Yokohama Apartments sind nur ein Beispiel dafür. Darin liegt eine ganz andere Idee von Privatheit und Bei-sich-sein. Für die Architektur bedeutet es die Zusammensetzung von Kollektivwohnprojekten aus autonomen Zellen, die auch im engen Verbund genügend Freiraum brauchen, um als autonome Zellen zu bestehen. Konkret heißt das: Eine solche wie aus Mosaiksteinen zusammengesetzte Kompositarchitektur bräuchte für jede Zelle einen wie auch immer kleinen Garten, in dem man ungestört in der Hängematte liegen kann; einen Ort, an dem man ungesehen kochen kann, während für größere Feste eine kollektive Küche und kollektive Gärten zur Verfügung stehen. Unverzichtbar ist außerdem die Möglichkeit, ungesehen von anderen Mitgliedern des Kollektivs die Wohnzelle zu verlassen.

Aber wozu, fragen die Philosophen, überhaupt eine Privatsphäre? Geuss nennt drei mögliche Gründe, jenseits des Rechts auf körperliche Unversehrtheit die Privatsphäre als Bereich zu schützen, in dem »anderen Personen, die ich mir nicht ausgesucht habe, der physische oder kognitive Zugang zu mir verwehrt sein sollte«:[35] erstens die Konkurrenzfähigkeit, die es mir erlaubt, einem Gegner Informationen vorzuenthalten, die ihm mir gegenüber einen Vorteil verschaffen würden. Zweitens, um Tätigkeiten ausüben zu können, die ein gewisses Maß an Konzentration erfordern; drittens, weil das Wissen um die Gegenwart Dritter sich hemmend auf die Ausübung bestimmter Praktiken (Fluchen, Briefe schreiben, Sex) auswirken könnte, die als persönlichkeitskonstituierend anerkannt werden (was eine Errungenschaft der Neuzeit ist; beidem wurde im Mittelalter meist kein eigener Raum zugestanden). Dieser Grund würde nur wegfallen, wenn es gelänge, »anstatt Barrieren der Privatheit zu errichten«, die »sozialen Einstellungen« (Geuss), also das Ekel- und Schamgefühl, so zu ändern, dass eine Abschirmung nicht mehr nötig wäre. Was heißt das genau? Dass man, wenn man in einer Gesellschaft übereingekommen ist, dass man im öffentlichen Raum weder schläft noch Sex hat, aus dieser Übereinkunft entweder folgert, dass man dann abgeschottete, allen Blicken entzogene Räume für diese Tätigkeiten schafft (die »liberale« Reaktion, die den Menschen so nimmt, wie er gerade ist) oder (die utopisch-paternalistische Reaktion) überlegt, ob man die Gründe dafür abschafft, dass sich jemand unwohl fühlt bei dem Gedanken, im öffentlichen Raum schlafen oder Sex haben zu müssen; dies ist mit den »sozialen Einstellungen« gemeint.

Jenseits der Frage, ob dieser Wandel der Schamgrenzen wünschenswert ist, stellt sich die Frage, ob, und unter welchen zivilisatorischen Opfern er wahrscheinlich wäre – auch wenn, wie Geuss erfreut erwähnt, unter etymologischen Gesichtspunkten in der Antike »das Öffentliche und die Geschlechtsteile *(publicus, pubes)* nicht so weit auseinander« lagen.[36] Solange bestimmte Ekel- und Schamgrenzen noch festzustellen und gesellschaftlich gewünscht sind, braucht es abschirmbare Räume des Privaten.

Architektur der Gastfreundschaft

And here they take their sweet repast
While house and grounds dissolve
And one by one the guests are cast
Beyond the garden wall
And no one knows where the night is going
Leonard Cohen, *The Guests*

Es wäre Unsinn, zu behaupten, etwas sei entweder privat oder öffentlich, so wie es Unsinn wäre, zu behaupten, es gäbe nur Geburt oder Tod; interessant ist in beiden Fällen der große Zwischenraum zwischen den Extrempunkten. Hier hat die Theorie des Öffentlichen und des Privaten eine große Leerstelle – in der das Interessanteste passiert.

In der Literatur wird vermehrt schon am Ende des 19. Jahrhunderts mit der Erschütterung klarer Raumkategorien gespielt. Mary Gallagher hat in ihrer Analyse von Paul Valérys Novelle »Monsieur Teste« und Marcel Prousts »Combray« gezeigt, wie sich in den Beschreibungen von Theater und Schlafzimmer die Kategorien des Privaten und des Öffentlichen überblenden: Während Monsieur Teste im Theater mit sich allein ist, ein Beobachter der Menge, kommt es im Schlafzimmer zu einer seltsamen, fast kafkaesken Begegnung mit dem Erzähler, in deren Verlauf Monsieur Teste erklärt, er werde sich jetzt schlafen legen, der Besucher könne jedoch noch bleiben.[37]

Wäre ein Dasein jenseits der juristischen Kategorisierung von Räumen als soziale, private und intime denkbar?

Auf Höfen und am Hof, in Bauernkaten und Schlössern herrschte eine heute unvorstellbare Öffentlichkeit des Wohnens. In einem normalen Haus lebten im 18. Jahrhundert durchaus einmal zehn Menschen miteinander – dazu zahlreiche Gäste.[38] Montaigne erwähnt als Besonderheit alemannischer Gasthäuser, dass man in ihnen ein Zimmer bekam, welches man erreichte, ohne die anderen durchqueren zu müssen.[39] »Sozialität bedeutet auch Gastlichkeit. Jeder umgängliche Mensch hielt die Tür seines Hauses offen, lud an seinen Tisch ein und bot den Schutz seines Daches an. Es gab weder Ort noch Zeit, die für das private

Leben reserviert waren«,[40] schreibt die Sozialhistorikerin Madeleine Foisil und bringt einen anderen Begriff ins Spiel: den der Gastfreundschaft, der *Hospitality*.

Geuss und Derrida
Wohnen und Gastfreundschaft

Raymond Geuss kritisiert eine Konzeption von Privatheit, derzufolge »das Individuum als der autonome Ausgangspunkt für jede Theoriebildung und Wertebildung selbstverständlich zuerst kommt«[41] und das Gemeinwesen seine Rolle darin zu finden hat, die Sicherheit und das Wohlsein des Einzelnen zu fördern und zu verteidigen. Vor allem der klassische Liberalismus versteht das Recht, sich gegen die Anderen abzuschotten, als eine Grundvoraussetzung individueller Subjektivität. Dabei belässt er es. Dagegen steht das Ideal einer Gesellschaft, die ihre Mitglieder zwar nicht zur Aufgabe eines Bereichs autonomer Lebensgestaltung zwingt (was in letzter Konsequenz in den Terrorstaat führen würde), aber jenseits des Rechts auf Rückzug auf eine Form von *Hospitality*, Großzügigkeit und Gastfreundschaft verpflichtet.

Dass beides überhaupt eingefordert werden muss, ist eine Folge der übererfolgreichen Verteidigung der *Privacy* in der Moderne.

Die Aufzeichnungen des französischen Autors Gilles de Gouberville (1521–1578), der Mitte des 16. Jahrhunderts ausführlich Tagebuch über das Alltagsleben seiner Zeit führte, belegen, dass in der Küche und in der »Salle«, egal zu welcher Tages- oder Nachtzeit, Gäste empfangen wurden: »Es gab weder Zeit noch Ort, die für das private Leben reserviert waren«, fasst Madeleine Foisil zusammen: »Niemand störte, der zu einer – wie wir heute sagen würden – ungehörigen Zeit und noch dazu in einem ausdrücklich privaten Raum erschien. Oft wurde dem Gast, der überraschend in die Küche des Herrenhauses kam, Speise angeboten – Frühstück, Mittagessen oder Abendessen; man wurde eingeladen, sich an den gedeckten Tisch zu setzen.«[42] Vor allem bot man Fremden Nachtquartier; wenn der Tag in Mesnil-au-Val zu Ende ging, »beherbergte Gilles de Gouberville den Besucher unter seinem Dach und bewahrte ihn vor den Gefahren der dunklen Wege (...) die Gäste, die in dieser Weise aufgenommen wurden, waren erstaunlich unterschiedlicher Herkunft: Bauern, Dorfbewohner, Handwerker, Justizbeamte, Adlige.«[43]

Man kann argumentieren, dass diese Rolle des Hauses seit langem schon an Restaurants und Hotels delegiert wurde; man muss sich aber die Konsequenzen dieser Auslagerung vitaler Funktionen des Hauses als Ort des Empfangs und der Begegnung klarmachen: Es wurde von einem Ort, an dem sich das ganze Leben abbildete und stattfand, zu einer Schlafzelle für die nukleare Kernfamilie.

Die Philosophie hat die modernen Reduktionen des Wohnens immer wieder aus den unterschiedlichsten Richtungen kritisiert.

1951 wird Martin Heidegger eingeladen, bei den Darmstädter Gesprächen des Deutschen Werkbundes einen Vortrag zu halten. Unter dem Titel »Bauen, Wohnen, Denken« entwickelt er eine Theorie der Wohnungsnot, die nicht nur die physische Unbehaustheit nach den Zerstörungen des Zweiten Weltkrieges meint, sondern eine existentielle Unfähigkeit zum Wohnen im Sinne des Daseins auf der Welt – was man auch als einen Versuch des politisch kompromittierten Philosophen lesen kann, dessen Antisemitismus nicht zuletzt in seinen »Schwarzen Heften« deutlich zutage tritt,[44] die Diskussion von der politischen in eine anthropologisch-existentielle Ebene zu überführen. »Die eigentliche Wohnungsnot,« schreibt Heidegger, sei »älter als die Weltkriege und die Zerstörungen, älter auch denn das Ansteigen der Bevölkerungszahl auf der Erde und die Klage des Industrie-Arbeiters. Die eigentliche Not des Wohnens besteht darin, dass die Sterblichen das Wesen des Wohnens immer wieder suchen, dass sie das Wohnen erst lernen müssen. Wie, wenn die Heimatlosigkeit des Menschen darin bestünde, dass der Mensch die eigentliche Wohnungsnot noch gar nicht als die Not bedenkt?«[45]

Diese Not sieht Heidegger in einer falschen Idee vom In-der-Welt-Sein. Gegen das Argument, der Mensch habe als ursprüngliche Erfahrungen Geborgenheitserlebnisse in Wiege, Schoß, Haus und Heimat, stellt er die Denkfigur der Seinsgeworfensheit; am Anfang des Daseins in der Welt stünden die Freiheit und die Angst des in eine unheimliche Welt Geworfenen. Nicht die Gruppe, in die der Mensch hineingeboren werde, sondern der Einzelne, der sich auf die Suche macht, wird damit an den Anfang gestellt. Schon in »Sein und Zeit« hatte Heidegger sich mit der Illusion eines »selbstverständlichen ›Zuhause-seins‹«, das »die Öffentlichkeit des Man« in »die durchschnittliche Alltäglichkeit des Daseins« bringe, befasst.

Der »Raum des Wohnens« ist bei Heidegger das genaue Gegenteil seiner landläufigen Definition etwa als ein »von Wänden fest Umschlossenes, mit einer Decke über dem Kopf und einem Boden unter den Füßen.«[46]

In ähnlicher Weise beschäftigt sich Heidegger in »Unterwegs zur Sprache« mit Georg Trakls Gedicht »Winterabend«.

Wenn der Schnee ans Fenster fällt,
Lang die Abendglocke läutet,
Vielen ist der Tisch bereitet
Und das Haus ist wohlbestellt.

Mancher auf der Wanderschaft
Kommt ans Tor auf dunklen Pfaden.
Golden blüht der Baum der Gnaden
Aus der Erde kühlem Saft.

Wanderer tritt still herein;
Schmerz versteinerte die Schwelle.
Da erglänzt in reiner Helle
Auf dem Tische Brot und Wein.

Heidegger widmet sich vor allem dem enigmatischen Schmerz, der die Schwelle versteinerte, und dem das Bild der reinen Helle und des Tischs mit Brot und Wein gegenübersteht.

Der Mensch betritt die Welt als Einzelner, Fremder, der Gast sein möchte: In der Literatur hat diese Figur eine lange Tradition. Der Sänger und Autor Leonard Cohen bezieht sich in seinen Texten auf eine Poesie des Gasts und der Gastfreundschaft, die ihre Wurzeln im Mittelalter hat: »Der persische Poet Rumi benutzt die Idee des Gasts oft, das Fest, das Gastmahl«, erklärt Cohen 1979 in einem Interview. »Es kann die Seele sein, die zur Welt kommt, und sie hat eine Idee davon, dass es ein Gastmahl, ein Fest gibt. Sie sehnt sich danach, die Gastfreundschaft der Welt zu erleben, aber es kommt nicht dazu. Sie fühlt sich verloren, sie stolpert an den Rändern der Party herum. Wenn dieses Sehnen tief genug ist, oder wenn die Großzügigkeit des Gastgebers sich dem Suchenden zuwendet, dann öffnet sich eine innere Tür, und die Seele findet sich an dieser Festtafel, und niemand weiß, was die Nacht bringen wird und warum der Wein fließt, niemand versteht, wie diese Gnade funktioniert, mal abgesehen davon, dass wir sie von Zeit zu Zeit erfahren.«[47]

Derridas Paradox der absoluten Gastfreundschaft

Auch Jacques Derrida widmet sich in mehreren Schriften dem Raum der Gastfreundschaft und dem Paradox einer *hospitalité inconditionelle*.

Die Räume, die ihn beschäftigen, sind Schwellenräume. In »Adieu« wird die Frage aufgeworfen, ob die Gastfreundschaft nicht eine Unterbrechung des Ich sei:[48] Was passiert, wenn ein Gast, ein Fremder, das Haus betritt, und willkommen geheißen wird mit den Worten »Fühlen Sie sich ganz wie zuhause«, *comme chez vous*? Der Gastgeber baut darauf, dass der Gast von dem Angebot keinen Gebrauch macht – denn würde er ernst machen mit der Einladung, könnte der Gast den Gastgeber aus dem Haus jagen. Was wäre die Ethik einer unbedingten, bedingungslosen Gastfreundschaft? Normalerweise ist das Verhältnis vom Gastgeber zum Gast notwendig eines der Unterordnung. Gastfreundschaft ist ein Akt des Souveräns: Wer dem Gast etwas anbieten will, muss etwas besitzen – *Hospitality* wäre demnach immer an Bedingungen geknüpft, die der Gast, der Fremde, zu respektieren hat. Der Fremde (xenos) wird als solcher allerdings erst durch eine Definition, einen Pakt (xenia) erkennbar. Eine Selbstdefinition als Bürger, als Gastgeber, war immer erst durch das Auftauchen von Fremden, von Gästen möglich: Sokrates war ein Athener Bürger, Aristoteles, der in Stagira geboren wurde, würde niemals einer werden können.[49]

Der Gastgeber stellt Fragen – »Wo kommst Du her?« – und macht den Anderen damit erst zum Fremden; die Frage ist ein Akt der Gewalt, der Besetzung eines Terrains. Es gäbe, so Derrida, gar keinen Fremden ohne diese Definition: Kein Xenos ohne Xenia. Unbedingte Gastfreundschaft wäre demnach ein Akt, der sich das Recht, Fragen zu stellen, nicht herausnimmt, weil er von der prinzipiellen Fremdheit aller ausgeht.

Être chez soi

Auch die Sprache, könnte man in Derridas Sinne argumentieren, bildet Zweifel an der Identität von Wohnung und Identität ab: »Zuhause sein« beschreibt eine Bewegung »zum Hause«, das Sein ist hier genau genommen eine Wanderschaft und kein statisches Verharren, sonst würde man »inhause sein« sagen. Gleiches gilt für das lateinische »esse apud se«, das englische »at home« oder »être chez soi« im Französischen, was wörtlich »bei sich sein« heißt: Man ist im Wohnen nicht identisch mit »sich«, sondern nur »bei« sich, Gast bei sich selbst. Die lokale Präposition markiert einen Raum, eine Differenz, in der die Gastfreundschaft ihren Platz hat.

Hospitality ist keine Spielart, sondern Grund aller Ethtik, mit ihr gleichbedeutend, schreibt Derrida in »Adieu«:[50] Gastfreundschaft sei die Kultur selbst und nicht eine ethische Verhaltensweise unter vielen. Die Idee einer absoluten Gastfreundschaft liegt außerhalb der Bedingungen des Rechts, jenseits aller Rechte und Pflichten, der Gastgeber darf nicht die absolute Kontrolle über sein Haus behalten wollen, der Gast müsse frei von Unterordnung und Schuld sein und dürfe nicht gezwungen sein, in fremder Sprache reden zu müssen, ja, er dürfe überhaupt nicht zum Reden gebracht werden.

Dass Wohnen ein »être chez soi« wäre, die Einsicht, Gast bei sich selbst zu sein, kehrt die Verhältnisse um. Der Gast machte den Bewohner dann erst zu dem, der das Haus öffnen und so bei sich sein kann; Wohnen ist in dieser Vorstellung nur durch das Wissen um das Gastsein möglich; die Freiheit des Wohnens läge dann auch in den symbolischen Akten der Gastfreundschaft, darin, die Selbstkonstruktion gegen Andere, das Privée für einem Moment aufzugeben. Darin scheint eine andere Idee von Identität auf, die auch Konsequenzen für das Bauen hat.

Kapitel 8

Neue Formen
des Öffentlichen

Innenstadtwaldwohnen, Raumlabor Moritzplatz Berlin

Was ist ein Platz?

Das Problem von Struktur und Form

Viele Planer glauben, dem ökonomischen und demographischen Druck durch die bloße Verkleinerung der bekannten Wohntypologien entkommen zu können. In New York wurde 2012, weil mittlerweile ein Drittel der New Yorker Stadtbevölkerung als Singles lebt, auf Anregung des damaligen Bürgermeisters Bloomberg ein Wettbewerb für Kleinstwohnungen ausgeschrieben. Die Ergebnisse dieses Wettbewerbs, die 2013 im New York City Museum gezeigt wurden, erinnern aber bis auf wenige Ausnahmen an das, was die amerikanischen Autobauer in den siebziger Jahren als Reaktion auf den Ölschock unternahmen: Sie verkleinerten einfach das dysfunktionale große Objekt. Aus einem riesigen Straßenkreuzer wurde ein lächerlich geschrumpfter Straßenkreuzer mit einem winzigen Innenraum und immer noch zu hohem Verbrauch; aus der beengten Apartmentwohnung eine noch viel engere Apartmentwohnung. Dahinter steht das Missverständnis, man könne, um Energie und Geld zu sparen, eine Form einfach verkleinern, statt sie strukturell neu zu denken. Nur ein Entwurf versucht, mit Dachterrasse, kollektiver Großküche und anderen Gemeinschaftsorten nicht nur Wohnungen zu verkleinern, sondern auf die Rückzugs- und Kommunikationsbedürfnisse der avisierten Klientel einzugehen.

Viele Formen, Häuser, Plätze leiden daran, dass sie formal auf etwas, das einmal gut funktioniert hatte, Bezug nehmen – auf den Campo di Siena etwa als typischem europäischen Platz – anstatt die strukturellen Bedingungen seines Funktionierens zu erforschen.

Was ist überhaupt heute, nach dem Wegfall der Notwendigkeit von städtischen Plätzen als Orten des Warenumschlags oder höfischer Repräsentation, ein Platz?

Ohne diese Frage zu beantworten; ohne einen Schritt hinter den Begriff und seine mögliche Bedeutung zurückzutreten, wird man nicht in der Lage sein, wirklich neue Plätze zu errichten, sondern immer wieder sinnlos das immer matter werdende Bild der italienischen Piazza nachbauen, obwohl nichts von dem noch existiert, was die Form dieser Plätze einst bedingte. Die nachgebaute Piazza ist immer eine Erinnerung an etwas, das es nicht mehr gibt, der Ausdruck einer Sehnsucht, der mit ihrer Erfüllung verwechselt wird.

Es fällt auf, dass dort, wo Plätze im formalen Sinn, also Freiflächen zwischen dichter Bebauung, neu angelegt werden, in Werbebroschüren und auf Schildern nicht das Wort Platz, sondern das italienische »Piazza« oder »Piazzetta« firmiert. Schon am Münchner Flughafen empfängt einen die »Piazza Monaco«, eine, wie es auf der Website des Flughafens heißt, »Marktplatzidylle«, auf der »italienische Spezialitäten, wie Antipasti, Pizza- & Pasta-Variationen à la minute & eine Front Cooking Station ein typisch mediterranes Flair« bieten sollen.

Ein solcher Nachbau des Campo di Siena in einer deutschen Neubausiedlung oder einem internationalen Flughafen mag in den Dimensionen dem italienischen Platz ähnlich sein, trotzdem funktioniert er nicht; der Mann, der aus dem Supermarkt herauskommt, fühlt sich nicht wie in Siena, sondern gefangen in einer geschwungenen surburbanen Ödnis; sogar an der Tankstelle herrscht mehr Leben.

All diese formalen Imitate von »Stadt« dringen nicht zur Struktur vor, sie kommen nicht zur Frage, was den Platz und die Stadt, die ihn umgab, damals ausmachte und was sich im Vergleich dazu geändert hat.

Die Stadt als Sozialmaschine
Neue Plätze

Ein Haus, das ein Platz ist. Gegen Mittag trifft man in der öffentlichen Bibliothek von Seattle verschiedene Gruppen von Menschen: Angestellte, die in den nahegelegenen Türmen arbeiten und sich zu einem Kaffee oder einer Lunchbox auf der gläsernen Aussichtsplattform am Ende der Spirale treffen, die durch Etagen mit Bücherregale führt; Studenten, die Referate vorbereiten; Rentner, die sich zwischen den Bücherregalen zu Lesegruppen zusammengesetzt haben; Menschen, die die öffentlichen Internetterminals benutzen. Unter ihnen sind einige, die 2008 ihre Arbeit und dann ihr Haus, kurz darauf auch ihren Mobiltelefonvertrag und ihren Internetzugang verloren hatten; Arbeits- und Obdachlose, für die die Bibliothek mit ihren Sitzecken und ihrem freien Internetzugang der einzige Ort ist, der es ihnen erlaubt, noch am öffentlichen Leben teilzunehmen, online nach Arbeit zu suchen und sich auf Jobs zu bewerben.

Rem Koolhaas hat 2004 diese Bibliothek gebaut, die nicht nur ein Gebäude, sondern eine neue Form von Platz ist in dem Sinne, dass hier Menschen zusammenkommen, um Informationen auszutauschen und miteinander zu sprechen und zu beobachten und Geschäfte zu machen. Auf dem Spiralweg, der durch die Bücherregale über zahlreiche Plateaus führt, flanieren die Besucher, stöbern ziellos in Büchern herum und nutzen die kostenlosen Internetterminals.

Beide Formen des Öffentlichen, die reale wie die virtuelle, und die mit ihnen verbundenen Rituale werden hier in eine Form geblendet; als Maschine, die beides fusioniert, schafft das Bauwerk einen tatsächlich zeitgenössischen Raum.

Manchmal finden hier Lesungen und Konzerte statt, man kann Kaffee trinken, muss es aber nicht; der Ort – und die dort stattfindenden Handlungen – sind nicht durch Konsumerwartungen vorstrukturiert, er ist eine Bühne, die unterschiedlich bespielt werden kann. Es ist ein Ort, der unerwartete Begegnungen und Entdeckungen ermöglicht, auch jene Intimität im Öffentlichen, die seit jeher die Anziehungskraft von Plätzen für all jene ausmacht, die nicht kommen, um Handel zu treiben, sondern um zu schauen. Dieses Gebäude ist ein Raum, der etwas Neues zwischen einem klassischen Platz und einem großen Wohnzimmer für die Stadt ist, ein Raum, in dessen frei zugänglichen Computerterminals die virtuelle und die reale Welt zusammenlaufen. Es ist ein Gebäude, das veränderten Lebensbedingungen und den veränderten sozialen Ritualen Raum gibt, eine inklusive Architektur: Hier bekommen dank der öffentlichen Computer auch diejenigen Zugang zu Informationen, die sich keinen eigenen Laptop leisten können; hier können sich die Arbeits- und Obdachlosen in der Nähe jener Menschen aufhalten, die noch Arbeit haben, und weiter am sozialen Leben teilnehmen. Eine entscheidende Qualität des Baus ist, dass er jene paradoxe Intimität im Öffentlichen garantiert, die auch zur Freiheit der Stadt gehört: Das Paar, das unerkannt im Café oder auf einer Bank sitzt und die durch die Straßen treibenden Massen beobachtet, erlebt seine Isolation als das Glück, sozialer Kontrolle entkommen zu sein, und als die Freiheit, in einem Raum des Unbekannten und der Anonymität zu sein. Diese Intimität im Öffentlichen setzt eine strömende Masse unbekannter Menschen voraus; deswegen ist Verdichtung, Überfüllung, Zufluss von Außen und Durchströmung ein wichtiges Kriterium jedes öffentlichen Raums, während ein skulpturaler, leerer Innenhof eher ein Wohnzimmer außerhalb des Hauses sein wird. Wenn ein Platz ein Raum ist, der plötzliche Begegnungen, Zusammenstöße und Ereignisse ermöglicht und eine soziale Grundhitze erzeugt, gleichzeitig aber einen Rückzug ins Eigene erlaubt, ist das Innere der Bibliothek von Seattle mehr »Platz« als die synthetischen Piazzetten der neuen Innenstadtarchitektur.

Wie Cedric Prices nie gebauter »Fun Palace« ist die Architektur in Seattle keine *Strong Form*, keine gebaute Skulptur, sondern eine Bühne, die unterschiedlich bespielt und erobert werden kann; die Außenhülle ist eher eine Art Regenschutz, der sich über die Plateaus dieser Bühnenlandschaft faltet.

Eine Kantine, die eine Bühne ist. Wer vom öffentlichen Raum spricht, denkt meistens an Straßen und Plätze. Für die meisten Menschen sind diese Räume aber vor allem Durchgangszonen. Ihr öffentliches Leben spielt sich in Fluren, Werkhallen und Kantinen ab. Sie gehören zu den schrecklichsten Orten der modernen Architektur. »Wir gehen in die

Kantine« – das heißt, wir gehen nicht hinaus, auf die Straße, zum Italiener gegenüber, schaffen es nicht ins richtige Leben, sondern müssen in der Petrischale unseres Bürodaseins bleiben und essen, eingetaucht in kalkbleiches Neonlicht, an Tischen mit abblätternden Resopalplatten halb vertrocknetes Kartoffelpüree, sehnige Koteletts, künstlich aromatisierten Nachtisch.

Wenige Architekten haben bisher Anstalten gemacht, diesen Ort erträglicher zu gestalten – dabei entspricht die Kantine neben dem Büroflur und der Teeküche ja dem, was früher, in vormodernen Zeiten, der Rand des Marktplatzes einer Stadt war: ein Zentrum des sozialen Austauschs, der Begegnung, des Gesprächs. Dass es kaum gute Kantinen gibt, ist eine Misere, deren Gründe strukturell schon im Architekturstudium angelegt sind. Für Kantinen interessiert sich keiner; man muss nur einmal vergleichen, wie viele Architekturstudenten als Diplomarbeit Kantinen entwerfen und wie viele Flughäfen oder Museen oder wie viele Artikel zum Berliner Stadtschloss erschienen sind und wie wenige zur Frage, wie man dem Arbeitsalltag des 21. Jahrhunderts eine Form geben könnte – obwohl man um Flughäfen und Stadtschlösser (vor allem, wenn man in Ditzingen wohnt) leicht einen Bogen machen kann, um die Kantine des eigenen Arbeitgebers aber nicht. Und schon deswegen ist die neue Arbeitswelt, die das Berliner Architekturbüro Barkow Leibinger in Ditzingen errichtet hat, wichtig – weil sich Architekten hier einmal den Orten zuwenden, an denen man die meiste Zeit seines Lebens verbringt.

Bei diesem Bau ist das Dach die eigentliche Sensation. Es schwebt, als habe man ein antikes, in den Boden eingesunkenes Amphitheater

überdacht, über dem rundum verglasten Restaurant, und ist keineswegs nur ein Dach im klassischen Sinne eines Deckels, den man auf vier Wände pappt; es wird zu einer Skulptur, deren Porosität an eine Koralle erinnert.

Auf feinen, durch den Raum tänzelnden Stahlträgern ruht dieses Dach, in dessen ebenfalls stählernes Trägerwerk eine zweite Konstruktion aus fünfeckigen Holzwaben eingelassen ist. Man hat es hier mit einer auf dem Kopf stehenden Ideallandschaft zu tun, einem Höhenrelief. Tageslicht fällt neben Kunstlicht in die Kantine, man sieht hinter den Waben die Wolken ziehen, ein kunstvolles, japonistisch-impressionistisches Lichtspiel verändert die Wirkung des Baus von Minute zu Minute und leuchtet durch die dünnen Ständer wie durch einen abstrahierten Pinienwald.

Zwei Freitreppen führen unter dem Dach aus der hohen Speisehalle auf eine intimere Mezzanineebene, von der aus man in den hohen Raum wie auf eine Bühne herabschaut. Bei Bedarf können die Tische (an denen man täglich in drei Schichten zweitausend Essen serviert) entfernt werden; dann wird die Halle zur Agora für Veranstaltungen, Konzerte, für eine Öffentlichkeit, wie man sie sonst auf Firmengeländen nicht findet.

Die Kantine wird solange vergrößert, bis sie die Ausmaße eines Platzes annimmt. Ihre Wände werden verglast, so dass sie nun eher tatsächlich wie ein überdachter Platz, eine Loggia oder Markthalle aussieht. So wird aus dem Zimmer, in dem Essen serviert wird, ein Platz: Der Innenraum nimmt Züge eines Außens an, er wird vom Gebäude zur Landschaft mit Wetterschutz.

Ein Turm, der ein vertikaler Park ist. Der eigene Garten ist nach wie vor ein Argument für das Haus in der Vorstadt. In Europa versuchen zahlreiche Architekten, nach japanischem Vorbild hochverdichtete Gebäude zu entwerfen, die auf jeder Etage einen Garten haben: So, wie man früher in Frankreich die Information »Gas à tout les étages« las, sehen Roland Castro und

Sophie Denissof für ihren Tour Habiter le Ciel in Gennevilliers Gärten auf allen Etagen vor. Ihr Wohnturm – die Architekten sprechen von »übereinandergestapelten Häusern«[1] türmt zweigeschossige Wohneinheiten zu einer 17-geschossigen Skulptur auf, die Gärten verbinden sich zu einem labyrinthischen Pfad, der die Einheiten zusammenbringt und die kollektiven Räume erschließt.

Geteilte Räume
Stadtstrand, Gartenstadt und
postkapitalistischer Großstadt-Urwald

Ein Platz, der ein Wald ist. Eine ganz andere Idee von »Innenstadtwaldwohnen« stellte das Berliner Architektenkollektiv Raumlabor vor: Ihr Entwurf sah vor, auf dem Kreuzberger Moritzplatz einen Wald anzupflanzen und Waldgras zu säen. Zwischen den Bäumen sollten, vom Boden aus kaum erkennbar, viele kleine Stelzenhäuser stehen; so wäre, mitten in der Stadt, ein Wald entstanden, der gleichzeitig ein Wohnviertel und ein Platz wäre; die Grundfläche, der »Waldboden«, wäre ein Raum für gemeinschaftliche Picknicks, ein Abenteuerspielplatz für Kinder, eine offene Zone ohne jede Form von Privatisierung geblieben – womit Raumlabor auch auf ein ökonomisches Grundproblem aller Stadtdiskussionen verweist, die Frage, wer über den Baugrund verfügt.

Bei Regen sollten Baumkronen Schutz bieten, mitten in der Stadt würde man vom Rauschen der Äste, nicht des Verkehrs geweckt – so die Idee; unter den locker verteilten Häusern sollte flaniert werden, sollten Artisten auftreten, Kinder würden sich jagen und in der Nacht würden Füchse durchs Unterholz streichen; es wäre nicht ein Leben wie auf dem Land, sondern ein Leben wie im Wald, auf der Rückseite der Zivilisation: Der Einbruch des Dschungels in die Stadt, wo er nur als kitschige Metapher für das Großstadthafte existiert. Aber was wäre mit dem Brandschutz, der Straßen- (hier Wiesen-)reinigung? Das Projekt stand quer zu allen ordnungsamtlichen Erlässen und verschwand deswegen im Orkus guter Ideen, die an der Bürokratie der Stadt scheitern.

Im Kern entspricht dieser Vorschlag der formalen Strategie von On Design in Yokohama – das Private wird aufgeständert, der Raum darunter gehört der Gemeinschaft. Und auch hier wurden Park und Architektur ineinander verwoben; das eine ist nicht mehr Erholung vom anderen.

Neue Räume: Prinzipien der Formbildung. Gegen die Utopie eines gemeinschaftlichen Raums mit offenen Rückzugsnischen wird gern das Argument vorgebracht, in der Theorie mögen solche Räume reizvoll sein, in der Praxis scheiterten sie, wenn keinerlei Kontrolle ausgeübt werde, an mangelnder Disziplin: Es reiche, um das Ganze unbenutzbar zu machen, wenn einer die Höhle, den Winkel auf dem Abenteuerspielplatz als Toilette missbrauche, oder zwei grölende Besoffene sich darin niederließen. Ein offener Raum sei nur durch ständige Kontrolle und ständige Präsenz von Reinigungskolonnen benutzbar zu halten. Das mag in manchen Fällen stimmen, aber kann man es verallgemeinern? Für Architekten, die neue Plätze, neue Wohnformen und andere Räume für eine sich wandelnde Gesellschaft erfinden wollen und müssen, ist die Frage der Formprinzipien entscheidend, die es erlauben, sich Räume jenseits der sprachlichen und konzeptionellen Fesseln, die sich die Disziplin der Architektur selbst angelegt hat, vor-

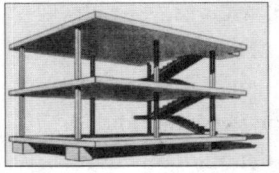

zustellen. Stapeln und Graben sind die gängigsten Arten, Raum zu schaffen. Man höhlt einen Monolithen aus – so wie es Jorge Oteiza in einigen seiner Skulpturen macht – oder man türmt Materialien zu Etagen auf, wie Le Corbusiers Maison Domino-Struktur es vorführt.

In der Kunst nennt man das eine, wo etwas abgetragen oder ausgehöhlt, also Material subtrahiert wird, Skulptur; das andere, das Dinge addiert, eine Plastik, in der Architektur ist das eine das Prinzip der Höhle, das andere das Prinzip des Nests oder der Hütte.

Innenstadtwaldwohnen, Raumlabor Moritzplatz, Berlin
Jorge Oteiza: Cortes Transversales
Maison Domino (Le Corbusier)

Aber es gibt noch andere raumbildende Prinzipien – das Prinzip der Wucherung (ausgreifend in den Raum), der Kompression (Verdichtung durch Zusammenpressen), die Kombination von Beidem, das Prinzip des Dickichts, oder das der Versandung zum Beispiel, das man von Ferienorten am Meer kennt: Sand weht über die Straße, Dünen entstehen mitten im geordneten Raum und fließen durch die Stadt, es entstehen *soft spots* in Vorgärten und auf Parkplätzen, kleine Dünen, auf denen die Kinder spielen und die Taxifahrer, die auf Kundschaft warten, sich ausruhen wie auf einer Liege. Die erkennbaren Formen werden überspült, es entstehen neue Räume durch Formauflösung.

Aber wie ließe sich das Prinzip des Strandes, der Versandung in Architektur überführen?

Versandung: Ein Haus, das eine Düne ist. Ein Universitätscampus ist meistens wie eine Stadt organisiert: Es gibt Gebäude für die Mensa, Hörsäle, Bibliothek, dazwischen einen Park – und die erste Überraschung in Lausanne ist, dass alle diese Funktionen unter einem Dach Platz finden. Das von Sanaa entworfene, 20 000 Quadratmeter große »Learning Center« der polytechnischen Hochschule von Lausanne am Genfer See ist eine gebaute Dünenlandschaft, in der alles in einem großen, offenen Raumkontinuum zusammenfließt. Von außen sieht es aus, als habe infolge eines seltsamen Experiments die Schwerkraft nachgelassen, weswegen sich der Bau vom Boden abhebt: Das Haus wellt sich und lässt unter sich schattige Plätze entstehen, während im Inneren eine schwingende Düne aus Beton entsteht.

Man tritt ein und wandert immerzu auf und ab durch einen offenen Raum, in den die einzelnen Nutzungen – eine Bibliothek mit fünfhunderttausend Bänden, eine Cafeteria, Hörsäle – wie Inseln eingestellt sind. Es ist mehr als ein dummer Witz auf Kosten der Schweiz, wenn man betont, dass der Entwurf an zwei Scheiben eines löchrigen Käses erinnere, die sich kunstvoll übereinanderwellen: Der Bau bildet mal kleine, mal große Blasen aus, die als Innenhöfe

dienen und mit anderen Blasen zu einer Außenlandschaft zusammen-
wachsen, während man drinnen wie in einem Aquarium den Strömun-
gen folgend durch das Gebäude treibt. Manchmal erinnert die Glasfassade des Baus an einen endlosen Film: Menschen wandern vorbei und
tauchen, als seien sie jetzt ins Reich der Fiktion hinübergetreten, auf der
anderen Seite hinter dem kurvenden Glasband wieder auf.

Diese ständige Unruhe ist die Stärke ebenso wie vielleicht auch die
Schwäche des Baus: Ob man hier, ohne Wände, auf Inseln im offenen
Raum, wirklich konzentriert arbeiten kann, wird sich zeigen müssen.
Auf jeden Fall aber ist diese Studierlandschaft eine neue Form von
Kommunikationsarchitektur: Auf den künstlichen Hängen kann man
in kleinen Gruppen lagern wie die Schule von Athen, wozu auch die allgegenwärtigen kugelförmigen Stoffsäcke animieren, die als Sitzschollen
in der Dünung des offenen Raums treiben. Diese Sitzsäcke erinnern
ebenso wie die Betonwellen des »Learning Center« an die Raumdyna-
misierungsversuche der fünfziger und sechziger Jahre: An Oscar Nie-
meyers Sambamodernismus, an Parents schräge Wohnlandschaften und
an Eero Saarinens TWA Terminal, dessen Form die Freuden von Abflug
und Aufbruch verkörperte. Ähnlich erfreut ist man an der École Poly-
technique über die metaphorische Aufladbarkeit des Baus – von einem
System offener Knotenpunkte war bei der Eröffnung die Rede, dazu
wurden die schummerigen Bilder neuronaler Feuerwerke gezeigt, als sei
das Haus ein gebautes Gehirn und wir die darin wild umherschießen-
den Neuronen. Man muss dieser Metaphorisierung des Baus aber gar
nicht folgen, um über seine Raumwirkung erstaunt zu sein; einerseits
wirkt das Haus mit seinen Sitzinseln so intim wie ein Wohnzimmer, andererseits so öffentlich wie ein Park, der nur mit dünnem Glas vor der
Witterung geschützt wird.

Überbelichtung. Bei diesen Versuchen, Raumvorstellungen aufzulösen,
spielt das zum Markenzeichen der neuen japanischen Architektur ge-
wordene grelle Weiß eine wichtige Rolle. Begrenzungen verschwimmen
wie beim Blick in eine Schneewüste – und während Tanizaki Junichiro
1933 in seinem »Lob des Schattens« noch die Dunkelheit traditioneller

japanischer Häuser gefeiert und betont hatte, dass erst »im unbestimmten Dämmerlicht« die Schönheit japanischer Dinge zur Geltung komme, gilt jetzt umgekehrt: Die Architektur und die Dinge darin leben von der Überbelichtung, die Raumgrenzen unscharf werden lässt.

Auch das täglich bis Mitternacht geöffnete »Learning Center« setzt auf räumliche Überblendungen; die Sitzkissenlandschaft soll Denkinseln ausbilden, die sich vernetzen und als intellektuelles Plankton durch die Wellen des Baus treiben. Daran, dass all das nicht ohne Geld zu haben ist, erinnert die etwas aufdringliche Präsenz der Sponsoren im Gebäude (Rolexuhren an allen Ecken). Trotzdem: Man kann hier sitzen, liegen, kleine und große Arbeitsgruppen bilden, auf den Rampen können sich spontane Vorlesungen ergeben. Das wirft ein paar praktische Fragen auf (Lärm, Konzentration), knüpft aber an die Idee einer »unbedingten Universität« an, die Jacques Derrida einmal forderte – einen Ort, der Räume für den »Widerstand gegen jede Form von ökonomischer, politischer, rechtlicher oder ethischer Beschränkung«[2] erfindet und so zum Bild einer anderen, offeneren Gesellschaft wird. Kulturbauten (deswegen sind sie in Krisenzeiten so wichtig) waren und sind solche Gegenöffentlichkeiten; Orte, an denen eine Gesellschaft sich ihrer selbst anders vergegenwärtigt.

Wie Künstler den öffentlichen Raum neu erfinden

Thomas Demands Nagelhaus. Das bekannteste Haus Chinas ist verschwunden. Wo es stand, sollte ein Einkaufszentrum entstehen, und am Ende haben Wu Ping und Yang Wu, die Besitzer des alten Hauses, ihren Kampf gegen Bauunternehmer, Investoren, Funktionäre und Räumungstrupps erst einmal verloren; dass sie es so hartnäckig verteidigt haben, führte dazu, dass man sie als Helden feierte, und jahrelang starrten Tausende von Schaulustigen in das große Loch, das in der Mitte der chinesischen Metropole Chongqing klaffte und aus dem, wie ein Stummelzahn, das Haus von Frau Wu und Herrn Yang herausragte, eine Sehenswürdigkeit, die darin bestand, immer noch da zu sein.

Wu und Yang wichen trotz Drohungen und diffuser Versprechungen dem geplanten Einkaufszentrum nicht; sie blieben, bis ihre Entschädigung eindeutig geklärt war. Während dieser Jahre wurden sie, wie in China üblich, unter Druck gesetzt, das Terrain um sie herum wurde in schwindelerregende Tiefen abgegraben, es war bald nicht mehr daran zu denken, das Restaurant unten im Haus weiter zu betreiben. Wu und Yang kämpften mit einer Energie, die die Behörden ratlos machte. Frau Wu informierte die internationale Presse, gab Interviews, Yang, ein ehemaliger Boxer, blieb auch, als die Bagger immer tiefer gruben, in seinem Haus, stieg unter dem Applaus der Menge auf das Dach seiner jetzt zur Insel gewordenen Immobilie, schwenkte wütend eine chinesische Fahne, so als habe er soeben im Kampf gegen die Armeen des Shoppingkönigs ein bedeutendes Stück Land zurückerobert. Die lokalen Zensurbehörden konnten ihr Verbot, über die Geschichte zu berichten, nicht aufrechterhalten; im Internet erschienen zahllose Videos und Reportagen, und Wu und Yang wurden zu Stars des zivilen Ungehorsams. Drei Jahre lang, von 2004 bis 2007, stand das Haus, von den Baubehörden zum ruinösen Turm degradiert, in dem großen Loch, das wie eine düstere Metapher des neuen Chinas im Zentrum der Stadt gähnte. Dann, im April 2007, gaben Wu und Yang auf.

Hier hätte auch die Geschichte enden können – stattdessen geht sie weiter wie Bernhard Wickis phantastischer Film »Das Wunder des Malachias«, in dem ein erzürnter Geistlicher den Herrn bittet, dass er das Haus mit der Eden-Bar, die direkt neben seiner Kirche in Gelsenkirchen eröffnet hat, vom Erdboden verschwinden lassen möge, was auch erhört wird: Das Haus mitsamt der Bar steht am nächsten Morgen auf einer Nordseeinsel. Ähnlich fremd hätte das chinesische Haus von Yang und Wu mitten in der Schweiz, und zwar an dem nicht eben durch Gemütlichkeit geprägten Escher-Wyss-Platz in Zürich, gewirkt: Der deutsche Künstler Thomas Demand, der für seine komplexen Papierrekonstruktionen bekannt ist, hatte zusammen mit Caruso St. John den Wettbewerb für die Neugestaltung des Platzes gewonnen und wollte das abgerissene chinesische Haus unter einer Straßenbrücke rekonstruieren; als rund um die Uhr geöffnetes Restaurant sollte es ein anderes Leben auf den Platz bringen.

Demand überträgt mit diesem Projekt seine Nachbild-Strategie ins Feld der Architektur: Seine Fotografien von Papiermodellen heben Formen im doppelten Sinn auf – und genau dies sollte auch der gebaute Revenant, das wiederauferstandene Haus aus China, tun. Normalerweise werden alte Häuser mit Autobahnbrücken überbaut; der rekonstruierte, unter die Brücke gepfropfte Bau hätte die Zeitebenen, die Sedimentschichten der Stadt, ihre räumlich-zeitliche Erzählung durcheinandergebracht, das verschwundene Haus wäre wie die sich materialisierenden Erinnerungen in »Solaris« aus dem Boden in die Gegenwart hineingewuchert. Dass sich unter Autobahnbrücken nachträglich Bauten ansiedeln, kennt man allenfalls aus Afrika – wo sich in Lagos Händler und Garküchen unter den Betonpfeilern von Schnellstraßen eingenistet haben und die im Stau sitzenden Autofahrer versorgen. So produziert der eigentlich stadtzerstörende Hochstraßenbau eine neue Form von Mikrourbanität.

Im Licht eines solchen neuen Städtebaus an der Grenze von Architektur und Fluxus kann man Demands Hausrekonstruktion nicht nur als Monument bürgerlichen Eigensinns, sondern auch als sozioexperimentellen Surrealismus begreifen: Die evakuierte Form, das aus China umgepflanzte Haus, hätte in die Schweiz migrieren und den toten Platz zu einem Ort machen sollen, an dem, was eher selten ist in Zürich, rund um die Uhr günstiges Essen serviert worden wäre. Dass diese Einwanderung fremder Dinge und Lebensgewohnheiten eine eindeutige Bereicherung sein wird, sah dort nicht jeder: Die SVP initiierte ein erfolgreiches Bürgerbegehren gegen das vom Stadtrat bereits verabschiedete Projekt und hatte Erfolg; so wurde aus der Migration der chinesischen Form von Öffentlichkeit in die Schweiz nichts.

Chongqing, Haus von Wu Ping und Yang Wu (Thomas Demand) **245**
Zürich, Entwurf für den Escher-Wyss-Platz (Thomas Demand)

Demands Arbeit ist nicht die einzige, die sich mit Raumutopien befasst: Die Kunst der vergangenen Jahre ist immer architektonischer geworden, und während der Architekturdiskurs die großen Utopien vorübergehend verabschiedet hatte, tauchten sie in der Kunst wieder auf. Bei Tomas Saraceno kann man in schwebenden Plastikblasen liegen, die an Buckminster Fullers geodätische Visionen erinnern, bei Tobias Rehberger in Madrid, New York oder Venedig einen Kaffee in einem augenverdrehenden Op-Art-All-Over-Raum trinken. Cildo Meireles ließ für die Istanbul Biennale 2003 mitten in der Stadt zwei Kleinsthäuser aufstellen, die »Homeless Homes«, in denen jeder sitzen oder auch übernachten konnte, ein seltsamer Ort, der weder öffentlich noch privat war. John Bock entwarf in Berlin einen Irrgarten aus aufgesägten Wohnanhängern, Plateaus und Containern, der an eine zusammengepresste Low-Budget-Version von Piranesis »Carceri« erinnerte, eine neue Form von öffentlichem Platz, Park und Vaudeville-Theater, Merzbau, Baustelle und Volksbühnenfundus: Hier, in der labyrinthischen Metaskulptur traf man sich, redete, trank Kaffee, beobachtete die anderen, saß, lag, döste, blieb, telefonierte. Als Raumstruktur bot er all das, was ein Platz als Aufenthaltsort bieten muss, Ausblicke, Nischen, eine Mischung aus Unübersichtlichkeit und Überraschungen: Als wäre er die Medina, die Berlin nie hatte.

Befreites Leben: Die neue situationistische Utopie. Zu den Architekturutopien der 60er Jahre gehört Constant Nieuwenhuys' »New Babylon«, der Entwurf für eine »postrevolutionäre« und »antikapitalistische« Stadt, in der es keine öffentlichen und privaten Räume mehr gibt und die Aufteilung von Gebäuden und Lebensbereichen in »Arbeit« und »Familie« nicht mehr existiert. Weil die Arbeit vollautomatisiert und der Privatbesitz abgeschafft ist, wandelt der Bewohner, befreit von jeder Lohnarbeit, als *Homo Ludens* auf der Suche nach sinnlichen Erlebnissen und neuen Erfahrungen über die Plateaus einer metabolistischen Megastruktur, die über den alten Städten mit ihren Einfamilienhäusern und Fabriken und anderen Mühsalen schwebt: Er isst, schläft und trifft sich mit Menschen, wo er will. Der niederländische Künstler, Musiker, Autor

und Architekt Constant (1920–2005), der dieses hedonistische Stadt-gebilde zwischen 1959 und 1974 ersonnen hat, war Mitglied der Situationistischen Internationale, einem 1957 gegründeten, linksradikalen Zu-sammenschluss europäischer Künstler.

Die Situationisten forderten, neben der Abschaffung von Lohnarbeit und aller sozialen Hierarchien, Bedingungen für neue Möglichkeiten menschlichen Zusammenseins zu schaffen, die »Herstellung von Situationen«, in denen das Leben selbst zum Kunstwerk werden sollte. Die Architektur sollte den Rahmen für diese Situationen liefern.[3]

»Diese Revolution«, schreibt der französische Künstler Nicolas Schöffer über den Mai 1968, »könnte ebenso bedeutend werden wie die erste französische Revolution«. Unter dem Einfluss der Revolte veröffentlicht er 1970 seine überhitzte Großutopie »Die kybernetische Stadt«. In Schöffers bizarrem Weltneuentwurf, der das Leben »entmediokrisieren«[4] soll, gibt es Großbauten für 30 000 Personen und multiple Prismen mit farbigen Lichtprojektionen, in denen die Körper losgelöst von normalen Zeit- und Raumkategorien wie in einem gebauten Trip herumtreiben; die Wohnungen schweben zwischen zehn und dreißig Metern auf Betonpfeilern über dem Boden, der allen gehört – Schöffer ist hier ein früher Vorläufer der Berliner Raumlabor-Utopie. Künstliche Düfte sollen die Bewohner entspannen. Einer der zentralen Großbauten ist ein bauchiger Turm mit einer aufsteigenden Spiral-Rampe, der wie ein angeschwollenes Guggenheim-Museum aussieht; er beherbergt das »Zentrum für sexuelle Freizeitgestaltung«, einen »Liebestempel, wo es keinerlei Tendenz zur Pornographie gibt«, sondern »ein audiovisuelles Bad mit einer mildwarmen, duftenden Atmosphäre, kurvenreiche Formen aus glattem Material, die sich mäßig warm anfühlen« sowie Formen, »die sich langsam pulsierend bewegen und ein Gefühl des Anschwellens« hervorrufen sollen – künstliche Pflanzen in einer gebauten Emotionslandschaft, die »Paare auf die sexuelle Liebe vorbereitet, die dann endlich entmystifiziert, für alle erreichbar, ungekünstelt und nicht mehr erniedrigt sein wird;« diese Zentren würden »auf dem Weg zu einem von jedem falschen Zwang befreiten Menschen« eine »ungeheuer wichtige soziale Aufgabe erfüllen«.[5] Die kollektive Architekturvision ist bei Schöffer ein Zustand der andauernden Orgie, die Stadt der Zukunft eine gigantische, entspannte Liebesmaschine.

In der französischen Gegenwartskunst findet das kommunardistische Ideal von Utopisten wie Constant oder Schöffer großen Widerhall – und es ist kein Zufall, dass die Kunstwerke, die sich auf diesen Diskurs beziehen, aussehen wie eine Mischung aus der Schule von Athen und der besetzten Pariser Universität im Mai 1968. Der 1980 geborene Cyprien Gaillard, der mit Arbeiten in den französischen Banlieues bekannt wurde, baute in den Berliner Kunst-Werken eine Art Proberaum für den dionysischen Homo Ludens auf: Die Ausstellungsbesucher durften auf einer Pyramide aus Bierkartons herumklettern und das Bier leer trinken, dort stundenlang sitzen und reden. Die Reaktionen waren geteilt: Für die einen war die Pyramide ein Raum, in dem eine andere Form von Gemeinschaft, von Öffentlichkeit entstehe, ein Museion, in dem man schaut und staunt und redet, in der Gemeinschaft nicht durch Konsumhandlungen gerahmt werde (wenn man den ausgiebigen Konsum von Gratisalkohol nicht dazurechnet), ein Gegenraum, dessen soziale Dynamik aufs Leben draußen abstrahle. Für die anderen war sie nur ein Surrogat für das, was draußen, jenseits des

Museums, uneingelöst bleibe; ein Ort, an dem man das Bewusstsein des unerfüllten Lebens für einen Moment wegsaufe.

Auch die Hoffnung, dass die Kunst zum Trainingslager einer Gegengesellschaft werden möge, in der »öffentlich sein« sich nicht auf einen Einkaufsbummel mit Espresso und anschließendem Kinobesuch beschränkt, hat ihre Wurzeln in der französischen Philosophie. In einem ungewöhnlich schwärmerischen und metaphernfreudigen Text schrieb Gilles Deleuze: »Ein Monument feiert nicht etwas, das sich ereignet hat, sondern vertraut dem Ohr der Zukunft die fortbestehenden Empfindungen an: das stets wiederkehrende Leiden der Menschen, ihren immer wieder aufflammenden Protest.« Die »Aufgabe aller Kunst« sei es, »den Affektionen die Affekte, den Meinungen die Empfindungen zu entreißen – mit Blick, so ist zu hoffen, auf jenes Volk, das noch fehlt.«[6]

Jacques Rancière – unter den gegenwärtigen französischen Philosophen der schärfste Kritiker einer Kunstszene, die ihn nichtsdestotrotz vergöttert – hat nicht nur eine giftige Bemerkung über Deleuzes seltsame »Zukunft, die Ohren hat« gemacht; er hat vor allem die Idee eines »fehlenden Volks« kritisiert – jener neuen Idealgemeinschaft, in der sich die Kunst im unentfremdeten Leben auflöst. Diese Idee, so Jacques Rancière, habe in der Geschichte nicht in eine erfüllte Gesellschaft, sondern einerseits in den sozialistischen Realismus und andererseits in die Produktidolatrie der Konsumgesellschaft geführt,[7] in der jeder Körper als Kunstwerk und individualisierte Ware gestaltet wird.

Kapitel 9

Geschlossene und offene Systeme

Einnistunger in Rom

Architektur als Skulptur
Das tragische moderne Superzeichen

Während die Kunst sich formal immer mehr experimentellen Architekturen annähert, produziert das Starsystem der internationalen Architektur immer mehr Kunstobjekte.

Viele der *Signature Buildings*, mit denen Architekten wie Zaha Hadid oder Sir Norman Foster die Welt überziehen, folgen der Logik eines Raumschiffs. Es ist klar, was innen ist und was außen – so, wie beim Raumschiff klar und lebensnotwendig ist, zu wissen, wo innen und außen ist: Wo man Luft zum Atmen findet, ist innen, das andere außen. Die Logik des Raumschiffs definiert das Außen als feindliche Zone. Der Erfolg der Raumschiff-Bauten hat vielleicht etwas mit dem beschriebenen Wandel des Verhältnisses zum öffentlichen Raum zu tun, der vom einem Versprechen zum Problem wurde, einem Raum, der vor allem von Ritualen der Kontrolle und Effizienzsteigerung geprägt wird.

Aber auch die Kunst kennt hypertrophe Superzeichen dieser Art. Sie interessieren hier, weil auch sie den öffentlichen Raum prägen und definieren. Anish Kapoors »Cloud Gate« etwa ist eine gigantische Skulptur, die aus der Ferne an eine verchromte Riesenbohne erinnert. Das 2004 entstandene, hundert Tonnen schwere und 23 Millionen Dollar teure Werk ist eine der Attraktionen eines von Großkonzernen gesponserten Parks neben einem Geschäftsviertel in Chicago, in dem außer Kapoors »Cloud Gate« eine durch den Ölkonzern BP finanzierte Brücke von Frank Gehry und das von McDonald's gesponserte Cycle Center zu besichtigen sind; das Geld für Kapoors Werk kam von Unterfirmen des Telekommunikationskonzerns AT & T.

Die Versammlung dieser Skulpturen, vor al-

Lotus, Venedig, Biennale (Zaha Hadid)
Anish Kapoor. Cloud Gate, Chicago

lem aber Kapoors »Cloud Gate«, zeugt von einem Wandel der Erwartung an Kunst im öffentlichen Raum. Richard Serra wurde in den siebziger Jahren von Kommunen und öffentlichen Einrichtungen beauftragt und dafür gefeiert, dass seine Stahlscheiben den öffentlichen Raum durchschnitten, dass sie störten und neue Raumerlebnisse möglich machten. Diese Skulpturen standen für eine sehr weit greifende Hoffnung einer kritischen Theorie der Kunst am Bau: Großskulpturen sollten den Benutzer eines Platzes zu einem wacheren, kritisch-aktiven Akteur auf der Bühne der Stadt machen.

Bei Anish Kapoor ist diese Hoffnung in ihr Gegenteil verkehrt. Kapoors »Cloud Gate« könnte, im Maßstab reduziert, auch als handschmeichlerischer Briefbeschwerer oder origineller Parfumflakon funktionieren. Der öffentliche Raum wird mit sanft dekorativen Objekten garniert, als handele es sich um eine Schaufensterdekoration: Er ist nicht die Bühne eines aktiven Bürgertums, sondern übernimmt das formale Prinzip der ansprechenden Produktpräsentation; nicht die Handlung, sondern das Konsumobjekt steht im Zentrum, vor dem man als passiv staunendes Wesen steht.

Wer aber finanziert Kapoors Monumentalkunst? Die Antwort auf diese Frage ist nicht besonders schwer herauszufinden, tragen doch einige Werke Kapoors den Namen des Sponsors sogar im Titel.

Kapoors Londoner Riesenskulptur etwa wurde »Arcelor-Mittal-Orbit« benannt nach dem Finanzier des Objekts, dem Stahlunternehmer Lakshmi Mittal und seiner Firma Arcelor Mittal. Das Kunstobjekt im öffentlichen Raum ist hier, wie auch im Fall von Kapoors »Cloud Gate«, nicht etwa Ergebnis eines staatlichen Auftrags, sondern ein monumentales Signet, das vor allem die Macht privater Akteure im öffentlichen Raum demonstriert. Wo der Staat es aufgegeben hat, den öffentlichen Raum zu gestalten, und diese Aufgabe an private Unternehmen delegiert, schlägt die Stunde von Künstlern wie Kapoor. Darin liegt die politische Ebene etlicher seiner Monumentalarbeiten; sie suchen Tuchfühlung mit der Macht privater Akteure, sie sind ihr Sprachrohr, Teil ihrer Bildmaschine.

Kapoors Materialschlachten sind das ästhetische Echo ganz anderer

Schlachten: Mittal, der sich mit Kapoors turbulenter Stahlskulptur in London ein öffentliches Denkmal als Wohltäter und Mäzen setzte, sah sich zuletzt Vorwürfen ausgesetzt, dass in seinen Betrieben fatale Arbeitsbedingungen herrschten. Die Stahlskulptur setzt gegen die negative Nachrichtenlage ein strahlendes Bild: das abstrakte Porträt eines philanthropischen Stahltycoons, der einer Stadt einen Aussichtsturm schenkt. Kapoors Werk ist der Nachfolger klassischer Herrscherporträts, Kunst für die neuen Machthaber, die die imperiale Geste des monumentalen Auftritts schätzen. Ihre Beliebtheit bei Stahlmagnaten und Großkonzernen könnte damit zusammenhängen, dass sie Gewalt zum unterhaltsam-erhebenden ästhetischen Erlebnis veredelt.

Theorie der Einnistung
Die informelle Stadt

Eine Gegenbewegung zur Superzeichenarchitektur und der zombifizierten Stadtbildproduktion ist der informelle Urbanismus, der sich in den vergangenen Jahren herausgebildet hat. Er definiert Architektur nicht als Objekt, sondern als offenen Rahmen oder als Einnistung.

Die Stadt als Riff
Eine kurze Theorie des Sockels

In King Vidors Architektenfilm »Ein Mann wie Sprengstoff« von 1949 erhält der genialische, aber unverstandene und vom Bankrott bedrohte Architekt Howard Roark, gespielt von Gary Cooper, eine letzte Chance. Er soll den Entwurf für ein Hochhaus liefern – und präsentiert den Auftraggebern ein schlankes, elegantes Hochhaus, das auf schmalen Betonscheiben zu schweben scheint. Der Entwurf wird angenommen, nur wollen die Auftraggeber einige Änderungen sehen – unter anderem einen klassischen Sockel mit Bogenfenstern und Tempelfront. Wütend entfernt der Architekt die Anbauten, verliert den Auftrag und muss fortan in einem Steinbruch sein Geld verdienen, was im Film ein Bild für den unbeugsamen Helden liefert, der seine Ideale und die der modernen Architektur nicht verraten kann und will – und ein Sockel wäre Verrat.

In der Geschichte der modernen Architektur hat das Sockelgeschoss keinen guten Ruf. Es widerspricht zwei heiligen Geboten der Nachkriegsbaukunst, dass Architektur nämlich erstens die gesellschaftlich erwünschte demokratische Offenheit optisch möglichst sinnfällig ins Bild setzen müsse – und dass all ihre Bestandteile funktional zu sein hätten. Das massiv rustizierte Sockelgeschoss, wie man es von römischen Palästen kennt, war aber eine rein ästhetisch motivierte Geste, die auf Beeindruckung, wenn nicht Einschüchterung des Passanten oder Besuchers aus war. Wie der Sockel das Kunstwerk auf Augenhöhe mit dem Betrachter rückt, entzieht in der Architektur das Sockelgeschoss das Bauwerk dem Niveau der Straße. In der Nachkriegsarchitektur ersetzt das weiträumig verglaste, bis zur Unsichtbarkeit bescheidene Erdgeschoss das klassische Sockelgeschoss.

Ein »Sockelgeschoss« ist dabei etwas anderes als ein Erdgeschoss. Beim Erdgeschoss ist jeder Zentimeter durchgeplant: Hier der Eingang, dort ein Schaufenster, hier ein Laden. Ein Sockel hebt in erster Linie

das Gebäude an und hat in der Regel allenfalls schmale Öffnungen, die den Zugang zu Funktions- und Souterrainräumen ermöglichen.

Schaut man genauer auf die Sockelgeschosse alter italienischer Stadtpaläste, könnte man im Umgang mit ihnen geradezu ein frühes Modell für einen inklusiven Urbanismus entdecken. Denn diese Sockel sind keineswegs nur Festungen; die meisten von ihnen sind porös, bilden Nischen aus, kleine Winkel. Der in den dreißiger Jahren abgerissene Palazzo Caprini, Bramantes erster Profanbau in Rom, hatte einen rustizierten Sockel, in dem sich Läden befanden – eine Form, die Bramante aus der antiken Architektur übernimmt, wo sich unter dem Wohngeschoss zahlreiche Läden einnisten konnten.

Der Sockel war also keine Distanzierungsform, sondern eine poröse, permeable Zone, in der sich das öffentliche Leben ins Haus ergoss. Ähnliches findet man im 16. Jahrhundert beim Palazzo Caffarelli-Vidoni oder dem Palazzo Alberini-Cicciaporci. Der Sockel ist auch immer ein Ort des Maßstabssprungs, an dem die monumentale Ordnung ins Alltäglich-Kleinteilige ausfranst: Im Palazzo Capranica nistet sich ein winziges Restaurant mit grünen Jalousien ein, in Mailand dockt dort, wo die Galleria Vittorio Emanuele auf die Piazza della Scala mündet, ein winziger Zeitungsladen in der Monumentalform an. Wie Seepocken besiedeln Bars, Kioske, sogar kleine Supermärkte die Sockel der italienischen Paläste, die engen Straßen davor werden mit wenigen Gesten, nur ein paar Stühlen und Tischen, als Aufenthaltsraum definiert: Die Einnistung, das Café, wächst wieder in die Stadt hinein.

Der Sockel ist hier eine urbane Zone, in der Durchlässigkeit, Offenheit und Verdichtung gleichzeitig eine Architektur der *hospitality* ausformen: Das Haus empfängt die Stadt mit ihren parasitären Mikroorganismen und beide profitieren davon. Wenn man über den Sockel als poröse, inklusive, offene, weil undefinierte Form diskutiert, könnte man darin nicht nur eine pittoresk-nostalgische Erscheinung alter italienischer Stadtkerne, sondern ein Modell erkennen – nicht indem man es formal nachbaut, sondern es als Denkfigur, als strukturelle Anregung für eine andere Form von Räumlichkeit nimmt.

Viele Erdgeschosse der aktuellen Architektur erlauben keinerlei Einnistungen, das Leben gleitet an ihnen ab. Das Gegenmodell wäre ein Haus, das wie ein künstliches Riff in die Stadt abgesenkt wird und dessen Sockel nicht Abstandshalter und Zurückweisung ist, sondern eine tiefe Oberfläche, in der sich immer neue Formen des städtischen Lebens einnisten und andocken können wie Seepocken, Muscheln und Schwämme an einem Riff.

Ein ähnlicher Prozess ließ sich bei dem Palast des römischen Kaisers Diokletian beobachten. Errichtet von 295 bis 305 nach Christus im heutigen kroatischen Split, nahm der Bau eine Fläche von dreißigtausend Quadratmetern ein. Über die Jahrhunderte fraß sich die Stadt hinter die Mauern des Palasts, Läden nisteten sich ein, Wohnhäuser entstanden aus zerfallenden Bauten, an der Querstraße siedelten sich Häuser an, heute ist der Palast, das Riesenhaus des Kaisers, zu einer Stadt für viele mit kleinen Gassen geworden; das Haus wurde von der Stadt überschrieben.

Instant Urbanism. In den Straßen von Midtown Manhattan ist zu beobachten, wie durch Mikroarchitekturen Dichte und Überfülle entsteht. Für die Geschäftsleute, die mittags keine Zeit haben, um essen zu gehen, stehen mobile Hot Dog-Buden bereit, pakistanische Straßenverkäufer braten Würstchen, andere verkaufen Wasserflaschen oder Souvenirs. Zwischen den Glasfronten der Hochhäuser gibt es eine Mikroarchitektur der eingenisteten Objekte – in Manhattan etwa die mobilen Würstchenbuden oder die Vorbauten der Restaurants, die sich mit dem Windfang auf den Bürgersteig hinausdrücken. Man kann hier von ungeplanten Einnistungen in eine Stadtstruktur sprechen, von einem symbiotisch-parasitären Verhältnis von geplanter Großform und ungeplanter, mobiler, ephemer-angedockter Mikroarchitektur.

Unter den Brücken: Lagos. Ein anderes Beispiel sind die spontanen mikrourbanen Prozesse, die Rem Koolhaas in der nigerianischen Stadt Lagos beobachtete.[1]

Unter der Autobahnbrücke, auf der sich täglich ein Stau bildet, siedeln sich Verkäufer an, die den wartenden Fahrern ihre Ware anbieten. Zunächst bauen diese Händler unter der Betonkonstruktion Lager auf, dann erweitern sie diese Lager um Schlafplätze, schließlich entstehen provisorische Häuser, die zuletzt eingefriedet und gesichert werden, die Familien ziehen nach, es bilden sich Straßen und Freiflächen, auf denen die Kinder Fußball spielen, Märkte, in denen die Händler ihrerseits Lebensmittel kaufen: so führt ein Stau auf einer Autobahnbrücke zu einem klassischen Urbanisierungsprozess unter ihr.

Bauen als andauernder Prozess. Man baut ein Haus, dann wohnt man darin: Das ist die gängige Vorstellung. In Heideggers Philosophie der Architektur ist das anders, denn »das althochdeutsche Wort für bauen, *buan*, bedeutet wohnen. Dies besagt bleiben, sich aufhalten«, im »Bauen« stecke auch »unser Wort ›bin‹ in den Wendungen ›ich bin‹, ›du bist‹ (…) Was das Bauen von Bauten in seinem Wesen sei, können wir nicht einmal zureichend fragen, geschweige denn sachgemäß entscheiden, solange wir nicht daran denken, dass jedes Bauen in sich ein Wohnen ist«.[2]

Mit dem Wohnen ist das Auf-der-Welt-sein gemeint, und so, wie es für Heidegger »nicht die Menschen und außerdem *Raum*«[3] gibt, kann es kein Bauen und keine Wohnung geben, die unabhängig von dem wohnenden Menschen existiert. Letztendlich ist das Haus hier wie der Krug, über den Heidegger schreibt: »Gießen wir, wenn wir den Krug mit Wein füllen, den Wein in die Wandung und in den Boden? Wir gießen den Wein höchstens zwischen die Wandung und auf den Boden. Allein das Undurchlässige ist noch nicht das Fassende … Die Leere ist das Fassende des Gefäßes«,[4] und »das Krughafte des Kruges west im Geschenk des Gusses«.[5] Das ist eine gewundene Art, zu erklären, dass erst die tägliche Benutzung, und keine abstrakte Idee, einen Krug zum Krug – oder ein Haus zum Haus macht.

Ähnlich stellt der japanische Schriftsteller Tanizaki Junichiro in seinem Essay »Lob des Schattens« fest, das in der traditionellen japanischen Ästhetik japanischer Gebrauchsgegenstände der »Handglanz« (*nare*, das Abgegriffensein) als Merkmal guten Geschmacks gilt – weil die leichte Verschmutzung, das Ermatten der Oberfläche, das Ding vom bloßen Objekt zum Bestandteil des Wohnens und Lebens und als solches wertvoll macht.[6]

Wer wohnt, schafft Möbel an, Objekte stapeln sich auf Tischen, das Zimmer wächst mit der Zeit zu mit Dingen; Wohnen ist in diesem Sinn auch ein fortwährendes Bauen im Inneren des Hauses.

Ein zugänglicheres Beispiel für ein Bauen, das kein Endziel und keine »Baufertigstellung« verfolgt, sondern dem Wohnen als ein andauernder Prozess entspricht, ist das Privathaus von Frank Gehry in Los Angeles;

über Jahrzehnte hat er immer wieder Erker, Wintergärten, Erweiterungen an den 1920 gebauten Bungalow in Santa Monica angefügt; die Form wucherte und wuchs mit den jeweiligen Bedürfnissen der Bewohner, das Leben schien von innen gegen die Wände zu drücken und eine Form zu produzieren, deren Logik von außen betrachtet schwer zu verstehen ist.

Arno Brandlhubers Haus Brunnenstraße

In Europa ist eine Architektur entstanden, die Bauruinen und aufgegebene Gebäude mit geringen Mitteln umwandelt – vor allem in Berlin. Dort lag jahrelang eine Investorenruine in der Brunnenstraße brach, das Wasser stand in den Kellerfundamenten. Der Architekt Arno Brandlhuber baute die Investorenruine weiter, und zwar so günstig wie möglich: Der Beton wurde mit sogenannten Flügelglättern bearbeitet, man braucht deswegen keinen Estrichboden und spart Geld; statt einer auf-

wendigen Fassade wurde das Betonskelett mit
günstigen Polykarbonat-Steckplatten verkleidet,
die erstaunliche Wärmedämmqualitäten und außerdem einen überraschenden optischen Effekt
haben: In der Sonne schillert das Haus, als wäre
es von einem Ölfilm überzogen in Tönen zwischen Rosa und Grün, nachts schimmert es wie
eine raffinierte japanische Papierwand. Brandlhuber gewinnt sogar dem Baumarktmaterial
eine eigene Ästhetik ab, bei ihm sieht auch ein
Maschendrahtzaun als Treppengeländer minimalistisch edel aus. Alles ist einfach, billig und

von einer rohen Schönheit, die an die lateinamerikanische Improvisa-
tionsmoderne erinnert – das Haus ist ein offenes Regal, in das sich alles
Mögliche einnisten kann. Über den oberen Stockwerken faltet sich das
Dach hofseitig zu einem abstrahierten, begehbaren Berghang, auf dem
ein Baum wächst. Weil die Baukosten unter tausend Euro pro Quadratmeter lagen, kann Brandlhuber die Räume sehr günstig an Leute vermie-
ten, die sich in dieser Lage sonst keine vergleichbaren Büros leisten könnten, das Erdgeschoss etwa an junge Galeristen. Das Haus löst auch gesellschaftlich den Laborcharakter ein, den seine Form optisch verspricht.

Guerilla-Urbanismus
Raumlabors Küchenmonument

Aber muss ein Platz überhaupt durch eine feste Bebauung entstehen –
oder wäre eine mobile Struktur denkbar, die sich als »Urban Generator«
temporär irgendwo einnistet und dort Platz schafft, wo sie erscheint?
   Eines der einfachsten Beispiele für solche »Urban Generators« sind die
erwähnten Stadtstrände, ein anderes ist das »Küchenmonument« von
Raumlabor, das das Berliner Architektenkollektiv zusammen mit den
Spezialisten von »Plastique fantastique« für das Kulturfestival »Akzente«
im Ruhrgebiet entwickelt hat: Per Überdruck faltet sich aus einem Con-

tainer heraus eine durchsichtige Blase, die man über eine Schleuse betritt, und in der bis zu achtzig Menschen essen oder tanzen können.

Der Container wurde erst als Skulptur an unwirtlichen Orten aufgestellt, unter einer Autobahnbrücke, in einem öden Park. Die Passanten waren irritiert, als aus dem Kunstwerk Geräusche drangen – und dann plötzlich stieß er seine Blase aus, die mit einem energischen Rauschen wuchs, sich mit Luft füllte und in leere Räume, an Fassaden, Laternen und Bäume schmiegte. Aus der Kiste wird eine zwanzig Meter lange Blase aus halbdurchsichtiger Folie, eigentlich ein Dachabdichtungsmaterial, ausgestülpt.

In dieser pneumatischen Architektur veranstalteten die Raumlaboranten zunächst ein Festessen für ein ganzes Stadtviertel (»der Postbote, der Kioskbesitzer und Familie Gürel aus dem dritten Stock des benachbarten Hauses wurden zu Köchen und Gastgebern«). Nach dem Essen verschwand die Blase wie eine Fata Morgana, das Objekt reiste weiter, und diesmal drang Tanzmusik aus dem zum »Ballsaal Ruhrperle« umdefinierten Monument. Spät am Abend kamen neugierige Besucher vorbei; dann, als sich die Schleuse öffnete, kamen ein paar Blasmusiker und einige sehr alte, aufgekratzte Herren und Damen heraus, die hier Tango getanzt hatten, was sie seit langem schon nicht mehr getan hatten; die Blase war für sie tatsächlich die Zeitmaschine, nach der sie von außen aussah.

Küchenmonument (Raumlabor)

Auf der nächsten Station verwandelte die Blase die Stadt wieder in eine öffentliche Küche, und wieder zeigte sich, wie überzeugend solche Guerilla-Architektur funktioniert: Wie ein Kaugummi bläst man das Pneuma-Monument einfach in die Stadt hinein, dank seiner Form tritt es nicht in Konkurrenz zum Bestand, sondern legt sich um Bäume, Pfeiler und Gebäude herum und verschwindet, ohne Spuren zu hinterlassen.

Nun ist die moderne Küche einerseits ein privater Raum, Rückzugsort für die Familie, die vor den Widernissen des Alltags nach Hause flieht, und gleichzeitig so etwas wie der Marktplatz jeder Wohnung. Mit diesem Doppelcharakter spielt Raumlabor.

Das klassische Entweder-Oder der modernen europäischen Stadt – entweder hinter dicken Mauern, also drinnen, oder auf dem Platz, also draußen – wird aufgelöst: Eine Membran schafft einen offenen, witterungsgeschützten, mobilen Zwischenraum, der durch die Stadt wandert und immer neu bespielt wird. Raumlabor knüpft an die Tradition ephemerer barocker Festarchitekturen an, auch an Buckminster Fuller, Yona Friedman und Archigram, und macht einen Vorschlag, wie das unter zunehmender sozialer Segregation leidende Zivilisationsmodell Stadt wiederbelebt werden kann. Die Transformationsenergie der pneumatischen Stadtmaschine, dieses mobilen Platzes, ist ganz erstaunlich: Einmal aufgeblasen, macht er sogar eine Autobahnbrücke zum einladenden Ort; wie in einem Raumschiff sitzen die Gäste in der Blase und schauen durch die Schutzmembran in die Stadt. Gleichzeitig, vor allem nachts, wenn sie leuchtet und ihre Insassen als Halbschatten zeigt, wird sie zum Signet einer anderen Vorstellung von Stadt.

Ein utopischer Bricolagegeist prägt dieses Projekt, eine neue Auffassung davon, was Architektur sein kann – eben nicht statisch, für die Ewigkeit errichtet, unflexibel und teuer, sondern demontierbar, mobil und eine Bühne, die so offen wie möglich für alle Arten von Bespielung ist. Dabei geht es auch um eine politische Dekonstruktion der Systeme, die Baupraxis und Stadtplanung prägen: Wer entscheidet, wie öffentlicher Raum gestaltet wird, wie gebaut wird, mit welchen Materialien und in welchen Formen; wer hat Interesse daran, dass der öffentliche Raum so aussieht, wie er aussieht – und wie kann man diese Systeme gegebenenfalls aufweichen, umgehen? All diese Fragen wirft das Pneumament auf; mit ihm wird Stadt anders gedacht, nicht als etwas Gegebenes, sondern als etwas, das immer neu entstehen und neue Formen annehmen kann.

Die Architektur der Bürgerbewegungen

Oft sind es einzelne Gebäude, die die Atmosphäre eines Stadtviertels prägen; ob in einem Haus ein Café und ein Buchladen oder eine Spielothek und ein Penny-Markt untergebracht sind, entscheidet über den Charakter einer ganzen Straße. Entsprechend können punktuelle Fehlentscheidungen ganze Kieze ruinieren. Ein Lehrbeispiel dafür liefert Berlin: Dort wäre die 1891 errichtete Kreuzberger Eisenbahnmarkthalle fast an eine Supermarktkette verkauft worden. Jahrelang hatte die Stadt die Markthalle, die einmal das ökonomische und soziale Zentrum des Kiezes war, verkommen lassen; die Discounter Aldi, Kik und Drospa richteten sich hier ein, auf den übriggebliebenen Flächen herrschte Leerstand. Es gab mehrere Interessenten – darunter ein Team jüngerer Investoren, Gastronomen und Kuratoren, die im Inneren der 2850 Quadratmeter großen Halle Platz für kleinere Lebensmittelhändler schaffen wollten, ein System flexibler Räume, in denen junge Galeristen und Modemacher unterkommen, Kinder Spielecken finden, dazu sollte es Bühnen, Proberäume, ein Produktionsstudio geben. Abends sollte die Halle für Aufführungen und Konzerte zur Verfügung stehen. All das, was das Viertel dort, wo es funktioniert, ausmacht, sollte hier verdichtet und fortgesetzt werden. Die Halle sollte Raum bieten für alle, die sich, vom türkischen Plattenladen über Buchhandlungen bis zur Galerie, die Ladenmieten draußen nicht leisten können – all die also, die den sozialen Zusammenhalt des von Migration geprägten Viertels garantieren. Doch die Berliner Politik hatte das Schicksal des Orts weitgehend in die Hände jener Gesellschaft legt, die für seinen Niedergang verantwortlich ist: die Berliner Großmarkt GmbH. Genau diese Indifferenz der Verantwortlichen, ihre fehlende Vorstellungskraft, ihre depressive Hingabe ans scheinbar Unabänderliche war es, die die Idee einer Markthalle, die auch der Entwurf einer neuen städtischen Öffentlichkeit war, fast gekippt hätte, weil eine Discounter-Nutzung kurzfristig geringfügig mehr Geld gebracht hätte und niemand sehen wollte, dass der auch finanzielle Verlust für die Zukunft einer Stadt, wenn man die Folgekosten für sozial stabilisierende Maßnahmen in sogenannten Problemvierteln mitrechnet, größer ist als die Summe, die der Ausverkauf ihrer öffentlichen Orte bringt. Erst massive öffentliche Proteste und Petitionen konnten den Verkauf verhindern. Jetzt ist die Halle zum Zentrum des Viertels geworden.

Architektur als Rahmen und Bühne
Weak form

Ist eine Architektur denkbar, die – jenseits all dieser Beispiele einer Einnistung in den Bestand – der Ästhetik der tragischen Superzeichen eine Form entgegensetzt, die weniger eine Einnistung in den Bestand ist als eine neue Bühne? Der ungarisch-französische Architekturutopiker Yona Friedman entwarf 1958 eine *Architektur spatiale,* ein Raster aus miteinander verbundenen Plattformen über den alten Straßen; Architektur war hier keine Produktion von Objekten mehr, sondern stellte einen Rahmen, eine Bühne zur Verfügung, auf denen der Bewohner zum Akteur werden, sich einrichten sollte.

An diesen Plan knüpft Sou Fujimotos Serpentine Pavilion an. Er stand 2012 wie ein Rendering, das sich gerade materialisiert hat, im Londoner Hyde Park: man konnte das Gerüst, gebaut aus feinen Rahmen, als Unterstand nutzen und als Bühne, als Auditorium für Hunderte: Auch dieser temporäre Bau war ein Rahmen, dessen Benutzung immer neu verab-

 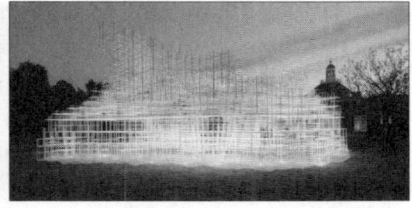

redet wird, in dem immer neue Einnistungen stattfinden. Aus der Entfernung, bei Nacht, wenn er im Park zu schweben schien, erinnerte er an eine technoide Wolke – so als hätte sich die virtuelle iCloud, in der alle Informationen gespeichert sind, auf eine geisterhafte, grobpixelige Weise materialisiert. Man konnte dieses Objekt rein ästhetisch als eine Skulptur betrachten, die formal auf technologische Entwicklungen unserer Zeit reagiert: Ihr Erfinder hat das filigrane Metallgerüst am Computer mit einem Programm errechnen lassen, das es in dieser Form vor wenigen Jahren noch nicht gab; das Objekt war schon deswegen zeitgenössisch, weil es nur heute gebaut werden konnte. Wichtig war es aus einem anderen Grund: Seine Form war einerseits präzise umrissen, andererseits schien es sich zu bewegen, seine Form zu verändern, unscharf zu werden wie die Wolken in John Constables Naturstudien. Es war ein *Weak-Form*-Objekt, das unterschiedliche Aggregatszustände annehmen konnte – und, aus der Ferne betrachtet, kaum Anhaltspunkte gab, wie groß es war. Man könnte es sich in jeder Größe vorstellen, als nur meterbreite Skulptur einer technoiden Wolke, aber auch, hundertfach vergrößert, als Gerüst einer metabolistischen Riesenstadt, wie sie die japanischen Architekten der sechziger Jahre entwarfen. Dabei war der Serpentine Pavilion aber nicht nur eine Skulptur und ein Modell, das den spekulativen Vorschein einer möglichen Welt bieten wollte; die Utopie einer anderen Form von Raum und Öffentlichkeit, die seine Form als Modell versprach, konnte bereits am Modell erkundet werden. Man konnte dort hinaufklettern, Kaffee trinken, Schutz vor Regen suchen – denn das Gerüst entpuppte sich als Labyrinth gläserner Terrassen und Dächer. Manchmal saßen ein paar hundert Menschen in diesem Objekt und hörten einem Redner, einem Musiker zu, manchmal spielten Kinder dort. Es war ein Kunstwerk und ein Modell für eine andere Form von Öffentlichkeit – ein Platz für das 21. Jahrhundert. Es war die Antithese zu den hermetischen, glatten, unnahbaren, wie teure Luxusexponate präsentierten Objekten, als die Kunstwerke und Großbauten zur Zeit immer mehr erscheinen. Fujimotos Pavilion war eine Weak Form im positiven Sinn: Ein offener Rahmen, eine Bühne, die immer neu bespielt werden konnte und erobert werden musste, als Skulptur, Haus, Platz und Modell einer Stadt.

Die formalisierte und die informelle Stadt

Das Verhältnis von Natur und Stadt ist nirgendwo so säuberlich sortiert wie in Manhattan: Von Staten Island aus sieht man die Stalagmiten der Hochhäuser, die intensivste Verdichtung von Architektur, umgeben von der relativen Leere des Hudson und des East River: ein Bild der Leere gegen das der Überfüllung. Im Inneren von Manhattan dann die Natur: im Rechteck des Central Park wie auf einem Tablett serviert, umzingelt wiederum von vier Wänden aus Hochhäusern: So wie der Bois de Boulogne der Vorgarten von Paris ist, ist der Central Park der begrünte Innenhof von Manhattan.

In den Metropolen des 21. Jahrhunderts, in Asien und Lateinamerika ist das anders; das Prinzip des Urwalds, das verwirrende In- und Übereinander von Brachflächen, mehrstöckigen Autobahnen, Hochhäusern, Elendsvierteln, exotischer Vegetation, Leuchtreklamen, Lagerhallen, Luxus, Altbauten und verwitterten Ruinen moderner Funktionsarchitektur bilden ein kaum mehr entknotbares Dickicht.

In dieses Dickicht drängen die Hunderte von Millionen Menschen, die in den kommenden Jahren und Jahrzehnten in den Ballungsräumen arbeiten und behaust werden müssen.

Aber wie soll es zu machen sein? Auch die Unterteilung der Siedlungsformen, die an den Rändern und mitten in den Metropolen entstehen, in illegale Slums und offizielle Stadtplanung funktioniert nicht mehr: In Buenos Aires gibt es die Billa 24, einen Slum, dessen Straßen auf keinem Stadtplan auftauchen, in dem die Infrastruktur aber besser organisiert ist als in vielen offiziellen sozialen Wohnungsbauten wie etwa dem 1978 fertiggestellten Sozialbauviertel Barrio Soldati. Auch in Brasilien sind die Favelas mittlerweile von gewachsenen Stadtvierteln kaum noch zu unterscheiden:[7] Heliópolis im Südosten von São Paulo war ursprünglich, in den siebziger Jahren, eine Favela, heute leben dort über 100 000 Menschen, die schlammigen Pisten wurden asphaltiert und so zu offiziellen Straßen. Die Favela Rio das Pedras im Osten von Rio de Janeiro hat sich mittlerweile selbst zu einem Zentrum entwickelt; auch in Slums sind Gentrifizierungsprozesse zu beobachten;

Häuser werden ausgebaut, Läden entstehen, die Ärmsten unter den Armen an die Ränder der Slums abgedrängt, wo sie in provisorischen Schutzhütten hausen.

Diese Transformationsprozesse sind für Urbanisten und Wohnforscher interessant zu beobachten – und bergen eine Gefahr.

Prekäre Architektur
Die Torre David

Die Torre David sollte eigentlich Centro Finanziero Confinanzas heißen und das Headquarter einer venezolanischen Bank werden. 1994 ließ man das Projekt nach einer Finanzkrise aber ruhen, seitdem stand der 48-geschossige Turm leer – bis im Jahr 2007 Slumbewohner anfingen, das halbfertige Betonregal zu besiedeln. Heute leben dort 750 Familien in einer »informal society«. Mit einfachen Ziegelsteinen haben sie sich Häuser und Wohnungen in das Betonraster der Etagen gebaut, einige der Böden sind liebevoll gekachelt.

Eine Gruppe von Mofafahrern chauffiert die Bewohner mit ihren Einkäufen über die Rampen des Parkhauses soweit wie möglich in das gewünschte Stockwerk. Die Architekten Alfredo Brillembourg und Hubert Klumpner haben diese Strukturen dokumentiert und entwickeln in Caracas Modelle, wie leerstehende Parkhäuser ähnlich als Wohngebäude umzunutzen wären. Der Kritiker und Kurator Justin McGuirk, der mit dem Architektenteam Urban Think Tank den Goldenen Löwen auf der Architekturbiennale in Venedig für ihre Präsentation des Torre David erhielt, fragt in einem Text, was passiert, »wenn all die Spekulationsbauten im Hochhaussektor keinen erkennbaren Zweck erfüllen, außer dass sie eine Spekulationsblase anschwellen lassen«.[8] Seine Antwort: Torre David könnte auch hier ein Modell für die Umnutzung der Superzeichen eines defekten Kapitalismus zu Wohngebäuden und vertikalen Dörfern liefern.

Das Torre David-Projekt ist seitdem immer wieder als gelungenes Beispiel für einen »Urbanismus von unten« gefeiert worden. Formal,

auf einer technisch-systemtheoretischen Ebene, ist das, was dort passiert, auch interessant:
Das Superzeichen einer Bank wird zu einer vertikalen Stadt, einem Rahmen, in den je nach
Bedarf neue Nutzungen eingebaut, angedockt
oder umgebaut werden. Ist das Urbanismus im
Geist des Architekten Yona Friedman?

Elend als Pittoreske
Favela Chic

In den vergangenen Jahren ist, vor allem in Europa, die Favela zu einem
Lieblingsgegenstand der Berichterstattung und von Architekturseminaren geworden. Es wurde analysiert, wie sich Menschen in Not selbst
helfen, wie sie Strukturen aufbauen, wie am Ende eine funktionierende
Mikrostruktur mit kleinen Läden, Werkstätten und kleinen Plätzen entsteht: So wie der Italientourist gerührt in einem kleinem sizilianischen
Dorf seine Kamera herausholte, um die Kinder und die pittoresk vergammelten Häuser zu fotografieren, steht der Europäer nun vor der Favela, erfreut sich an der Kleinteiligkeit der Bauten – und vergisst, dass
auch sie Ergebnis einer Not ist: Wo man nicht über Kräne und Bagger verfügt, werden die Häuser kleiner. So wird die Favela als die Rückkehr der so
schmerzlich vermissten alten europäischen Stadt mit ihren Gassen und
schiefen kleinen Häusern gefeiert, die damals schon die unterschiedlichsten Kommentatoren rührte: Henri Sée (1864–1936), eigentlich ein
eher linksgerichteter Wirtschaftshistoriker, kritisiert den englischen
Reisenden Arthur Young, der kurz vor dem Ausbruch der Französischen Revolution Frankreichs Städte besuchte, er habe zwar die sozialen
Missstände und vor allem die hygienischen Verhältnisse in den Gassen
der französischen Städte kritisiert, ohne aber auf deren malerische Vorzüge zu sprechen zu kommen; auch Louis Girard kommentierte später
das Foto eines Elendsviertels von Marville aus der Mitte des 19. Jahrhunderts mit den Worten »die malerische Intimität der alten Stadt«.[9]

Mittlerweile werden in jeder lateinamerikanischen Metropole Favela-Touren angeboten, bei denen Touristen die Elendsviertel mit dem guten Gefühl verlassen, dass die Armen es sich auch irgendwie schön gemacht haben; in den Reisekatalogen tauchen Favela-Tours zwischen Schwimmen mit Delphinen und Extremklettertouren auf – die Website des Veranstalters Rio de Janeiro Adventure Tours listet die Favela-Führung als »ultimate Experience« zwischen »Extreme Sports »und »Hiking«. Armen beim Bauen und Wohnen zuschauen wird zur Alternative zu Tauchausflügen mit Riffhaien, beides wird mit der Sexiness des maßvoll Gefährlichen beworben.

Der bürgerliche, gerührte Blick auf die Favelas, auf die Schönheit und den Erfindungsreichtum der Armen, die etwa die Ruine des Torre David in Caracas besiedeln, endet in entpolitisiertem Kitsch; er blendet die Unerträglichkeit des Lebens dort aus, er übersieht, dass in der Torre David Frauen verprügelt, Menschen gejagt und erpresst werden,[10] er übersieht, dass Favelas oft von Clans regiert werden, die ein paramilitärisches Schutzsystem aufgebaut haben und ein eigenes Maklersystem, das wenigen Akteuren viel Geld einbringt und viele Bewohner in noch größere Not stürzt; die Favela-Romantik delegiert die Organisation des Lebens in diesen Höllen mit einem »geht doch« an diejenigen, die dort gelandet sind. Der Verweis auf die erfindungsreiche Selbstorganisation in den Favelas hat oft etwas von der neoliberalen Kälte einer Charity-Aktion derjenigen, die das Unglück, das man den Armen jetzt per Spendensammlung gnädig abmildert, erst verursacht haben.

Nach einer Studie der UN Habitat werden in den kommenden zwei Jahrzehnten über dreißig Prozent aller Stadtbewohner in Slums leben, mit steigender Tendenz.[11] Eine Gesellschaft, die weiterhin an der Idee eines würdevollen und angstfreien Lebens festhält, muss hier ansetzen, was eine politische und eine architektonische Dimension hat: Arbeitsbedingungen müssen so definiert werden, dass von dem erwirtschafteten Einkommen ein würdevolles Leben möglich ist. Laut einer Statistik der NGO »A roof for my country« (UTPMP)[12] leben rund um Buenos Aires eine halbe Million Menschen in Slums, von denen über die Hälfte auf öffentlichem Grund gebaut wurden – die Hälfte davon unter oder neben Autobahnen und in der Nähe von Mülldeponien. Über achtzig Prozent haben kein Abwasser und keine Gasversorgung. Es gibt Grundschulen, aber keine weiterführenden Schulen in diesen Vierteln, was dazu beiträgt, dass das Bildungsniveau niedrig und soziale Aufstiegschancen so gut wie ausgeschlossen – oder nur auf illegalen Wegen möglich – sind.

Es gibt politische Möglichkeiten, diese Situation zu verbessern: Abwassersysteme und Schulen können gebaut, Mülldeponien verlegt werden. Eine Politik, die sich mit dem befasst, was unter Architekten etwas sehr lässig »slum upgrading«[13] genannt wird (als sei der Slumbewohner ein Fluggast, der freundlicherweise vom Staat von »Obdachlos« auf »Blechhütte ohne Toilette – immerhin!« upgegradet wird), kann sich nicht darauf beschränken, hier einen Brunnen und dort ein bisschen Asphalt zu spendieren; sie muss einen Plan entwickeln, der weiter greift als die vorhandene, selbstgezimmerte Infrastruktur ein wenig auszubessern.

Diese Frage wird an den Architekturfakultäten immer noch viel zu wenig thematisiert: Wie könnte also ein Bauen aussehen, das über kosmetische »Slum Upgrades« hinausgeht? Einige Architekturschulen und Projekte sind hier wegweisend. Die jungen ecuadorianischen Architekten Pascual Gangotena und David Barragán haben 2007 ihr Büro »Al Borde« gegründet, dass architektonisches und statisches Know-How an Arme weitergibt, die sich keinen Architekten leisten könnten, und so zu einer No-Budget-Baukultur beiträgt.

In São Paulo entstand in den siebziger Jahren ein mehrgeschossiger Betonriegel, der nie fertiggestellt wurde. Jahrelang stand das Betongerippe leer an der Rua Solon, bis in den achtziger Jahren obdachlose Familien das Gebäude besetzten und sich dort notdürftig einrichteten, mit selbstgebastelten Sanitäranlagen und offenen Stromleitungen. Trotz der prekären Wohnsituation war das Haus beliebt; in der Nähe gibt es viele Arbeitsmöglichkeiten, Schulen und soziale Einrichtungen. Studenten der Architekturfakultät FAU USP begannen 2002,[14] mit den 73 Familien, die das Gebäude besiedeln, das Grundstück aufzuräumen, ein gemeinsames Stromnetz zu installieren und die Fassade zu streichen; der Schriftzug »Edificio Uniao« wurde an der Fassade angebracht, um dem Gebäude ein Gesicht zu geben; an den Mündungen der kleinen Gasse vor dem Gebäude wurden Tore montiert, so dass jetzt ein kleiner, langgestreckter Hof entstanden ist, in dem die Kinder sicher spielen können. Mit wenigen Eingriffen hatte sich der Charakter der Anlage verändert. Als weitere Maßnahmen sollte das Flachdach zu einer gemeinsamen Dachterrasse und der Eingang von einem tristen Einschlupfloch zu einem würdevollen Foyer umgebaut werden, in dem man mit Besuchern sitzen kann, eine Art öffentliches Wohnzimmer des Hauses – wozu auch die geplante Bibliothek, in der Nachhilfeunterricht und Lesungen stattfinden sollen, und der Versammlungsraum für Besprechungen der Bewohner gehören. Die Erdgeschossebene, der Sockel des Hauses, wird verwandelt in eine Reihe von Aufenthaltsräumen für die Gemeinschaft, davor spielen die Kinder; werden im nächsten Schritt noch Stühle und Tische aufgestellt, wird aus einer schmutzigen, anonymen Gasse ein Raum für die Gemeinschaft, in dem man sich gern aufhält. Die Dachterrasse würde sich für gemeinsame Grillabende eignen und den Bewohnern das Gefühl geben, nicht nur untergebracht zu sein, sondern einen besonderen Ort zu bewohnen.

Ein Bild zeigt zwei verschiedene Wohnformen in einer brasilianischen Favela: die chaotisch und illegal entstandene Aneinanderreihung von selbstgebauten Favela-Häuser, dahinter, mit blauen Fassaden, sozialer Wohnungsbau des Staates.

In gewisser Weise wiederholen sich im Umgang mit den Favelas die Fehler des sozialen Wohnungsbaus der siebziger Jahre: Gewachsene Strukturen werden abgerissen und durch Reißbrettvisionen ersetzt. Das

Ergebnis ist ein Verlust an Lebensqualität – die offenen Räume, die mal als Spielplatz, mal für eine Versammlung dienen, die engen Straßen, in denen man sich begegnet: Alles, was die Kleinteiligkeit der Favela bot, ist hier abgeschafft. Der Bewohner der blauen Häuser schaut ins Leere. Er ist hier des letzten beraubt, was er als Kapital noch hatte: die Nähe zu den anderen.

Man sollte die Favela nicht romantisieren. Man kann sie umbauen, verbessern, Schulen und Märkte mitten hineinbauen, Dachgärten für den Gemüseanbau einrichten und Gärten dort, wo sich jetzt der Müll stapelt – so, wie im Zuge der oft beschriebenen »Rückeroberung der Stadt« leere Parkplätze in Detroit in »Urban Farms« verwandelt werden und gemeinsam Gemüse angebaut wird, wo vorher alte Pontiacs verrosteten.[15] Man kann die chaotische informelle Stadt in besserer Form weiterdenken. Ein Modell wurde an der ETH Zürich unter Marc Angélil entwickelt – Studenten eines Seminars, das sich mit Favelas befasste, schlugen vor, die Favela mit einer Stadt in Form von leeren Betonrahmen mit Strom- und Wasseranschlüssen zu erweitern, die von den Einwohnern in Absprache mit der Stadt gemeinsam besiedelt und nach ihren Bedürfnissen ausgebaut werden kann. Ein zur Straße offener

Entwurf für besiedelbare Minimalarchitekturen (Christian Esteban Calle Figueroa) **273**

Raum könnte zu einem Laden oder zu einer öffentlichen Küche werden, aber auch zu einem Start-up-Büro; die Konstruktion verträgt es,
mit schmalen Türmen aufgestockt zu werden, wenn Wohnraum gebraucht wird. Natürlich funktioniert ein solcher offener Urbanismus
nur, wenn auch andere Rahmenbedingungen geschaffen werden: Wenn
der junge Start-up-Kleinunternehmer einen Mikro-Kredit für sein
Büro erhält, wenn das Land nicht der Bodenspekulation zum Opfer
fällt. Eine solche staatliche Steuerung als Ermutigung von Initiativen
hat nichts mit dem alten Sozialpaternalismus des Wohlfahrtsstaats zu
tun, wie einige Liberale immer beklagen, sondern ist eine nicht nur
ethisch-soziale, sondern auch ökonomisch sinnvolle Investition: Wenn
man Favelas in florierende Mikroökonomien verwandeln kann, vermeidet das die enormen sozialen Folgekosten, die mit einer Verslumung
und Verelendung der Bewohner einhergehen.

Es ist eine ganz andere Konzeption von Wohnen, die beiden Vorge-
hensweisen zugrunde liegt: Auf der einen Seite wird den Menschen ein
fertiges Haus hingestellt, mit dem sie dann klarkommen müssen, auf
der anderen Seite wird ein offener Rahmen geschaffen, der sich über die
Jahre füllt, der umgebaut, neu definiert werden und sich ohne weitere
Steuerung von Architekten wandeln kann – so, wie es Bernard Rudof-
sky 1964 mit seiner legendären »Architecture without architects« oder
Giancarlo de Carlo 1970 mit seinem Aufsatz »Architecture's public« vorbereitet hatten. Einmal sind die Bewohner Insassen eines Konzepts, das
anderswo ersonnen wurde; dagegen steht der Bewohner als Akteur, als
Umbauer, als aktiver Mitgestalter seines Viertels, seiner Stadt.

Diese Neudefinition betrifft auch den Architekten; er wird zum Initi-
ator und Begleiter sozialer Prozesse, steht aber nicht notwendig auf der
Seite von Macht und Kapital.

Modelle für neue Gemeinschaftsorte

»Ausstellen« hat im Deutschen eine doppelte Bedeutung, es kann »zeigen«, aber auch »abschalten« heißen, und oft sind Ausstellungen beides: Sie zeigen etwas, das mit quasisakraler Ehrfurcht angeschaut werden muss; im Museum redet man nicht oder nur leise, man bewegt sich mit gemessenem Schritt von Exponat zu Exponat, das Ganze hat etwas von einem Kirchenbesuch. Das Museum ist, was die Ritualisierung des Aufenthalts in seinen Räumen angeht, eine Kirche, in der Dinge verehrt werden. Auch wird in einer Ausstellung meist nichts hergestellt, sondern das fertige Objekt präsentiert – ein Gemälde, ein Video, ein Modell. Oft werden bei der ästhetischen Schockfrostung im blendend weißen Raum der sakralen Objektverehrung aber auch die Belebungsenergien des Werks abgeschaltet. Wäre eine Architektur denkbar, in der die Besucher nicht das fertige Objekt bewundern, sondern seine Entstehung in einem kommunikativen Raum erleben könnten? Im Rahmen der Vorbereitung der Ausstellung »Expo 1 – Ecology« am Museum of Modern Art im Sommer 2013 in New York stellte sich die Frage, wie die Künstler, Schriftsteller und Musiker, Architekten und Studenten, die während der Großausstellung in jeweils einwöchigen Seminaren und Workshops an neuen Formen für den Umgang mit ökologischen und gesellschaftlichen Fragen arbeiten sollten, untergebracht werden, und wo sie ihre Arbeit präsentieren könnten. Die Idee kam auf, im Innenhof des PS1 MoMA für die Dauer der Ausstellung ein temporäres Bauwerk zu errichten – ein Modell für eine neue Form von Zusammenleben und kollektivem Arbeiten, Privatheit und Öffentlichkeit unter prekären Umständen, und auch ein Ort, an dem »Ausstellen« anders definiert werden würde.

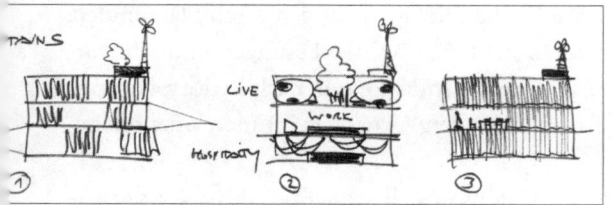 

Erster Entwurf für die »Colony« im PS1 **275**

Der erste Plan: An der hohen Betonmauer des Innenhofs könnte, wie ein Regal, eine simple Holzstruktur, eine Art Baugerüst mit drei Etagen errichtet werden.[16] Auf den zwei oberen Ebenen sollten kleine, simple Wohnzellen errichtet werden, freistehende Hotelzimmer sozusagen, in denen die Teilnehmer wohnen würden. Nicht nur die Öffnungszeiten des Museums würden dafür sorgen, dass die Bewohner nicht dauerhaft der Beobachtung durchs Publikum ausgesetzt wären, sondern auch ein dichter Gürtel aus Pflanzen, der sowohl als Garten für die Community als auch als Sichtschutz dienen würde. Statt das Publikum mit »Privat«-Schildern am Hinaufklettern zu hindern, sollte das Dickicht aus Pflanzen ein dschungelartiges Labyrinth schaffen, das den intimen vom gemeinschaftlichen Raum nicht mit einem Schnitt abtrennt, sondern wie ein grüner Filter zwischen beiden Sphären funktioniert. Die Schwelle wäre hier ein Labyrinth, hinter dem man sich geschützt, aber nicht eingemauert fühlt. Die Flächen zwischen den Wohnboxen wären den Bewohnern überlassen – hier könnten Hängematten aufgehängt, Gemüse angepflanzt, Stühle oder Wasserbassins für Kinder aufgestellt oder aber in Einzelfällen auch Anbauten an die eigene Zelle errichtet werden.

Die oberen Etagen wären zwei übereinander-gestapelte Dörfer aus freistehenden Hotelzimmern gewesen, die von kleinen Freiflächen oder Gärten voneinander getrennt worden wären; diese Freiräume unterscheiden das Projekt wesentlich vom normalen Geschosswohnungsbau. Wo dieser maximalen Wohnraum aneinanderklebt, sollte die Colony auf gleicher Grundfläche die einzelnen Wohnzellen auf das notwendige Minimum an Intimraum (Bett, kleiner Tisch, Kochnische, Dusche und WC) reduzieren – und dafür den Balkon auf Zimmer- oder Gartengröße ausdehnen.

Im unteren Geschoss sollte, in einem nur mit Vorhängen abgegrenzten Raum, eine kollektive Küche mit einem langen Tisch Platz finden, die auch für Besucher offen steht. Hier sollten Lesungen und Filmvorführungen stattfinden, aber auch Workshops; je nach Bedürfnis könnten die Benutzer der Struktur mit den Vorhängen intimere oder offenere Räume schaffen.

Den Bauauftrag für die Colony erhielt schließlich das argentinische

Architekturbüro A77. Sie errichteten die Colony als Baugerüst; die Wohnzellen wurden durch Campinganhänger und Zelte ersetzt, die, nachdem aus Sicherheitsgründen nur ein Anhänger auf dem Gerüst plaziert werden durfte, hinter der Konstruktion aufgestellt wurden. Aus Kostengründen mussten kollektive Duschen und Toiletten errichtet werden, womit auf zwei wesentliche Elemente des ursprünglichen Entwurfs verzichtet wurde.

Der offene Raum des Erdgeschosses aber funktionierte; fast jeden Tag kamen Gäste, Vorträge und Performances fanden statt, Besucher mischten sich unter die Bewohner, jeder durfte zuschauen, teilnehmen, mitdiskutieren; die Colony war in ihrem Grundentwurf ein Labor für eine neue *Architecture of hospitality*, ein Modellversuch zur Frage, wie viel Rückzugsraum ein Mensch braucht und an welchen Orten Gemeinschaft welche Formen annehmen kann – dazu, wie man das Intime und das Kollektive in ein anderes Verhältnis zueinander setzt, es durch andere Filter trennt und neu zusammenbringt in Hybridräumen wie der großen, offenen Küche im Erdgeschoss, einer neuen Form zwischen öffentlichem Platz und kollektivem Wohnzimmer.

Das Haus war keine Architektur mehr im klassischen Sinn: Es bestand aus dem, was vor dem Bauen errichtet wird – einem Baugerüst – und dem, was nach dem Bauen zur Steuerung von Licht und Schutzbedürfnissen angebracht wird, nämlich Vorhängen. Es baute mit dem, was vor und was nach dem Bauen kommt. Es war nicht mehr durch Wände von der Umwelt getrennt, es öffnete sich nicht nur über Türen: Es funktionierte eher wie ein Schwamm, der die Außenwelt aufnimmt, und in dem kleine Einkapselungen die Intimität seiner Bewohner schützen.

Das Labyrinth ersetzt die Wand. »Die Tür«, schreibt Georges Perec, »zerbricht den Raum, zerteilt ihn … auf der einen Seite bin ich und mein Zuhause, die Privatsphäre, das Häusliche, auf der anderen Seite sind die anderen, die Leute, die Öffentlichkeit … man kann nicht vom einen zum anderen gehen, in dem man sich gleiten lässt … man muss die Schwelle überschreiten, man muss bestimmte Voraussetzungen erfüllen, man muss in Verbindung treten, so wie der Gefangene mit der Außenwelt in Verbindung tritt.«[17] Gäbe es eine Raumorganisation, die das Private vom Öffentlichen anders, gleitender teilt, zwischen den Wohnzellen labyrinthische Zonen einrichtet, einen Dschungel aus Pflanzen, der die Grenzen zum Nachbarn verschwimmen lässt? Das Labyrinth verrät seine Ausmaße nicht. Es lässt Räume größer erscheinen. Die Vegetation dehnt die Privatsphäre aus, und sie wirkt als Filter. Die Grenze zwischen dem Intimen und dem Offenen ist nicht mehr durch eine Mauer markiert, sondern durch eine immer dichter werdende Zone, in der man sich verlieren kann.

Ohne Türen: Geborgenheit im Labyrinth. Was, wenn zwischen Straße und Bett keine Abfolge von Türen und Wänden, sondern nur ein Labyrinth läge?

Eine Mauer ist schnell überstiegen, eine Tür schnell aufgebrochen. Ein Labyrinth, in dem man sich verliert, ist weniger schnell zu überwinden. Gleichzeitig kann sich in seinen Nischen, Windungen und Auswölbungen jenes soziale Leben einnisten, das heute schon in den offenen Zwischenräumen des Moriyama House zu beobachten ist. Was nicht heißt, dass man mit sofortiger Wirkung alle Schlafzimmertüren abschafft – aber vielleicht, dass man die Zahl der Türen und andere Abschottungssysteme auf ein Minimum beschränkt und in den freiwerdenden Räumen labyrinthische Strukturen vorsieht, die gleichzeitig Schutz, Filter und einladender, nicht exklusiver Raum sind. Wie sollte so etwas aussehen? Auch hier findet man Beispiele in alten mediterranen Dörfern, wo auf Plätzen Stühle und Tische stehen, die nicht größer sind als ein Wohnzimmer, eine Küche; und Küchen, die auf Höfe hinausgehen, die so groß wie Plätze sind.

Kapitel 10

Atmosphären

Thomas Struth: Crosby Street (1978)

Ich öffne das Fenster: Man hat eine Vorstellung davon, was dieser Satz bedeutet, auch davon, wie es sich anfühlt, ein Fenster zu öffnen. Aber es ist ein Unterschied, ob man es in New York, Paris oder Düsseldorf tut; ob man sich leicht bückt und ein amerikanisches Fenster nach oben schiebt, ob man ein französisches, bodentiefes Flügelfenster in einem Haus aus dem 19. Jahrhundert öffnet und dabei automatisch die Arme ausbreitet, oder ob man sich, wie ein Ertrinkender an einen Ast, an den kalten, dürren silbernen Bügelgriff eines Veluxfensters klammert und ihn nach unten reißt. Der Körper macht andere Bewegungen, die Hand berührt andere Materialien.

Und es ist ein Unterschied, ob durch das offene Fenster die Geräusche der Straße in den Raum dringen, während ein Vorhang den Raum vor Blicken schützt, oder die Stille eines Waldes; was ein Fenster ist, bestimmt nicht nur seine Form, sondern auch seine Materialien, die Körperbewegungen, die es in Gang setzt, der Klang und die Gerüche, die es umgeben.

In der Architektur dominiert immer noch das Auge: Fassaden werden für das Auge gebaut, Fenster für Ausblicke und Belichtung gesetzt. Was fehlt, ist eine Ausbildung, die sich der Frage widmet, wie Architektur unmittelbar mit dem Körper erfahren wird: Wie weht der Wind durch diesen Raum? Wie riecht das Holz der Terrasse, wenn es im Nebel feucht oder in der Sonne warm wird? Wie fühlt sich ein Messinggriff bei Kälte, wie ein Plastikschalter an einem heißen Tag an? Man »befindet sich«. Dieser Satz, darauf weist Gernot Böhme hin, ist doppeldeutig:[1] Er bedeutet, hier oder dort zu sein, und er bedeutet, sich so oder so zu fühlen. »Beides hängt zusammen und ist in gewisser Weise eins: In meinem Befinden spüre ich, in was für einem Raum ich mich befinde«.[2] Aber welche Faktoren bestimmen dieses Befinden? Wie ist es, durch einen langen, engen Korridor ins Schlafzimmer zu gehen? Welche Gerüche und Geräusche dringen in ein Schlafzimmer, vor dessen Schiebetür der Regen in die nasse Erde schlägt? Verändert eine rauhe Fassade das Gefühl von Behaustheit? Kammputz kann einem Haus eine leichte Patina, eine Gelassenheit geben, während glatter weißer Putz es wie die Wohnphantasie eines Zahnarztes, eine umgenutzte Dentalklinik aussehen lässt.

Will man einen feinen, filigran delikaten, fast scharfkantigen Türgriff anfassen oder einen gutmütig dicken, behäbig-soliden? Muss man in einer Stadt wie Berlin, die die schneidend klare, vom Atlantik herüberwehende Luft, die manchmal in die Straßenschluchten von Manhattan strömt, nicht kennt, anders bauen als dort?

All das sind Fragen, die gern mit einem spöttischen Lächeln als Fragen für hypersensible Innenarchitekten und Materialesoteriker abgetan werden. Dabei hängt die Wahrnehmung, ob eine Wohnung zu klein, zu kalt oder klaustrophobisch wirkt, oft genau von diesen Fragen ab, und letztendlich auch die architektonische Qualität eines Baus. Viele mit billigen Materialien gebaute Häuser bieten viele Quadratmeter für wenig Geld – und keine Ausstrahlung, keine Atmosphäre, die über ein ödes Gefühl fürs Praktische hinausgeht. Dass diese gebauten blutleeren Fadheiten dann von den ratlosen Bewohnern mit Lastwagenladungen von Vergemütlichungsmaterial, Bommellampen und Quasten und Gardinen und Kuschelsofas und dreieckigen Designerscherzen nachbearbeitet werden, ist kein Wunder: Sie sollen die Atmosphäre bringen, die der pragmatischen Wohnbox fehlt.

Es wäre falsch – oder vergeblich –, einen Katalog »guter« und »schlechter« Atmosphären zu entwerfen; die individuellen Vorlieben sind zu unterschiedlich, die historischen Vorprägungen von Architekturwahrnehmung zu verschieden, als dass man mit einer anthropologischen Gewissheit sagen könne, dieses lichte Glashaus sei für »den Menschen« zu kalt und zu ungeborgen oder dieses Kugelhaus sei zu klaustrophobisch; der eine liebt es, in der Wüste oder auf der Dachterrasse unter offenem Himmel zu schlafen und kann allenfalls vier Glaswände um sich dulden – der andere fühlt sich dort verloren. Altbauten aus dem späten 19. Jahrhundert mit hohen, stukkatierten Decken und neoklassizistischen, mit Karyatiden dekorierten Fassaden galten im frühen 20. Jahrhundert selbst unter konservativen Architekten als Ausbund der Geschmacklosigkeit: Die Wohnviertel, die von 1870 bis 1914 in Deutschland entstanden, klagt Paul Schultze-Naumburg 1917, gehörten »zum Verfehltesten und Hässlichsten was je in der Gemeinde des Bauens erlebt worden ist«; mit dem Geld, »was all dieser Formenunfug gekostet hat, könnten alle Wohnhausbauten der nächsten zehn Jahre bestritten werden«.[3] Auch in den sechziger Jahren erschienen vielen Menschen Altbauten der Jahrhundertwende als ungemütliche, geschmacklos überdekorierte Raumverschwendungen, vor denen man sich lieber im modernen Bungalow in Sicherheit brachte – während sie heute als urbanes bürgerliches Wohnideal alle Preisrekorde brechen. Schon deswegen kann eine Atmosphärenforschung in der Architektur keine überindividuellen Wahrheiten sichtbar machen.

Wohnbedürfnisse sind nicht statisch: Es gibt Tage, an denen man Licht, Stahl und Glas um sich herum haben möchte und Tage, in denen man eher eine Höhle bevorzugt. Für beide Bedürfnisse, Öffnung und Abschottung, muss eine Form gefunden werden, die auf der einen Seite Klaustrophobie, auf der anderen das Gefühl von Unbehaustheit vermeidet. Für das Bauen würde sich die Forderung ergeben, in einem Gebäude potentiell mehrere Atmosphären zuzulassen, es nicht als ein atmosphärisch klar definiertes Objekt, sondern als flexible Bühne zu bauen, die sich unterschiedlichen Stimmungen anpassen kann; eines der einfachsten Mittel sind Vorhänge oder Schiebewände, mit denen der Lichteinfall reguliert werden kann.

Der Fotograf Thomas Struth hat seit Jahrzehnten Städte fotografiert, und formal zeigen die Szenen oft etwas sehr Ähnliches: leere Straßen, geparkte Autos, die Stadt noch leer, in einem gleichsam ausgekuppelten Moment der Erwartung.

Einerseits legen diese Bilder Formprinzipien offen, nach denen Stadt entsteht und die den Körper dessen, der durch ihre Straßen läuft, beeinflusst: In New York das spürbare Straßenraster, der Entwurf der Stadt ins Leere; in Düsseldorf spürt man in den gekrümmten, sinnlos abbiegenden Straßen den Prozess der Aushärtung von ehemals geschwungenen Feldwegen, die irgendwann befestigt und ausgebaut wurden und schließlich mit dem Vordringen der Häuser ins Land zu Stadtstraßen heranwachsen; in Neapel das poröse Palimpsest – jemand baut ein kleines

Haus, jemand baut einen Palast daneben, der irgendwann verfällt, weswegen jemand in die monumentale Säulenordnung einen Zeitungskiosk
hineinbastelt, neben dem sich ein Café ansiedelt – und so weiter; in Japan schließlich eine Stadt wie ein gebauter Schnappschuss, die aus tem-
porären, nicht für die Ewigkeit gedachten Behausungen besteht.

Vergleicht man diese Bilder, sieht man aber genauso deutlich, dass es
etwas ganz anderes ist, ob man eingesackt in die Velourssitze eines Ca-
dillac durch die Backsteinschluchten von New York oder mit dem me-
tallisch röhrenden Renault 16 durch eine westdeutsche Seitenstraße mit
ihren schwarz gewordenen Putzfassaden fährt, in denen der herüberge-
wehte Dreck des Ruhrgebiets den Ruß der Bombennächte überlagert –
der ein ganz anderer ist als der dunkle Schmutz in Italien und eine andere Dunkelheit hat als die schweren Backsteinbauten von Manhattan.
Es zeigt sich, dass die Fahrt durch Brooklyn sich vor allem deswegen anders anfühlt, weil die Dinge – die nach oben zu schiebenden Fenster, die
groben Türklinken, die hundertmal gestrichenen schwarzen schmiedeeisernen Gitter, die filigranen, kaltmetallischen Hebel, das amerikanische Auto, das sich schwer in die Kurve neigt – sich anders anfühlen;
weil die Gerüche, das Licht, die Geräusche andere sind. So gesehen zeigen diese Bilder auch, wie die unterschiedlichen Details der Dinge die
Wahrnehmung verändern.

Als in Frankreich noch die Vorschrift galt, dass alle Autos mit gelben Frontscheinwerfern ausgestattet sein müssen, wirkten französische
Nächte in Paris auf das ausländische Auge dunkler, wärmer und ge-
heimnisvoller: Das Licht der Stadt war auf Moll gestimmt. 1993 erzwang

eine EU-Norm die Ausrüstung aller Neuwagen mit weißen Scheinwerfern, seitdem ist das Licht in französischen Städten kälter geworden, nur manchmal, wenn ein alter Renault durch eine Seitenstraße fährt, kehrt für einen Moment die alte Stimmung zurück. Die Atmosphäre einer Stadt zu erhalten kann auch bedeuten, die Orte zu erhalten, die ihren Duft prägen – wie es als einer der ersten Architekten Uwe Kiessler tat, als er mit dem Münchner Großbäcker Gerhard Müller-Rischart den Abzug von dessen Backstuben aus dem Zentrum verhinderte; mit der Bäckerei wäre auch der Duft verschwunden, der die Straßen des Viertels prägt. Die graubraunen, ruinösen Fassaden, die matten Farben von Ostberlin nahm man auch durch den Filter eines Geruchs wahr: Auch wenn man die Augen schloss, wusste man, dass man in Ostberlin war, der bläuliche Geruch tausender Zweitaktmotoren verriet es.

Paradoxe Atmosphären

Man kann in der Architektur keine »guten« von »schlechten« Atmosphären trennen, aber man kann Räume mit einer eindeutigen Atmosphäre – etwa die klinischen, fast medizinisch-sterilen, ganz in Stahlweiß gehaltenen Bauten von Richard Meier – von Räumen mit paradoxen Atmosphären unterscheiden, wie sie die Villen von Frank Lloyd Wright prägen.

Die Villa Fallingwater, die Wright 1935–1937 für den Herrenkonfektionshändler Edgar Kaufmann rund achtzig Kilometer südöstlich von Pittsburgh in den Allegheny Mountains über einem kleinen Wasserfall baute, nimmt die Farbe des Waldes und der Felsen auf. Der Bauherr hatte sich gewünscht, aus seinem Haus den Wasserfall zu sehen, der Architekt entschied, ihm diesen Wunsch nicht zu erfüllen und baute das Haus mit seinen weit auskragenden Balkonen über den Wasserfall – wodurch er zwar nicht sichtbar, aber durch das Plätschern und Rauschen akustisch um so präsenter war: Fallingwater wurde so zu einer Architektur der Distanzauflösung. Anders als in den frühen Villen Le Corbusiers wird die Natur nicht als Bild gerahmt, sondern mit dem Haus, das wie ein abstrakter Baum aus Steinen aus der Topographie herauswächst, amalgamiert: Das Haus ist aus dem Ort heraus entwickelt; wollten die Steine der Gegend die Bäume am Wasserfall nachstellen, sähe das Ergebnis so aus.

Interessant sind die Innenräume des Hauses: Wright gestaltete die Wände wie Felsbrocken, der Boden ist nicht gefliest, sondern mit großen, unregelmäßigen Bruchsteinplatten ausgelegt, einige Felsen ragen

durch den Fußboden in den Raum; einerseits wirkt das Innere mit seinen schmalen, schlitzartigen Fenstern wie eine Höhle, ein extrem intimer Raum, andererseits so, als befände man sich draußen auf einem abgeschliffenen Felsplateau. Der Raum kippt also in der Wahrnehmung zwischen einem extremen Innen- und Außensein.

Auch verschiedene Stufen von Helligkeit und Dunkel spielen hier eine Rolle für die Wahrnehmung des Baus. Der japanische Schriftsteller Tanizaki Junichirō hat in seinem 1933 – kurz vor Baubeginn von Fallingwater – verfassten Essay »Lob des Schattens« eine Ästhetik entworfen, die fragt, wie unter anderem in der Architektur bestimmte Atmosphären hervorgerufen werden. Für Junichirō hängt die Wirkung japanischer Gebrauchsgegenstände vor allem am Licht; das europäische, helle elektrische Licht nehme Keramikgeschirr und den dunklen Schüsseln mit schwarzem Lack ihren Zauber und lasse sie auf eine vulgäre, geheimnislose Weise eindeutig und matt wirken, während im Dämmerlicht erst die Qualität ihrer Oberflächen zu Geltung kommen: einem Schimmern und Flackern, einer Unbestimmtheit, wie eine Verhüllung, eine dauernde Verwandlung, ein Versprechen neuer Überraschungen und ungeahnter Effekte. Hier ist es das Dämmerlicht, das mit den transluzenten Papierwänden und dunklen

Holztäfelungen japanischer Häuser inszeniert wird, das eine bestimmte Atmosphäre hervorruft, in der Konturen und Grenzen sich auflösen und in einem spannungsvollen Verhältnis von Sichtbarkeit und Unsichtbarkeit balancieren – so wie ein Kippbild immer neue Effekte erzeugt. Und weil das Dämmerlicht das Auge verwirrt, schärfen sich die anderen Sinne: Das Objekt wird ertastet, gerochen, das Geräusch des in die Tasse gegossenen Tees und des Windspiels wird intensiver wahrgenommen. So schärft die im Halbdunkel versunkene Architektur die Sinne ihrer Bewohner.

All das ist Teil der architektonischen Form; die Zeichnung ihrer Umrisse, die viele mit dem Beruf des Architekten verwechseln, ist nur ein Teil davon. Die anderen sind Wind, Licht, Haptik, Enge, Weite, Geräusche und Geruch der Umgebung, auf die Architekten reagieren müssen, wenn ihr Bau mehr als ein ungelenk an diesem Ort abgeworfenes Objekt sein soll: In New York sind das die salzige Atlantikluft, das Heulen von Sirenen und das Geschrei von Möwen, eine aus dem Untergrund aufsteigende Wärme, die Hitze, die in den Straßenschluchten steht und von den steinernen Fassaden gespeichert wird; in Paris das gedämpfte Licht aus den Cafés, der stickigwarme Geruch der Metro, in dem sich das erhitzte Gummi der Reifen mit einem leichten Moder mischt, der warme Mollton beim Schließen der Türen. Jedes Haus, das an einem solchen Ort gebaut wird, schreibt sich, ob bewusst oder nicht, in diese Atmosphären ein.

Konstruktion von Atmosphären
Philippe Rahms Räume

Der Schweizer Architekt Philippe Rahm versucht, unterschiedliche Räume nicht durch Wände und Türen, sondern über unterschiedliche Temperaturzonen zu gestalten. Schon 2007 hatte er in Paris im Centre Pompidou einen Raum vorgestellt, in dem der Besucher über warmes Licht und Wärme schläfrig gemacht werden sollte, was bei einigen Testpersonen besser, bei anderen gar nicht funktionierte. Offenbar spielten für die Wahrnehmung der mit Bezug auf aktuelle neurobiologische Forschung entworfenen Schlaflandschaft noch andere, individuelle Dispositionen eine Rolle – so einfach sind Bewohner anscheinend doch nicht steuerbar. In Lyon entwarf Rahm nun eine Wohnung, in der die Räume nach einem vertikalen Temperaturzonenmodell aufgeteilt sind: das Bett steht dort, wo es kühl ist auf dem Boden, der Lesesessel wandert empor in Richtung Decke, wo sich die Wärme sammelt; so bietet der offene Grundriss ganz unterschiedliche Mikroraumgefühle, die von der Temperatur abhängig sind.

Die Steuerung der Wahrnehmung
im kommerziellen Raum

Die oft theosophisch befeuerten Architekten des frühen 20. Jahrhunderts, allen voran Le Corbusier, haben versucht, durch Proportionen, Rhythmisierung von Räumen, durch Lichtregie und Materialität bestimmte Stimmungen hervorzurufen; die Kirche von Ronchamp mit ihren grottenhaften Seitenkapellen und ihren archaisch wirkenden Materialien, ihren verblüffenden Lichteffekten während der Messe am Morgen, während der das Sonnenlicht als Schneise in den Kirchenraum fällt, war eine solche Effektarchitektur, die starke Emotionen hervorrufen sollte.[4]

Wie das Verhalten von Menschen über Atmosphären steuerbar ist, ist mittlerweile aber auch Gegenstand einer hochspezialisierten Forschung, die vor allem handfeste ökonomische Ziele verfolgt. Supermarktketten wie Edeka erproben zusammen mit der Hamburger Agentur Audio Consulting Group und der psychologischen Fakultät der Universität Mannheim den Effekt von klassischer Musik auf das Kaufverhalten am Weinregal. Unterstützt wird die erwünschte Atmosphäre durch den Einsatz von synthetischen Düften. »So versprühen von der Firma Air Creative installierte Düsen in der Weinabteilung eine Kombination aus Zimt- und Kardamomnoten, um die Kunden in eine kauffreudige Stimmung zu versetzen. In der Getränkeabteilung kommt hingegen ein Zitrusduft zum Einsatz, um den Verbrauchern Frische vorzugaukeln« – während über der Fleischtheke Rotlicht Steaks und Koteletts frisch erscheinen lässt.

»Die Verbindung von Zitrusduft und Sauberkeit«, erklärt eine Studie der Zeitschrift Ökotest, habe »sich bereits tief ins menschliche Hirn gegraben: Studenten, die dem Duft von Zitronenreiniger ausgesetzt waren, hielten ihren Tisch beim Essen sauberer als eine unbeduftete Kontrollgruppe.«

Auch die Wahrnehmung eines Feuers im Kamin hängt von individuellen und historischen Faktoren ab. Lange dominierte die Annahme, Rauch sei gesund: Noch 1577 erklärt ein Autor namens William Harrison, dass man in den Tagen des offenen Feuers, die in den großen Hallen britischer Burgen entzündet wurden, nie Kopfschmerzen hatte, berichtet Bill Bryson in seiner Studie »At home«.[5] Und galt die Versammlung am Feuer lange als »archaischer« Gemeinschaftsmoment, lehnen Architekten und Ingenieure wie Werner Sobek derartige angeblich anthropologisch bedingte Rituale als ökologisch unvertretbare Gefühlsduselei ab: Wo der eine im Feuerschein Trost findet, sieht der andere nur unnötige CO_2-Emissionen, die ihm die Energiebilanz verhageln.

Großzügigkeit und *Hospitality*
Das ›mehr als nötig‹

Was mag man an einer Straße in Mailand, einem Gründerzeithaus in Berlin-Charlottenburg, einer Ecke am Boulevard St. Germain, am Hotel Nacional in Brasilia, an Mies van der Rohes Barcelona-Pavillon, vielleicht sogar an einem modernen Parkhaus und einem Apartmentblock in São Paulo? Meistens, und unabhängig vom individuellen Geschmack, gibt es eine Ästhetik des Mehr-als-notwendig; eine Bereitschaft zur Verschwendung, zur Aufbietung von Ressourcen, die nicht zwingend hätten investiert werden müssen. Man kann auch in einem Haus ohne Karyatiden, Erker und Rustizierungen wohnen, aber die Architekten des Berlins der Kaiserzeit wollten ein Zeichen souveräner Großzügigkeit setzen: Hier, in diesem Haus, muss man sich nichts vom Munde absparen, dieses Haus weiß von der Schönheit und Großzügigkeit seiner Nachbarn und soll zu einer außergewöhnlichen Stadt beitragen – wobei diese Sorge schnell in einen selbst wieder abstrusen Wettstreit führen kann, eine Ästhetik des Zuviel, die heute viele neurussische Villen bei Moskau und an der Cote d'Azur prägt – so beklagten schon um 1890 die Freunde klassizistischer Strenge den opulenten, schweren Pomp der kaiserlichen Großmannsarchitektur. Aber auch im Zusammenspiel reduzierter Materialien kann eine Ästhetik des Großzügigen entstehen – mit großen, einladenden Fenstern, offenen Toren.

Hausmanns Paris wäre auch mit weniger prachtvollen Eckbauten, weniger hohen Ladenzeilen, weniger aufwendigen Schmiedekunstwerken an den Balkonen ausgekommen. Mies van der Rohe hätte keine Marmorwand verbauen müssen; der anonyme Parkhausarchitekt hätte keine Rasterfassadenelemente vor die Parkplätze bauen müssen, durch die sich das Licht rätselhaft bricht, der Architekt in São Paulo hätte keine doppelgeschossige Entree mit einer neben den Sitz der Concierge eingepflanzten Palme einplanen müssen, die Leute wären auch so zum Fahrstuhl gekommen – aber es sind diese Details, Zeichen einer Großzügigkeit, die in der Summe die Qualität der Stadt als einen für alle einladenden Raum ausmachen.

Wenn jeder Bauherr die Straßenfassade als notwendiges, nicht vermeidbares Übel betrachtet, entstehen jene deprimierenden Straßenzüge, in denen jeder Winkel vom Sparwillen und Kostenoptimierung zeugt; das Haus, dem Aussehen egal sein muss, wendet der Stadt mit Plastiktürgriffen und Fensterlöchern, denen wie zur Entschuldigung abnehmbare Plastiksprossen eingeklemmt wurden, den unansehnlichen Hintern zu.

Einfallslose Architekten betonen gern, dass die Städte auch nur ein Abbild gesellschaftlicher Prozesse seien, dass jede Gesellschaft die Häuser, Plätze und Städte bekomme, die sie verdiene. Diese selbstverordnete depressive Handlungshemmung der Architektur kommt all jenen zupass, die an einer Veränderung des Bauens aus ökonomischen Gründen nicht interessiert sind: die Hersteller von Massivhäusern, Dachziegeln, Plastikfenstern, Dämmputz etwa. Aber Häuser und Plätze sehen so trostlos aus, weil eben diese genau benennbaren Akteure mit der gern als unabwendbares Schicksal verkauften zunehmenden Standardisierung viel Geld verdienen und nachvollziehbarerweise kein Interesse an einer grundlegenden Veränderung haben – und weil Politiker kurzsichtige Entscheidungen wie den Abverkauf von innerstädtischen staatlichen Liegenschaften an Investoren treffen.

Dabei müssen sich Rentabilität und Stadtleben nicht ausschließen – ebenso wie das Beispiel des Hamburger Überseequartiers zeigt, dass eine Orientierung an angeblichen wirtschaftlichen Notwendigkeiten keineswegs für ökonomische Prosperität sorgt, sondern ein urbanistisches auch noch zum finanziellen Desaster werden lässt.

Das Argument, das Bauten eine Gesellschaft nicht verändern können, ist meistens nur eine Entschuldigung der eigenen Unfähigkeit: Wenn

Architektur ohnehin nichts verändern könnte, dann wäre es auch nicht so schlimm, dass sie so einfallslos aussieht. Glücklicherweise ist die deprimierende Phase der Architekturgeschichte vorbei, in der Architekten ihre wohltemperierte Einfallslosigkeit mit der Behauptung rechtfertigten, die Zeit der großen Entwürfe sei vorbei, und architektonische Utopien hätten nur Elend über die Städte und ihre Bewohner gebracht.

Es gibt eine neue Architektur, die zeigt, dass das nicht so sein muss. Sie trägt – in diesem Sinne ist sie politisch – Züge eines Gesellschaftsentwurfs, der neuen Erfahrungen, Bedürfnissen und Ritualen neue Räume gibt.

Es sind gute Zeiten für Architekten. Es gibt so viele interessante Ansätze für ein neues Wohnen und Bauen wie lange nicht mehr. Wie gesagt: Viele der großen Krisen der Gegenwart sind im Kern Raumkrisen – die Finanzkrise, der Klimawandel, die Verödung der Innenstädte und die damit verbundene soziale Segregation, damit zusammenhängend sogar die Frage nach dem Zugang zu Bildungs- und Informationsressourcen.

Was folgt daraus?

Kapitel 11

Ändert die Gesetze!

Für eine neue Baupolitik

Veduta dell'Arco di Giano

Rom, Janustor

Wohnungsbau, Bürokratie, Kapitalismus

Alle neuen Denkansätze werden die Architektur der Städte und Vororte nicht ändern, wenn die politischen Bedingungen des Bauens sich nicht ändern. Die Baumisere erscheint vielen als ein nicht entknotbares komplexes Gewirr verschiedenster Faktoren, ihre Ursache im Dunkel von Vorschriften und Interessen zu liegen. Aber das ist nicht so. Es ist klar benennbar, woran die Baukultur krankt, was neue Formen verhindert – und was geändert werden müsste.

1. Geld für die Gemeinden
Der Planungswertausgleich

Wo gebaut wird, braucht man einen Bebauungsplan, den eigentlich die Gemeinden erstellen müssen. Weil die aber oft kein Geld haben, Mitarbeiter einzustellen, die sich mit architektonischer Qualität befassen und Jurys zur Diskussion dessen zusammenbringen, was man an Bauten für wünschenswert hält, werden immer öfter »vorhabenbezogene Bebauungspläne« von privaten Investoren durchgewunken: Hat eine Gemeinde einen Acker, der noch nicht als Bauland ausgewiesen ist, und will ein privater Investor dort dreißig Häuser bauen, kann er einen Bebauungsplan entwerfen und mit der Gemeinde einen städtebaulichen Vertrag abschließen, damit er geltendes Planungsrecht wird. Weil Planung teuer ist, freuen sich die Gemeinden, wenn der Investor den Plan gleich mitbringt; der Investor hat aber meist kein Interesse, neue Wohnformen, die teuer zu planen und weniger renditeträchtig sind, zu fördern – und entsprechend sehen die Neubaugebiete dann aus: wie zu Häusern geronnene Gewinnabsichten.

»Es gibt im Bauen eine Verwirtschaftlichung der Interessen«, sagt Thomas Kaup, Landesvorsitzender des Bundes Deutscher Architekten in Berlin. »Kosten und Terminen wird ein enormer Vorrang eingeräumt, über architektonische Qualität wird dann oft kaum noch geredet«.[1]

Wie könnten die Kommunen sich Planer leisten und die Gestaltungshoheit zurückerlangen? Wenn von der Gemeinde Bauland geschaffen wird, steigt der Wert des Grundstücks, das jetzt bebaut werden kann; die Planungskosten liegen aber bei der öffentlichen Hand. Dieser Gewinn, den der Landbesitzer durch das Handeln der Gemeinde macht, könnte, wie es 1998 eine Gesetzesinitiative vorsah, als Planungswertausgleich der öffentlichen Hand zurückgeführt und für Planer ausgegeben werden. Wenn man keinen Planungswertausgleich hat, kommen auch keine Mittel in die kommunalen Kassen, und man muss »vorhabenbezogene Bebauungspläne« schlucken oder nach Paragraph 34 arbeiten – man orientiert sich einfach in der Planung am Bestand. So werden die immer gleichen Formen begünstigt, etwas ganz Neues wird nicht entstehen.

2. Änderung der Bauverordnungen
Trennungsgrundsatz und Dämmwahn

Die Baunutzungsverordnung muss geändert werden. In den Gesetzen und Verordnungen zum Bauen bildet sich die städtebauliche Ideologie der fünfziger Jahre ab, das Ideal der autogerechten Stadt. Man kann die Höchstdichten-Verordnungen historisch verstehen als einen Versuch, unhygienische Wohnverhältnisse wie in den Berliner Hinterhöfen und in den feuchten Kellerwohnungen des ausgehenden 19. Jahrhunderts zu vermeiden. Aber heute muss eine hochverdichtete Hofbebauung nicht automatisch muffig, dunkel und feucht sein, zumal sie anders genutzt wird; baubar ist sie dennoch nur unter Schwierigkeiten. Die zugelasssene Nutzungsdichte ist ein Problem – »die verdichtete europäische Stadt, wie wir sie kennen und lieben«, erklärt Kaup, »wäre heute so gar nicht mehr baubar«; und auch der Trennungsgrundsatz ist ein Problem. Schon die Internationale Bauausstellung 1987, die noch mit Geldern aus dem öffentlichen Wohnungsbau finanziert wurde, litt schwer an geltenden Bauverordnungen: Kein Gewerbe in den Höfen, keine Läden an jeder Ecke – an dieser fehlenden Durchmischung leiden die Bauten heute noch.

Auch andere gutgemeinte Verordnungen müssten überprüft werden: die Energieeinsparverordnung mag im Prinzip sinnvoll sein, um kosten- und flächensparend zu bauen, aber es müsste erlaubt sein, teilweise auf extreme Wärmedämmungen zu verzichten. Nicht in jedem Raum muss das Temperaturniveau den maßlosen Komfortidealen einer Gesellschaft entsprechen, die auch bei 20 grad Minus draußen im Hausflur behagliche 25 grad plus verlangt; nicht jeder Dachboden muss mit dem Fahrstuhl erreicht werden können. Wer überall Höchststandards ansetzt, darf sich nicht beschweren, wenn das Bauen immer teuer wird. Hier müsste man das Bauordnungsrecht genauer auf seinen Hang zu Komfortexzessen abklopfen.

Regeln, die es erlauben, wieder monolithische Wände zu bauen, die auch dämmen, statt gezwungen zu werden, alles mit nicht eben ökologischem, vierzig Zentimeter dicken Plastikschaum einzupacken.

3. Baugruppen fördern, Umnutzungen vorantreiben

Die größten Innovationen gehen in der Wohnarchitektur zur Zeit vom Baugruppenwesen aus – was eine Art Selbsthilfe ist: Bauherren tun sich zusammen und bauen sich das, was sie auf dem Markt nicht finden, eine Architektur, in der man in einem größeren Verband nach seinen eigenen Vorstellungen leben kann, die oft deutlich von der renditeträchtigen Stapelung mittelgroßer Apartments in Zweckbauten abweicht.

Kommunen könnten dieses Modell fördern, sie könnten Baugebiete ausschreiben, in denen staatlich finanzierte Architekten als Projektsteuerer mehrere Baugruppen koordinieren.

In Deutschland gibt es eine Neubauquote von einem Prozent; es müsste viel intensiver über die Umnutzung des staatseigenen Bestands nachgedacht werden: Kann aus einem Behördenbau ein Wohngebäude werden, kann ein Parkhaus ein Studentenheim mit gigantischer Dachterrasse werden? Staatliche Wohnungsbauförderung könnte auch für solche Projekte Wettbewerbe ausschreiben.

4. Wettbewerbsrecht ändern

Überhaupt die Wettbewerbsrichtlinien. Wenn im öffentlichen Sektor etwas Innovationen verhindert, dann die Wege der Auftragsvergabe. Architekturwettbewerbe fürs öffentliche Bauen sind zurückgegangen, stattdessen werden viele Aufträge über das System der »Verdingungsordnung für Bauleistungen« vergeben; in Kriterienkatalogen für den Bau eines Kindergartens wird abgefragt, wie viele Kindergärten das Planungsbüro bereits gebaut hat. Junge Architekten, die einen phantastischen Kindergarten entwerfen könnten, aber noch keinen gebaut haben, werden den Auftrag eher nicht bekommen. Den Zuschlag bekommen die Büros, die Vorerfahrungen haben – und oft das immergleiche bauen. Auch das verhindert innovatives Denken.

5. Statt Copy-Paste-Bauten: Planer für staatliche Wohnungsbaugesellschaften

Wie ein Neubauareal aussieht, entscheidet am Ende immer noch der Staat mit – ob etwa von privaten Investoren ein bestimmter Anteil Sozialwohnungen gebaut werden muss, wenn sie Bauland kaufen wollen, oder ob ein Planungswertausgleich eingeführt wird. Solche Reglements wären keine etatistische Gängelung, sondern nur ein Instrument, die Stadt als soziales Konstrukt am Leben zu halten: Dass man in deutschen Großstädten einen Porsche auf der Straße stehen lassen kann, ohne dass er sofort gestohlen oder dem Fahrer an der ersten roten Ampel eine Waffe an den Kopf gehalten wird, liegt auch an einer sozialen Marktwirtschaft, die unter anderem sorgloses Wohnen als Grundpfeiler gesellschaftlicher Stabilität erkannt hatte: Es war Ludwig Erhard, der sich als Bundeswirtschaftsminister für den sozialen Wohnungsbau stark machte.

Man muss fragen, was man aufgibt, wenn Wohnungsbau in erster Linie vom privaten Sektor betrieben wird: von Investoren, zu deren Hauptinteressen weder experimentelles noch soziales Bauen zählen.

Mit einem anderen strukturellen Problem haben die staatlichen Wohnungsbaugesellschaften zu kämpfen. Nachdem die Gelder für den sozialen Wohnungsbau eingestellt wurden und man das Geld, das man für Wohnungsbau verwendet hatte, lieber in Form von personengebundenen Mietzuschüssen verteilt, also Personen fördert und damit den privat finanzierten Wohnungsbau, haben die Wohnungsbaugesellschaften ihr Personal, das sich um Neubauten kümmerte, weitestgehend abgebaut. Weil Wohnungsbau zum Wahlkampfthema geworden ist, sind sie neuerdings aber wieder aufgefordert, für den zügigen Bau von Tausenden von Wohnungen zu sorgen; allein in Berlin sollen etwa bis 2030 jährlich 13 000 Wohnungen aus dem Boden gestampft werden. In den Wohnungsbaugesellschaften gibt es aber kaum noch Planer, weswegen man diese Aufgabe weitestgehend an Generalübernehmer abtritt, deren Projektsteuerer vor allem den finanziellen und den zeitlichen Rahmen einzuhalten versuchen. Und weil alle Beteiligten unter enormem Druck stehen, das ausgerufene Plansoll zu erfüllen, tendieren sie zu bewährten Lösungen – also den üblichen energetisch optimierten, öden Riegelbauten mit vorgestellten Stahlbalkonen, die man schon tausendfach gebaut hat. Für Experimente, Wagnisse, innovative Ideen, wie sie leidenschaftliche Politiker, Stadtplaner und Architekten durchsetzen könnten, ist da wenig Platz – zumal auch, wie zuletzt in Berlin, die Gelder für Internationale Bauausstellungen gestrichen werden. So läuft man Gefahr, dass zwar irgendwelche Wohnungen gebaut werden – aber nicht die, die auf eine veränderte Gesellschaft reagieren.

Natürlich gibt der Staat Hunderte von Millionen für den Wohnungsbau aus. Der soziale Wohnungsbau soll wiederbelebt werden, dafür sollen in Deutschland die Länder bis Ende 2019 mit jährlich 518 Millionen Euro unterstützt werden. Nur: Das, was davon gebaut werden wird, werden in den allermeisten Fällen wieder die praktischen, trostlosen, für die Bauindustrie optimalen, weil günstig zu errichtenden, dicken, langgestreckten, vollwärmegedämmten, ästhetisch trostlosen Wohnregale sein, in die die Mieter dann mit einem bedauernden Anders-geht's-leider-nicht einsortiert werden; wer protestiert, wird, wie im Falle der Münchner Werkbundsiedlung, mit dem Argument mundtot gemacht, diese

Form sei nun mal die energetisch nachhaltigste. Hunderte von Millionen werden in falschen Bauten versenkt, um Lebensentwürfe und Bewohner herum gebaut, die es gar nicht gibt. Für eine grundlegend andere Architektur müssen nicht nur Gesetze und Verordnungen wie dogmatische Lärmschutzregelungen verändert werden, sondern auch Gelder zur Erforschung und Förderung neuer Wohnformen zur Verfügung gestellt werden.

Wie soll man verstehen, dass eine Gesellschaft in Kauf nimmt, dass wegen der Bauverzögerungen am Flughafen Berlin-Brandenburg, dessen Kosten zwischen 2002 und 2014 von ursprünglich kalkulierten 1,7 Milliarden Euro auf über fünf Milliarden Euro stiegen, allein monatlich Unkosten von 15 Millionen Euro entstehen; dass sie für den Wiederaufbau eines angeblich identitätsstiftenden Stadtschlosses eine drei viertel Milliarde Euro einplant – aber dass es kein staatlich gefördertes Forschungsprogramm über die Frage gibt, wie die Wohnungen, Plätze, Städte der Zukunft aussehen könnten.

Ein großes Problem des Bauens ist der Verzicht auf Architekten. Die Annahme, es gehe ohne sie, oder ohne sie sogar besser, ist fast so alt wie der Berufsstand. »Der konventionelle Miethausbau fand meist ohne Architekten statt. 80 Prozent, nach anderen Angaben 95 Prozent der Kleinwohnungen wurden von handwerklich geschulten und in Fachschulen ausgebildeten Bau- oder Maurermeistern erstellt, die als Bauunternehmer ihre Bauten gleich ausführten«, schreibt Clemens Zimmermann. »Sie übernahmen in der Regel die in Bauzeitschriften publizierten, standardisierten Vorlagen zu Grundrissen und übertrugen sie einfach komplett in ihre eigenen Baupläne. Die Marktlage der Architekten war auch dadurch beeinträchtigt, dass Bauherren, einer Stellungnahme des preußischen Landgewerbeamtes von 1906 zufolge, mehr Zutrauen in die praktischen Fähigkeiten von Baugewerksmeistern als in die von Hochschulabsolventen hatten und nicht selten glaubten, die Praktiker bauten billiger«.[2]

Staatliche Baupolitik wird traditionell angegriffen mit dem Argument, in einer freien Gesellschaft müsse jeder so bauen dürfen, wie er will. Dass er das kann, sobald der Staat sich zurückzieht, ist einer der größten Irrtümer des Liberalismus; wo der Staat auf Gestaltsatzungen und sinnvolle Bebauungspläne verzichtet, diktiert die Bauindustrie im Verbund mit den Lobbys des Schlüsselfertigen, wie gelebt wird. Die dominierenden Wohnmodelle sind dann die, die sich am besten rentieren. Schon 1845 schrieb der Herausgeber der »Zeitschrift für practische Baukunst«, Johann Andreas Romberg, »dass die unteren Klassen« zu teuer und zu schlecht wohnten. Er beklagt einen Mangel an kleinen Wohnungen und erklärt, es handele sich dabei um einen Auswuchs kapitalistischer Renditebestrebungen: Der »das gemächliche Leben liebende Capitalist« scheue die Ungelegenheiten, die ihm Kleinwohnungen bereiten, die durch viele Umzüge schneller abgenutzte Wohnung verliere an Wert, oft drohe Zahlungsunfähigkeit der wenig solventen Mieter; deshalb müsse die Stadt für Wohnraum sorgen und Grund und Boden zur Verfügung stellen: »Die Verwaltung hat diese Pflicht, weil sie überall da eingreifen muss, wo ein Uebel vorliegt, was durch Private nicht beseitigt werden kann«, und weil sie so »größeren Uebeln und bedeutenderem Aufwande vorzubeugen« habe.[3]

Diese größeren Übel sind heute die ökonomisch begründete Zerfaserung der Vorstadt und die Verödung der Innenstädte – und der Bau von Wohnungen, die nichts mit dem Leben ihrer Bewohner zu tun haben.

Aber jedes gute Haus beweist, dass Architektur Gesellschaft und Lebensformen verändern kann: Jedes Haus, in dem die Isolation der Bewohner aufgehoben wird, in dem man morgens nicht in einer dunklen Küche frühstückt, sondern auf einer Dachterrasse oder einem Wintergarten; in dem die Kinder aus der Küche in einen großen gemeinsamen, urwaldartigen Riesengarten rennen können; in dem sich Nachbarn, wenn sie wollen, in kollektiven Räumen treffen können; jedes Haus, das die Trennung von Arbeitswelt und Wohnen aufhebt und beides in einer neuen Form von Wohnlandschaft verbindet, jedes Haus, das beweist, dass es neben den Lebensmodellen Wohnung oder Haus für Singles oder Kleinfamilien noch andere denkbare Wohn- und Lebensformen gibt; jedes Haus, in dem man, weil es intelligenter geplant und gebaut ist, weniger monatliche Rate oder Miete zahlen muss und deswegen entspannter, freier, gelassener wohnen kann, verändert die Gesellschaft.

Was fehlt, ist die staatliche Ermutigung solcher Architektur. Warum schreiben Städte wie Berlin nicht einen internationalen Architektenwettbewerb für den Bau von neuen städtischen Wohnbauten aus, die auf den demographischen Wandel ebenso reagieren wie auf den Wandel der Lebensentwürfe und der sozialen Rituale – um dann ein paar dieser Häuser als Case Study Houses auch tatsächlich zu bauen? Ein Erfolg solcher Häuser würde auch die Wohnungsbaugesellschaften überzeugen, neue Modelle auszuprobieren. Es wären dafür nicht einmal 15 Millionen Euro notwendig – jene Summe, die der Staat jeden Monat für die Folgen des Planungschaos am Flughafen Berlin Brandenburg International zahlt.

Architektur bedeutet für viele immer noch, ein Ding herzustellen, das man hinterher in Hochglanzzeitschriften abbilden kann. Architekten sind aber keine Juweliere, ihre Aufgabe ist es nicht, Fassungen für Diamanten herzustellen; die Aufgaben der Zukunft werden im Übergang von der Herstellung eines Hauses zu einer Raumkunst liegen, die Prozesse und Situationen in Gang setzt – darin, Systeme zur Behausung zu entwickeln, die eher offene, flexible, leicht umzubauende Rahmen sind als statische Objekte.

Dem Standardisierungsdruck der Bauindustrie, die Milliarden mit öden Wohnriegeln und deprimierenden, pseudoindividuellen Billighäuschen verdient, entkommt man nur, indem man ihre Strategien übernimmt. Die Frage nach einer neuen Standardisierung im Bauen mit einfachen, aber eben nicht trostlos auf Gewinn ausgerichteten Formen müsste ebenfalls ein Forschungsfeld der Habitologie sein.

Das größte Problem des architektonischen Denkens ist die Sprache – weil dem Entwurf ein Denken in Begriffen vorausgeht, weil Sprache die Produktion von Formen beeinflusst und prägt. Könnte ein Haus ein Schwamm sein? Ist ein Wohnen ohne Wände und Türen denkbar? Ein Hochhaus ohne Etagen? Ein Haus als Wald? Ein Einfamilienhaus, in dem zwanzig Menschen als Familie leben könnten? All diese Fragen müssen gestellt werden.

Der Raum des Janus

Viele Architekten, die mit Megastrukturen bekannt wurden, scheinen sich ins Idyll romantischer Hüttenträume zu flüchten. Renzo Piano, der Architekt des Centre Pompidou, entwarf vor kurzem für den Möbelhersteller Vitra das 3,2 Meter hohe, nur 1,2 Tonnen schwere Miniaturhaus »Diogene«, eine Art Urhütte aus Metall, in der Wohnzimmer, Küche und Bad auf gerade mal 2,40 mal 2,96 Metern Grundfläche Platz finden. Der Möbelhersteller will es in Serie produzieren, für 20 000 bis 50 000 Euro.

Man kann die Walden-Hütte von Vitra als Eskapismus ablehnen – oder darin einen Versuch sehen zu definieren, was eine Person an intimer Wohnsphäre braucht. Die Wohnzelle nimmt hier den Charakter eines Möbelstücks an: Würde man sie stapeln, entstünde etwas, was an ein vertikales Moriyama-House erinnerte. Wären diese Zellen modular, könnte man sie also verbinden wie die Elemente eines  Regals, dann würde eine Art flexibles, mit dem Know-how der Möbelindustrie kostengünstig herstellbares Modulsystem entstehen, mit dem man schnell und günstig sehr unterschiedliche Strukturen bauen könnte. An solchen Zellen forschen auch andere – Mike Page, der Erfinder des drei Meter hohen und vier mal vier Meter breiten »QB2 ›cube house‹« nennt seinen Bau gleich eine Art Billy-Regal zum Wohnen und will es für rund 15 000 Pfund anbieten.

Man könnte diese Wohnzellen weiterdenken. Das Haus, das zum Möbel wird, könnte in einer Wohnlandschaft aufgestellt werden, einer Struktur, die viele verschiedene Zellen aufnehmen kann, so wie in einer Wohnung die unterschiedlichsten Möbel aufgestellt werden. Es könnte Teil einer offeneren, flexibleren Standardisierungskultur werden, die gegen den Terror der Verbilligung und der in Serie auf die Wiesen gedonnerten Massivhäuser ein flexibles System an Wohnmodulen setzt. Wenn man dort weiterdenkt, wo die Expo 67 mit Moshe Safdies Cluster-

siedlung aufhörte, könnte eine Architektur entstehen, in der man ganz anders wohnt: Weil sie günstiger zu bauen ist, sinkt der Druck, Geld zu verdienen. Es muss weniger gearbeitet, es kann mehr, entspannter, leichter und besser gewohnt werden. Weil sie das bietet, was auf dem Land gesucht wurde – Gärten, Rückzugsräume, das Idyll des Dorfs – fällt der Stress des täglichen Pendelns zur Arbeit fort. Weil sie zwischen den Wohneinheiten freiere, offenere Räume hat, die mal ein kollektiver wilder Garten, mal eine Terrasse, mal ein Platz sein können, kann eine andere Form von Zusammensein entstehen.

Was sich in diesen Entwürfen abzeichnet, ist ein anderes Gesellschaftsmodell. Die räumliche Organisation schafft Zonen, die es leichter machen, Passanten, einen vorbeikommenden Freund einzuladen, Kinder bei den Nachbarn und Freunden spielen zu lassen, auf Situationen zu reagieren, die in den unflexiblen, um die nukleare Kernfamilie herumgebauten Häusern als Problemfall gelten müssten.

Das Öffentliche und das Private werden anders definiert – über eine breite Zone des Dazwischen. Das gilt für den Raum, aber auch für die Idee, was eine Familie, eine Gemeinschaft ist. Die übergroße Küche, die gleichzeitig eine Art kleiner halb öffentlicher Platz ist, steht für diesen neuen Typus, der das Private, den Rückzugsraum auf eine kleine Kernzelle beschränkt. Diese Beschränkung muss, wie die neue japanische Architektur zeigt, keine Zumutung sein. Funktioniert sie, werden die intimeren Räume durch ihre Konzentration eher noch geborgener und schützender, höhlen- oder nestartiger. Man könnte von einer Radikalisierung des Wohnens sprechen: Die Räume für Rückzug und die der Begegnung und Kommunikation werden entschlossener organisiert – die einen noch abgeschotteter, die anderen noch einladender.

Das Gegenteil der gängigen Vorstellungen von Häusern, Plätzen und Straßen wäre ein Platz, der sich der Utopie des Privaten im Öffentlichen näherte, ein öffentliches Wohnzimmer, eine Rauminversion, wie sie in alten italienischen Städten zu finden ist, wo plötzlich Tische mitten in die Straße geräumt werden, oder zwischen den Wohnkuben und in den kollektiven Küchen der neuen japanischen Architektur.

Die römische Mythologie hat für solche Inversionen zwischen Innen und Außen, dem Eigenen und dem Fremden, ein Bild geschaffen: den doppelgesichtigen Gott Janus, der der Nymphe Cardea die Macht über Schwellen, Türscharniere und Türgriffe verlieh. Nicht zufällig gehört der Name des Gottes, der nicht vorn und hinten, innen und außen kennt und immer gleichzeitig nach vorn und hinten, außen und innen schaut, zur gleichen Wortfamilie wie *ianua*, die Bezeichnung für die Tür, und *ianus*, den offenen Durchgang, für Orte, an denen Identität und Fremdes, das Öffentliche und das Eigene nicht als unvereinbare Gegensätze gedacht werden müssen.

Rom, Janustor

Anmerkungen

Worum es geht

1   Andrea Elliot, Girl in the shadows: A homeless life, in: International New York Times, 10. Dezember 2013

2   Thomas L. Friedman, Welcome to the sharing economy, in: New York Times, 20. Juli 2013

3   Alexander Mitscherlich, Die Unwirtlichkeit unserer Städte, Frankfurt/M., 1965, S. 53

4   Willenbrock, Harald, Deutsches Haus, in: Brand eins, Heft 10 Oktober 2013 S. 86–92, hier S. 88

5   Gfk Bevölkerungsstrukturdaten-Erhebung, Nürnberg 2011

6   Tobias Just, Eine Milliarde neue Wohnungen, in: Frankfurter Allgemeine Zeitung vom 22. Januar 2010. Ausführlich dazu auch: ders., Demographie und Immobilien, München 2009

7   Cit n. Hartmut Häußermann/Walter Siebel, Soziologie des Wohnens, Weinheim/München 1996, S. 230

8   Hans Kollhoff, Gib mir Simse: Was ist zeitgemäßes Bauen, in: Frankfurter Allgemeine Zeitung, 12.05.2011, Nr. 110, S. 30

9   Gert Selle, Die eigenen vier Wände. Zur verborgenen Geschichte des Wohnens, Frankfurt/M. 1996, S. 11

10   Ebd.

11   Ebd., S. 17

12   Ebd., S. 15

13   Siehe hierzu u. a. die Forschungen der 2003 in San Diego gegründeten »Academy of Neuroscience for Architecture«

14   Hartmut Häußermann / Walter Siebel, Soziologie des Wohnens, Weinheim/München, S. 11 f.

15   »Allzu schnell wird heute Wohnen mit Familie gleichgesetzt«, schreiben dazu auch die Soziologen Hartmut Häußermann und Walter Siebel: »Der heutige Begriff ›Familie‹ verstellt aber den Zugang zu früheren Wohnweisen. Das Wort ›Familie‹ findet erst im 18. Jahrhundert Eingang in die deutsche Umgangssprache. Vorher wurde von Haus gesprochen (…) Familie in ihrer heutigen Form ist keine menschliche Grundkonstante, die außerhalb der Geschichte stünde.« Hartmut Häußermann/Walter Siebel, Soziologie des Wohnens, Weinheim/München 1996, S. 12

16   Corinna Clemens, Planen mit der Landschaft im suburbanen Raum: Landschaft als Bedingung, Objekt und Chance räumlicher Planung für das Umland, Bonn 2002, S. 27

17   Studie des Empirica Forschungsinstituts im Auftrag der LBS Bundesgeschäftsstelle Berlin aus dem Jahr 2005; http://empirica-institut.de/kufa/empi123rb.pdf

18   Etwa Marcos L. Rosa u.a., Handmade Urbanism – From Community Initiatives to Participatory Models, Berlin 2013

1 Nicola Kuhn, Andy Warhol legt im Museumshafen an, in: Tagesspiegel vom 18. Juni 2008
2 Auch in europäischen Innenstädten ersetzen angelegte Privatgärten die wild wuchernden Gartenkolonien: Der gleiche Immobilienentwickler, der dem Zentrum Berlins die Kronprinzengärten beschert, die Bauwert Investment Group, errichtete für knapp 100 Millionen Euro auf dem Gelände der früheren Kleingartenkolonie Württemberg im Westen der Stadt elf Häuser mit sieben Geschossen und 70 Miet- und 144 Eigentumswohnungen, vierzig Prozent des 14000 Quadratmeter großen Stadtareals werden bebaut, der Rest wird mit repräsentativ angelegten Gärten gestaltet. Die Kaufpreise des von den Berliner Architekturbüros Arno Bonanni und Patzschke & Partner konzipierten Ensembles lagen pro Quadratmeter im Schnitt um 4150 Euro. Das Kleingartenleben wurde aus der Stadt gedrängt – und damit eine soziale Gruppe, die sich das Viertel ohnehin nicht mehr leisten konnte. An einer Lösung, die eine hochpreisige Bebauung mit der Erhaltung der Kolonie und einer sozialen Mischung verbindet, war der Verkäufer des Grundstücks nicht interessiert, und dieser Verkäufer war nicht irgendeine Privatperson, sondern die öffentliche Hand: Bauwert hatte das ehemalige Kleingartengelände in Wilmersdorf vom Berliner Liegenschaftsfonds erworben.
3 Der Eintrag, auf dessen Recherchen sich dieses Kapitel bezieht, wurde nach dem Erscheinen des Artikels »Architekten auf die Barrikaden«, Frankfurter Allgemeine Zeitung vom 26.11.2011 gelöscht.
4 Zahlreiche Informationen zum Haus Flair 113 sind dem hervorragenden Artikel »Deutsches Haus« von Harald Willenbrock entnommen, siehe hierzu Willenbrock, Harald, Deutsches Haus, in: Brand eins, Heft 10 Oktober 2013 S. 86–92, hier S. 88
5 Ebd.
6 Ebd., S. 89
7 Ebd., S. 92
8 Ebd., S. 90
9 Ebd., S. 89
10 Ebd., S. 92
11 Ebd., S. 92
12 Ebd.
13 Ebd., S. 90
14 Ebd., S. 92
15 Roger-Henri Guerrand, Private Räume, in: Philippe Ariès und George Duby, Geschichte des Privaten Lebens, Bd. 4. S. 331–417, hier S. 368
16 Ralph Martin, Vergesst die Großstadt, in: Frankfurter Allgemeine Sonntagszeitung, 27. Januar 2013
17 Lauri Apple, Brooklynites blessing the Hudson River Valley with Hipness; New York Times online, 8. Juni 2011

Kapitel 2

1   Statistik des FBI für 2011; siehe: http://www.fbi.gov/about-us/cjis/ucr/crime-in-the-u.s/2011/crime-in-the-u.s.-2011/violent-crime/murder

2   Siehe hierzu auch Niklas Maak, Jenseits von Entenhausen. Wie der Disney-Konzern einen Zustand vorindustrieller Unschuld vortäuscht, in: Süddeutsche Zeitung vom 16. Januar 1999

3   »When you talk to people who live in Celebration, you'll hear a lot about front-porch-friendliness they found missing in suburbia«, in: »Just ask a neighbor« (Werbebroschüre der Celebration Realty Inc.), Orlando 1998, S. 2

4   Camillo Sitte, Der Städtebau nach seinen künstlerischen Grundsätzen, Heidelberg 2002, S. 121

5   http://articles.orlandosentinel.com/2013-04-26/news/os-celebration-killer-david-murillo-sentencing-20130426_1_matteo-patrick-giovanditto-prosecutor-bradford-fisher-david-murillo

6   Barbara Spindel, Maria E. Fernandez, Murder in Celebration, Florida. The Secret Life of the Victim, The Daily Beast, 10. September 2012

7   »Je n'appartiens à personne et j'appartiens à tout le monde. Vous y étiez avant que d'y entrer, et vous y serez encore quand vous en sortirez«; Denis Diderot, Jacques le Fataliste, Paris 1997, n.p.

8   Franziska Lang, Minoische, mykenische und geometrische Zeit, in: Wolfram Hoepfner (Hrsg.), Geschichte des Wohnens Bd. 1, 5000 v. Chr. – 500 n. Chr. Stuttgart 1999, S. 85–121, hier S. 90

9   Roland Barthes, Mythen des Alltags, Frankfurt/M.: Suhrkamp 1964, S. 113.

10 Skylar Bergl, Building a digital city, in: fast Company, Nr. 183 März 2014, S. 54

11 Dietmar Offenhuber, Carlo Ratti (Hg)., Die Stadt entschlüsseln. Wie Echtzeitdaten den Urbanismus verändern, Basel 2013

12 Fabien Girardin, Das Auge der Welt, ebd., S. 19 ff.

Kapitel 3

1   Richard Sennett, Verfall und Ende des öffentlichen Lebens. Die Tyrannei der Intimität, Frankfurt/M. 1983

2   Alfred Andersch, Mit dem Chef nach Chenonceaux, Berlin/Weimar 1976. Ich danke Peter Richter, mit dem zusammen ich einen längeren Artikel zur Dämmproblematik schrieb, (›Die Burka fürs Haus‹, F.A.S. vom 16.10.2010) für den Hinweis.

3   http://osthessen-news.de/A/1148528/huenfeld-rote-daecher-oder-regenerativ-solarenergie-neue-gestaltungsverordnung.html

4   Solarziegel http://www.panotron.com/solarsystem.htm?idp=85

5   Hans Kollhoff in seinem Essay »Gib mir Simse: Was ist zeitgemäßes Bauen«, a.a.o.

6   Anzeige Wagner Polstermöbel, in: Schöner Wohnen, Juli 1961, S. 92

7   Gespräch mit dem Autor im Juni 2010

8   Ebd.

9 Siehe hierzu auch Wolfram Hoepfner. Die Epoche der Griechen, in: Gerhard Zimmer, Handwerkliche Arbeit im Umfeld des Wohnens, in: Wolfram Hoepfner (Hrsg.), Geschichte des Wohnens Bd. 1, 5000 v. Chr. – 500 n. Chr. Stuttgart 1999, hier S. 148

10 Chloé Parent, Privilégiée, in: Claude Parent, L'œuvre construite, l'œuvre graphique, présentée à la cité de l'architecture & du patrimoine du 20 janvier au 2 mai 2010, 17–18

11 http://de.lifestyle.yahoo.com/die-10-meist-verkauften-ikea-produkte.html

12 Wolfram Hoepfner. Die Epoche der Griechen, in: Gerhard Zimmer, Handwerkliche Arbeit im Umfeld des Wohnens, in: Wolfram Hoepfner (Hrsg.), Geschichte des Wohnens Bd. 1, 5000 v. Chr. – 500 n. Chr. Stuttgart 1999, hier S. 138

13 Quelle: Helen Murray, Friends Forever, Lego DK Readers 2012, S. 8

14 Ebd., S. 10

15 Ebd.

16 Pascal Dibie, Wie man sich bettet. Die Kulturgeschichte des Schlafzimmers, Stuttgart 1989, S. 69

17 Orest Ranum, Refugien der Intimität, in: Ariès, Geschichte des privaten Lebens, Bd. 3, S. 216–269, hier S. 221

18 Ebd., S. 125

19 Hartmut Häußermann/Walter Siebel, Soziologie des Wohnens, Weinheim/München 1996, S. 36

20 Cit n. Adelheid von Saldern, Wohnen im Spannungsfeld von Gegebenheiten und Aneignungen, in: Geschichte des Wohnens, Stuttgart 1997, Band 3, S. 307

21 Karlheinz Graudenz, Erica Pappritz, Etikette neu, München 1971, S. 48

22 Adelheid von Saldern, Wohnen im Spannungsfeld von Gegebenheiten und Aneignungen, in: Geschichte des Wohnens, Stuttgart 1997, Bd. 3, S. 316

23 Siehe hierzu auch Beatriz Colomina, Sexuality and Space, Princeton 1992

24 Shawn Levy, The Last Playboy, New York 2006, S. 216 ff.

25 Adelheid von Saldern, Wohnen im Spannungsfeld von Gegebenheiten und Aneignungen, in: Geschichte des Wohnens, Stuttgart 1997, Bd. 3, S. 254

26 Ernst Bloch, Das Prinzip Hoffnung, Frankfurt/M, 1959/1985, Bd. 5, Seite 859

Kapitel 4

1 http://www.architekten-schindhelm-moser.de/pavillon-munchen/

2 www.schueco.com/web/asset/de/.../p3757-sch_co_thermoslide_1.pdf

3 profloeffler.files.wordpress.com/2012/10/ando.pdf

4 www.archplus.net/home/archiv/artikel/46,302,1,0.html

Kapitel 5

1 Walter Benjamin, Passagen-Werk, Bd. 5, Frankfurt 1982 S. 281–300

2 »Homme attaqué par un ours«, in: Pierre Pelot, Au temps de la préhistoire, Paris 2006, S. 34 f.

3 Julia Voss, Bild der Frau, in: Frankfurter Allgemeine Zeitung, 6.9.2008, S. 42

4   Claudia Liedtke, Rom und Ostia, in: Wolfram Hoepfner (Hrsg.), Geschichte des Wohnens Bd. 1, 5000 v. Chr. – 500 n. Chr. Stuttgart 1999, S. 685 – 735, hier S. 685

5   Dazu auch: Thomas Niperdey, Deutsche Geschichte 1800–1866. Bürgerwelt und starker Staat, München 1983 und Jürgen Reulecke, Die Mobilisierung der »Kräfte und Kapitale«: Der Wandel der Lebensverhältnisse im Gefolge von Industrialisierung und Verstädterung, in: ders., u. a.: Geschichte des Wohnens, Stuttgart 1997, Bd. 3, S. 17 ff.

6   Jürgen Habermas, Strukturwandel der Öffentlichkeit, Darmstadt 1962/1981, S. 62

7   Hierzu auch: Catherine Hall, Trautes Heim, in: Philippe Ariès und George Duby, Geschichte des Privaten Lebens, Bd. 4, S. 51–94, hier S. 82

8   William Cobbett, Cottage Economy, London 1822, S. 199, siehe zu Cobbett auch: Catherine Hall, Trautes Heim, in: Philippe Ariès und George Duby, Geschichte des Privaten Lebens, Bd. 4, S. 51–94, hier S. 82

9   Roland Barthes, Mythen des Alltags, Frankfurt/M. 1964/2008, S. 130 f.

10 Ebd., S. 141

11 Catherine Hall, Trautes Heim, in: Philippe Ariès und George Duby, Geschichte des Privaten Lebens, Bd. 4, S. 51–94, hier S. 13 ff.

12 Jean Laurent-Monnier, Les hommes de la Préhistoire, Rennes 2002, S. 14

13 Marylène Patou-Mathis, La Préhistoire, Paris 2008

14 Ebd., S. 39 und S. 63

15 Siehe hierzu auch: Wolfram Hoepfner. Die Epoche der Griechen, in: Gerhard Zimmer, Handwerkliche Arbeit im Umfeld des Wohnens, in: Wolfram Hoepfner (Hrsg.), Geschichte des Wohnens Bd. 1, 5000 v. Chr. – 500 n. Chr. Stuttgart 1999, S. 123 – 609, hier S. 144

16 Jürgen Reulecke u.a.: Geschichte des Wohnens, Stuttgart 1997, Bd. 3, S. 19

17 Jürgen Reulecke, Die Mobilisierung der »Kräfte und Kapitale«: Der Wandel der Lebensverhältnisse im Gefolge von Industrialisierung und Verstädterung, in: ders. u. a.: Geschichte des Wohnens, Stuttgart 1997, Bd. 3, S. 21

18 Otto Friedrich Bollnow, Mensch und Raum, Stuttgart 1963, S. 136, siehe auch: Adelheid von Saldern, Wohnen im Spannungsfeld von Gegebenheiten und Aneignungen, a.a.O., S. 147

19 Adelheid von Saldern, a.a.o., S. 190

20 Emile Cheysson, Bericht zur Arbeitersiedlung Passy-Auteuil, Économiste francais, 27.8.1881, cit. n. Roger-Henri Guerrand, Private Räume, in: Philippe Ariès und George Duby, Geschichte des Privaten Lebens, Bd. 4., S. 331–417, hier S. 389

21 Cit. n. Roger-Henri Guerrand, Private Räume, in: Philippe Ariès und George Duby, Geschichte des Privaten Lebens, Bd. 4., S. 331–417, hier S. 386

22 Cit n. Hartmut Häußermann/Walter Siebel, Soziologie des Wohnens, München 1996, S. 131

23 Adelheid von Saldern, Wohnen im Spannungsfeld von Gegebenheiten und Aneignungen, in: Geschichte des Wohnens, Stuttgart 1997, Band 3, S. 286

24 Zu Fourier siehe unter anderem François Dagognet, Trois philosophes revisitées: Saint-Simon, Proudhon, Fourier, Hildesheim/Zürich/New York 1997, sowie Franziska Bollereys grundlegendes Buch Architekturkonzeptionen der utopischen Sozialisten: alternative Planung und Architektur für den gesellschaftlichen Prozess, München / Berlin 1977 / 1991

25 Siehe hierzu: Roger-Henri Guerrand, Private Räume, in: Philippe Ariès und George Duby, Geschichte des Privaten Lebens, Bd. 4., S. 331–417, hier S. 371

26 Charles Fourier, Aus der neuen Liebeswelt, in: ebd., S. 371 f.

27 Charles Fourier, Die falsche Industrie, in: ebd., S. 371 f.

28 Zu Considerant siehe vor allem Jonathan Beecher, Victor Considerant and the Rise and Fall of French Romantic Socialism, Berkeley/Los Angeles/London, University of California Press, 2001

29 Alle Wohnungen haben Zugang zu einer verglasten Passage, die im Sommer Schatten spenden und im Winter beheizt sein soll, eine Art Biosphäre. Diese Galerie soll »der Kanal, durch welchen das Leben in dem großen Körper der Phalange pulsiert«, sein: »Der Mensch ist nicht dazu gemacht, in Höhlen zu hausen. Er ist kein Tier, das sich in der Erde vergräbt (…) Ist es einfacher, ein schwimmendes Haus für 1800 Menschen zu bauen, mitten im Ozean und 1800 Meilen von jeder Küste entfernt, als ein harmonisches Heim für 1800 einfache Bauern in der Champagne oder Beauce?«

30 Stauner-Linder, Gabriele: Die Societe du Familistere de Guise des J.-B. A. Godin. Frankfurt/M. 1984, S. 38

31 Franziska Bollerey, Architekturkonzeptionen der utopischen Sozialisten: alternative Planung und Architektur für den gesellschaftlichen Prozess, München /Berlin 1977/1991, S. 140

32 Siehe auch dazu: Roger-Henri Guerrand, Private Räume, in: Philippe Ariès und George Duby, Geschichte des Privaten Lebens, Bd. 4., S. 331–417, hier S. 376

33 Jules Moureau, Des Associations coopératives, 1866, hierzu ausführlich: Roger-Henri Guerrand, Private Räume, in: Philippe Ariès und George Duby, a.a.o., hier S. 378

34 Ebd.

35 Ebd.

36 Hierzu ausführlich: Clemens Zimmermann, Wohnen als sozialpolitische Herausforderung, in: Geschichte des Wohnens, Stuttgart 1997, Bd. 3, S. 542

37 Clemens Zimmermann, Wohnen als sozialpolitische Herausforderung, in: Geschichte des Wohnens, Stuttgart 1997, Bd. 3, S. 542. Im Sinne dieser Überzeugung entwarfen Architekten wie Josef Unger Wohnhäuser für bis zu zwölf Arbeiterfamilien, die ein Badezimmer und eine Waschküche für sechs Parteien vorsahen, siehe dazu: Josef Unger, Wohnhaus für zwölf Arbeiterfamilien, in: Deutsches Baugewerksblatt 7, 1888, S. 286 ff.

38 Jules Verne, Die fünfhundert Millionen der Begum, München 1989, S. 54 f.

39 Ebd., S. 130 f.

40 Dietrich Neumann weist darauf hin, dass diese Ideale noch Tony Garniers Gartenstadtvisionen und Le Corbusiers Bauideale prägten: Dietrich Neumann, Eintrag zu Jules Verne, in: Winfried Nerdinger (Hrsg.), Architektur wie sie im Buche steht. Fiktive Bauten und Städte in der Literatur, München 2006, S. 298

41 Clemens Zimmermann, Wohnen als sozialpolitische Herausforderung, in: Geschichte des Wohnens, Stuttgart 1997, Bd. 3, S. 604

42 Roger-Henri Guerrand, Private Räume, in: Philippe Ariès und George Duby, Geschichte des Privaten Lebens, Bd. 4. 331–417, hier S. 385

43 Ebd.

44 Ebd., S. 386

Kapitel 6

1 Statistisches Bundesamt, Pressemitteilung 233, vom 11.7.2013
2 Riken Yamamoto, Limitations of the ›One House – one Family System‹, in: Koreisha online magazine, 3. und 28. April 2013
3 Siehe hierzu auch: Dieter Hoffmann-Axthelm, Die Wohnungsfrage, in: ders., Die dritte Stadt, Frankfurt 1993, S. 149–152
4 Vgl. hierzu auch: Jens Arne Dickmann, der Fall Pompeji, in: Gerhard Zimmer, Handwerkliche Arbeit im Umfeld des Wohnens, in: Wolfram Hoepfner (Hrsg.), Geschichte des Wohnens Bd. 1, 5000 v. Chr. – 500 n. Chr. Stuttgart 1999, S. 609–679, hier S. 660
5 Jens Arne Dickmann, der Fall Pompeji, in: Gerhard Zimmer, Handwerkliche Arbeit im Umfeld des Wohnens, in: Wolfram Hoepfner (Hrsg.), Geschichte des Wohnens Bd. 1, 5000 v. Chr. – 500 n. Chr. Stuttgart 1999, S. 609–679, hier S. 662
6 Ebd.
7 Vgl. dazu Thomas L. Friedman, Welcome to the sharing economy, in: New York Times, 20.7.2013
8 Vgl. dazu Thomas L. Friedman, Welcome to the sharing economy, in: New York Times, 20.7.2013, im Gespräch mit dem Airbnb-Gründer: »Tonight we have 140,000 people around the world staying in Airbnb rooms. Hilton has around 600,000 rooms. We will get up to 200,000 people per night by peak this summer.« Airbnb has 23,000 rooms and homes listed in New York City alone, and 24,000 in Paris. Worldwide, »we have listings in 34,000 cities and 192 countries.«
9 Ebd., S. 28
10 Staffan Lamm in: Staffan Lamm, Thomas Steinfeld, Das Kollektivhaus. Utopie und Wirklichkeit eines Wohnexperiments, Frankfurt 2006, S. 16
11 Zum Vergleich des Kollektivhuset mit einem Hotel siehe auch Steinfeld in: ebd., S. 57 f.
12 Thomas Steinfeld, ebd., S. 55
13 Ebd., S. 67
14 Siehe zu den neuen japanischen Kollektivhäusern auch Claudia Hildners informatives Buch Future Living. Gemeinschaftliches Wohnen in Japan, Basel 2013

Kapitel 7

1 Siehe hierzu Luis M. A. Bettencourt, The kind of problem a city is, in: Dietmar Offenhuber, Carlo Ratti (Hg.), Die Stadt entschlüsseln. Wie Echtzeitdaten den Urbanismus verändern, Basel 2013, S. 175–188
2 Adelheid von Saldern, Wohnen im Spannungsfeld von Gegebenheiten und Aneignungen, in: Geschichte des Wohnens, Stuttgart 1997, Bd. 3, S. 233
3 Adalbert Stifter, Der Nachsommer, Frankfurt 1977, S. 8
4 Gerhard Zimmer, Handwerkliche Arbeit im Umfeld des Wohnens, in: Wolfram Hoepfner (Hrsg.), Geschichte des Wohnens Bd. 1, 5000 v. Chr. – 500 n. Chr. Stuttgart 1999, S. 561–576, hier S. 561
5 Ebd.

6   Arno Kose, Alter Orient und Ägypten, in: Gerhard Zimmer, Handwerkliche Arbeit im Umfeld des Wohnens, in: Wolfram Hoepfner (Hrsg.), Geschichte des Wohnens Bd.1, 5000 v.Chr. – 500 n.Chr. Stuttgart 1999, S.13–85, hier S.67 f.

7   Hierzu: Wolfram Hoepfner. Die Epoche der Griechen, in: Gerhard Zimmer, Handwerkliche Arbeit im Umfeld des Wohnens, in: Wolfram Hoepfner (Hrsg.), Geschichte des Wohnens Bd.1, 5000 v.Chr. – 500 n.Chr. Stuttgart 1999, S.123–609, hier S.131

8   Wolfram Hoepfner (Hrsg.), Geschichte des Wohnens Bd.1, 5000 v.Chr. – 500 n.Chr. Stuttgart 1999, S.123–609, hier S.131

9   Ebd., S.140

10 Ebd., S.141

11 Ebd., S.144

12 Ebd.

13 Raymond Geuss, Privatheit. Eine Genealogie, Frankfurt 2002/2013, S.124 f.

14 Ebd., S.124

15 Topographie physique et médicale de Brest et de sa banlieue, 1834, o.S., hier cit. n. Roger-Henri Guerrand, Private Räume, in: Philippe Ariès und George Duby, Geschichte des Privaten Lebens, Bd.4, S.331–417, hier S.331

16 Nicole Castan, Öffentlich und Privat, in: Ariès (Hrsg.), Geschichte des Privaten Lebens, Bd.3, S.411–449, hier S.411

17 Roger-Henri Guerrand, Private Räume, in: Philippe Ariès und George Duby, Geschichte des Privaten Lebens, Bd.4, S.331–417, hier S.332

18 Adelheid von Saldern, Wohnen im Spannungsfeld von Gegebenheiten und Aneignungen, in: Geschichte des Wohnens, Stuttgart 1997, Bd.3, S.219

19 Thomas Morus, De optimo Rei publicae statu deque nova insula utopia, in: Thomas Morus, Der utopische Staat, Reinbek 1960, S.51

20 Jean Marie Goulemot, Neue literarische Formen. Die Veröffentlichung des Privaten, in: Ariès (Hrsg.), Geschichte des Privaten Lebens, Bd.3, S.371–404, hier S.387 f.

21 Ebd., S.388

22 Roland Barthes, Wie zusammen leben, Frankfurt/M. 2007, S.106 f.

23 BVerfGE 35, 202(220)

24 Vgl. BVerfGE 6, 32 [41]; 389 [435]; 54, 143 [146]; st. Rspr.

25 Hierzu ausführlich u.a. I. Dammann, *Kernbereich der privaten Lebensgestaltung*, Berlin 2011

26 BVerfGE 109, 279/309

27 BVerfGE, 1 BvR 370/07 vom 27.2.2008, Absatz 2

28 Michel Foucault, der Panoptismus, in: ders., Überwachen und Strafen. Die Geburt des Gefängnisses, Frankfurt 1976, S.251–292

29 Urteil vom 3.2.2004 – BvR 2378/98 und BvR 1084/99

30 Christian Heller, Post-Privacy. Prima leben ohne Privatsphäre, München 2011

31 Ebd., S.12

32 Unsichtbares Komitee, Der kommende Aufstand, Berlin 2010

33 Wolfram Hoepfner. Die Epoche der Griechen, a.a.o, S.132

34 Ebd., S.131

35 Raymond Geuss, a.a.o., S.107 ff.

36 Raymond Geuss, a.a.o., S.58

37 Mary Gallagher, Dramatizing Introspective Narrative, in: Kathleen James-Chakraborty, Sabine Strümper-Krobb (Hrsg.), Crossing Norders. Space beyond Disciplines, S. 103–121

38 Alain Colomp, Wohnverhältnisse und Zusammenleben, in: Geschichte des Privaten Lebens, Bd. 3, S. 497–535, hier S. 512

39 Ebd.

40 Madeleine Foisil, Die Sprache der Dokumente und die Wahrnehmung des privaten Lebens, in: Philippe Ariès, Geschichte des Privaten Lebens, Bd. 3, S. 344

41 Raymond Geuss, a.a.o, S. 63

42 Madeleine Foisil, Die Sprache der Dokumente und die Wahrnehmung des privaten Lebens, in: Philippe Ariès, Geschichte des Privaten Lebens, Bd. 3, S. 344

43 Ebd., S. 346

44 Peter Tawny (Hrsg.), Martin Heidegger, Gesamtausgabe, Überlegungen II–IV, Schwarze Hefte 1931–1938, Frankfurt 2014

45 Martin Heidegger, Bauen, Wohnen, Denken, in: ders., Vorträge und Aufsätze, Stuttgart 2004, S. 139–156, hier S. 151

46 Gert Selle, Die eigenen vier Wände. Zur verborgenen Geschichte des Wohnens, Frankfurt/M. 1996, S. 30

47 www.leonardcohen-prologues.com/the_guests.htm

48 Jacques Derrida, Adieu, Stanford 1999, S. 51

49 Hierzu ausführlich: Mark W. Westmoreland, in: ders., Interruptions: Derrida and Hospitality, Kritiken, Vol. II, Nr. 1, Juni 2008, S. 1–10, hier S. 2

50 Jacques Derrida, Adieu, Stanford 1999, S. 50

Kapitel 8

1 http://www.castro-denissof.com/#page=/?page_id=188

2 Jacques Derrida, Die unbedingte Universität, Frankfurt/M. 2001, S. 9

3 Siehe dazu auch: Constant Nieuwenhuys, New Babylon. A nomadic city. Katalog, Den Haag 1974, sowie ausführlich Mark Wigley, (Hrsg.), Constant's New Babylon. The Hyper-Architecture of Desire, Rotterdam 1998

4 Nicolas Schöffer, Die Kybernetische Stadt, München 1970, S. 17 f.

5 Ebd., S. 86

6 Gilles Deleuze, Felix Guattoni, Was ist Philosophie, Frankfurt/M. 2000, S. 208 f.

7 Jacques Rancière, Ist Kunst widerständig? Berlin 2008, S. 11 f.

Kapitel 9

1 Rem Koolhaas, Edgar Cleigne, Lagos. How It Works, Zürich 2008

2 Martin Heidegger, Bauen Wohnen Denken, in: ders., Vorträge und Aufsätze, Stuttgart 2004, S. 139–156, hier S. 140 ff.

3 Ebd.

4 Martin Heidegger, Das Ding, in: ders., Vorträge und Aufsätze, Stuttgart 2004, S. 157–180, hier S. 160 f.

5   Ebd., S. 164
6   Tanizaki Junichiro, Lob des Schattens, Tokyo 1933 / Zürich 2010
7   Siehe auch Marc Angélil, Rainer Hehl, Building Brazil, Zürich / Berlin, 2012, S. 3 ff.
8   Justin Mc Guirk, in: Beyond Torre David, Berlin 2013, S. 32
9   Roger-Henri Guerrand, Private Räume, in: Philippe Ariès und George Duby,
    Geschichte des Privaten Lebens, Bd. 4., S. 331–417, hier S. 362
10 Jon Lee Anderson, Slumlord, in: The New Yorker, 28. Januar 2013
11 United Nations Human Settlements Program. The Challenge of Slums: Global Report
    on Human Settlements, Nairobi 2003
12 Meldung der Agentur Merco Press vom 7. Oktober 2011
13 Rainer Hehl, in: Marc Angélil, Rainer Hehl, Building Brazil, Zürich / Berlin, 2012, S. 6
14 Hierzu auch: Marcos L. Rosa, Ute E. Weiland, Handmade Urbanism, Berlin 2013, S. 68
15 Hierzu auch: Hanno Rauterberg, Wir sind die Stadt!, Frankfurt 2013
16 Die erste Skizze des Autors für einen solchen Bau entstand am 16. Januar 2013 bei einem
    Gespräch mit Hans-Ulrich Obrist und Kuratoren des Museum of Modern Art in New
    York. In der Folge wurde das Projekt von Pedro Gadanho vom Architekturdepar:ment
    des MoMA und dem Autor betreut; mit der architektonischen Durchführung wurde
    das argentinische Büro A77 beauftragt, für die inhaltliche Programmierung war Jenny
    Schlenzka zuständig. Die Colony war von Juni bis Anfang September 2013 in Betrieb;
    siehe dazu auch www.momaps1.org/expo1/module/colony
17 Georges Perec, Träume von Räumen, Zürich / Berlin 2013, S. 63

Kapitel 10

1   Gernot Böhme, Architektur und Atmosphäre, München 2006, S. 122
2   Ebd.
3   Paul Schultze-Naumburg, Der Bau des Wohnhauses, München 1917, Vorrede (n.p.)
4   Siehe hierzu ausführlich Niklas Maak, Der Architekt am Strand, München 2010
5   Bill Bryson, At Home. A Short Story of Private Life, London 2013, S. 72 f.

Kapitel 11

1   Gespräch mit Thomas Kaup in Berlin, 9. Mai 2014
2   Clemens Zimmermann, Wohnen als sozialpolitische Herausforderung,
    in: Geschichte des Wohnens, Stuttgart 1997, Band 3, S. 541
3   Ebd., S. 526

Einige Kapitel basieren auf Recherchen für Artikel, die in den vergangenen Jahren in der
Frankfurter Allgemeinen Zeitung, in der *Süddeutschen Zeitung* und der Zeitschrift *Texte zur
Kunst* erschienen sind.

Bildnachweis

Anish Kapoor, Cloud Gate, © VG Bild-Kunst, Bonn 2014: S. 253 (u.) — Constant Anton Nieuwenhuys, New Babylon, © VG Bild-Kunst, Bonn 2014: S. 247 (re. u.) — Frank Lloyd Wright, Fallingwater, © VG Bild-Kunst, Bonn 2014: S. 288 (o.) — Jorge Oteiza Embil, Cortes Transversales, © VG Bild-Kunst, Bonn 2014: S. 240 (Mi.) — Le Corbusier, Dachgarten d. Unité d'habitation Marseille u. Maison Domino, © FLC / VG Bild-Kunst, Bonn 2014: S. 111 (li.), 240 (u.) — Thomas Demand, Foto, © VG Bild-Kunst, Bonn 2014: S. 245 (2) — Yona Friedman, Architecture spatiale, © VG Bild-Kunst, Bonn 2014: S. 265 (li.)

© 4ever.eu: S. 278 (re.) — © akg-images: S. 52, 96 (Mi.; Foto Florian Profitlich), 208, 212 — © akg-images / VIEW Pictures / Foto Grant Smith: S. 93 — © Arch. Pierre Koenig / Foto Julius Shulman, © The Getty Research Institute: S. 91 — © Arch. Richard Kauffmann / Fotograf: unbekannt: S. 165 — © Arch. Richard Meier / Fotograf: unbekannt: S. 288 (u.) — © Arch. Wolfgang Horny / Foto privat: S. 93 — © Arch. Yoshiharu Tsukamoto, Atelier Bow-Wow, Tokio / Foto Iwan Baan: S. 130 — © Atelier Roland Castro – Sophie Denissof & Associés / Zeichnung © Bordas Architekten: S. 238 — © Barkow Leibinger, Berlin / Foto Amy Barkow: S. 237 — © Baugemeinschaft R50, ifau + Jesko Fezer / Heide & von Beckerath, Berlin / Foto Ivo Goetz, Berlin: S. 195 (re.) — © Bayard Media, LIVING & MORE Verlag GmbH, Augsburg: S. 15 — © Brandlhuber Architekten, Berlin: S. 261 — © Büro Yoshichika Takagi + Associates, Hokkaido: S. 191 (li.+ Mi.) — © Cappellini S.P.A., Meda (Mb): S. 117 (re.) — © Cedric Price Archives, Canadian Centre for Architecture, Montreal: S. 236 — © Christoph Mayer, Büro für Architektur und Städtebau, Berlin / Foto Frank Hülsbömer, Berlin: S. 32 — © Daimler AG, Stuttgart: S. 99 (2) — © Diller Scofidio + Renfro, New York: S. 111 (re.) — © Foto Foster + Partners, Apple Inc.: S. 75, 84 (li.) — © Foto Ivo Goetz, Berlin: S. 30 (re.), 63, 96 (li.) — © Foto Localpic / Rainer Droese: S. 43 — © Foto THE BARN COFFEE ROASTERS, Berlin: S. 71 — © Foto The Walt Disney Company: S. 77, 80, 81 (3) — © Foto Thomas Struth: S. 281, 286 (2) — © Foto Wolfgang Stahr, Berlin: S. 203 — © Fotos privat: S. 52, 70 (2), 110, 112, 113 (3), 118 (2), 124, 125 (2), 140, 146, 251, 256, 257 (3, o. Rh.), 270 (2), 292 (o.) — © Gehry Architects. Courtesy of Gehry Partners / Photo Everett Katigbak, Facebook: S. 84 (re.) — © Gehry Partners, LLP: S. 260 — © Gruner + Jahr AG & Co KG, Hamburg: S. 15 — © Hafencity / www.ueberseequartier.de: S. 54 — © Herzog & de Meuron, Basel / Foto privat: S. 41, 50 — © Hudson Yards Development Corporation / The City of New York / Kohn Pedersen Fox Associates, Photo Rendering by Visualhouse: S. 87 (2) — © Ikea Deutschland GmbH & Co KG, Hofheim-Wallau: S. 117 (li.) — © Isotiss, Saint-Philibert-France: S. 108 — © John Bock, Berlin: S. 247 (re. o.) — © Karl Heinz Adler / Foto privat: S. 292 (u.) — © Kazunari Sakamoto, Tokio: S. 198 — © SANAA / Kazuyo Sejima + Ryue Nishizawa, Tokio: S. 241 — © Lacaton & Vassal Architects, Paris: S. 107 — © LEGO GmbH, Grasbrunn: S. 119 — © Megumi Matsubara, Tokio: S. 191 (re.) — © Michael Maltzan Architecture, Inc., Los Angeles, CA: S. 194 — © Modell Sou Fujimoto Architects, Tokio / Foto Yoshia Futagawa: S. 145 (2) — © Moma PS1: S. 275 (2), 277 (2) — © Nacasa & Partners Inc. / Foto Koji Fuji: S. 144 (2) — © OMA / Rem Koolhaas, Rotterdam: S. 235 (2), 259 — © On Design Architects,

Santa Barbara, CA: S.179 (li.) — © picture alliance/dpa/Foto Wolfgang Kumm: S.96 (re.) — © Privatarchiv Claude Parent, Neuilly-sur-Seine: S.114, 116 — © raumlabor Berlin: S.231, 240 (o.), 262 (Foto Rainer Schlautmann) — © Renzo Piano, Vitra Design Museum: S.305 — © Riken Yamamoto & Fieldshop, Yokohama: S.179 (re.) — © Safdie Architects, Toronto: S.193, 306 — © SANAA / Ryue Nishizawa Architects, Tokio, Plan: SANAA: S.188 — © SANAA / Ryue Nishizawa Architects, Tokio / Fotos Iwan Baan: S.133, 145, 173, 189 (3) — © Shigeru Ban Architects, Paris Office: S.106 (li.) — © shunya.net: S.278 (li., Mi.) — © Sou Fujimoto Architects, Tokio: S.137, 145 (re.; Photo Yoshia Futagawa), 149 — © Sou Fujimoto Architects, Tokio / Fotos Iwan Baan: S.37, 136, 138 (2), 139 (2), S.265 (re.) — © Stiftung Bauhaus Dessau: S.165 (Mi.) — © Tobias Rehberger, Rehberger Studio, Frankfurt/M.: S.247 (li. o.) — © Tomás Saraceno, Berlin: S.247 (li. u.) — © Toyo Ito & Ass., Architects, Tokio: S.106 (re.) — © Town & Country Haus Lizenzgeber GmbH, Hörselberg-Hainich / Foto privat: S.65 — © Urban Think Tank: S.269 — © Yann Arthus Bertrand, Paris: S.30 — © Zaha Hadid Architects, London: S.22 (Design by Patrik Schumacher and Zaha Hadid), 253 (o.) — © zanderroth architekten gmbh / Foto: Simon Menges: S.195 (li.+Mi.)

Quellen

»Kollektivhuset I Stockholm«, Broschüre aus: Staffan Lamm / Thomas Steinfeld, Das Kollektivhaus. Utopie und Wirklichkeit eines Wohnexperiments, Frankfurt/M.: S. Fischer 2006: S.183 (2) — »The Youth Communes«. Titelbild LIFE, 18.7.1969: S.182 (u.) — Architekturkonzeption der utopischen Sozialisten von Franziska Bollerey von München, Heinz Moos, (Februar 1960): S.164 (Mi.) — Bernhard Siepen, »Möbel aus jüngster Fertigung – praktisch, zeitgemäß und holzschön«, in: Die Kunst und das schöne Heim, 58. Jahrgang, Heft 10, München: Verlag F. Bruckmann Juli 1960: S.122 — Bertall, »Coupe d'une maison parisienne le 1er janvier 1845«, in: Diable à Paris, 11. Januar 1845: S.211 — Catherine Hall, »Trautes Heim«, in: Philippe Ariès und George Duby, Geschichte des privaten Lebens, Bd. 4: S.158 — Celebration Residential, Werbebroschüre. Celebration Reality, Inc., Celebration, FL, © Disney: S.78, 79 — Die Kunst und das schöne Heim, 58. Jahrgang, Heft 9, München: Verlag F. Bruckmann Juni 1960: S.95 — Frédéric Migayou / Francis Rambert (Hrsg.), Claude Parent. L'Œuvre Construite / L'Œuvre Graphique. Catalogue de l'exposition du 20 janvier au 2 mai 2010, Orléans: Éditions HYX 2010, © Privatarchiv Claude Parent: S.114, 116 — Iwan Baan, »À Tokyo. Jardin suspendu«, in: Ideat. Le Magazine Déco Nouvelle Génération. Spécial Architecture, Nr. 2, Paris: Oktober 2013: S.131 — Jules Verne, Les Cinq-cents millions de la Bégum, 1879, Titelillustration aus der französischen Originalausgabe mit einer Illustration des Zeichners Léon Benett: S.168 — Kronprinzengärten, Werbefilm. © Bauwert Werderscher Markt GmbH, Berlin / Bad Kötzting: S.43, 44 — Marc Angélil / Rainer Hehl, Building Brazil, The Proactive Urban Renewal of Informal Settlements, Berlin: Ruby Press 2011, © Christian Esteban Calle Figueroa: S.273 — Marylène Patou-Mathis, Voire L'Histoire. La préhistoire, Paris: Fleurus Éditions 2008: S.159 (2) — Niklas Maak, »Vergangene Lust«, in: Süddeutsche Zeitung, Magazin, Nr. 49, München: Magazin Verlagsgesellschaft Süddeutsche Zeitung, 10.12.1999: S.124, 127 (2), 129 (2) — Pierre Pelot, La vie des enfants. Au Temps de la préhistoire, © 2006, Éditions De La Martinière, Paris, © Hommes attaqués par vun ours, ph © AKG Paris: S.151 — Robert Winkler, »Das Atriumhaus der ›Wohnhilfe‹ auf der Saffa 1958